Elfriede Fröschl/Sylvia Löw

Über Liebe, Macht und Gewalt

Elfriede Fröschl

Sylvia Löw

über **LIEBE**

MACHT und **GEWALT**

WISSENSCHAFT

J&V

JUGEND & VOLK

Gedruckt mit Unterstützung des Bundesministeriums
für Wissenschaft, Forschung und Kunst in Wien

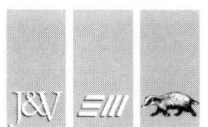

ISBN 3-224-12024-X

Umschlag: philipp+mayer
Druck: Bohmann, Wien
Bindung: Frauenberger, Neudörfl
95 08 31/10/1

Inhaltsverzeichnis

Einleitung – Gedanken der Autorinnen

Es war uns ein besonderes Anliegen, Worte des leider verstorbenen Univ. Prof. Dr. Erwin Ringel zur Problematik dieser Studie in einem Vorwort zusammenzufassen. Wir sind dankbar, daß dies möglich war, hat er uns dorch als Projektleiter nicht nur wissenschaftlich begleitet, sondern auch ideell immer unterstützt – so auch im Vorhaben dieser Veröffentlichung. Seine Worte stammen aus dem Vorwort des Endberichtes der Studie „Ursachen und Folgen der Gewaltanwendung gegenüber Frauen und Kindern" sowie aus seiner Eröffnungsrede anläßlich ihrer Präsentation.

„Wir wollen nicht gelobt, wir wollen gelesen sein" – so beschließt Herr Professor Ringel sein Vorwort zur Studie. Wir freuen uns, daß wir diesem Wunsch mit dem vorliegenden Buch zumindest ein Stück nähergekommen sind.

Unseren Untersuchungen liegt die mittlerweile allgemein anerkannte Einsicht zugrunde, daß Gewalt nicht plötzlich und unvermutet über uns hereinbricht wie eine Naturgewalt. Sie entsteht in einem System, in dem bestimmte Menschen in ihrer Integrität und Würde nicht geachtet werden. In der Paarbeziehung sind diese Menschen meist Frauen und die, die Gewalt ausüben, Männer. Es geht aber nicht um die Entdeckung „des Bösen" im Manne. Gewalt gegen Frauen hat System, und zwar auch außerhalb der Grenzen von Paarbeziehungen. Den Schwerpunkt unserer Arbeit bildet aus diesem Grund nicht nur die Auseinandersetzung mit den Motiven gewalttätiger Männer und ihrem lebensgeschichtlichen Hintergrund, sondern auch die Erfassung von Zusammenhängen mit Strukturen und Normen in unserer Gesellschaft.

Der Zugang von Forscherinnen und Forschern zu mißhandelten Frauen war immer leichter als der zu mißhandelnden Männern, deshalb existieren über Frauen ungleich mehr Studien als über Gewalttäter. Dieser Umstand begünstigt das Vorurteil, die Entstehung der Gewalt sei das Problem der mißhandelten Person. Davon distanzieren wir uns entschieden: Gewalt kann nur insofern zum Problem des Opfers werden, als es die Folgen zu tragen hat. Die Entscheidung zur Gewaltausübung liegt in der Hand dessen, der sie ausübt, ist also sein Problem.

Weiters wird immer wieder behauptet, daß auch Frauen ihre Männer mißhandeln, nur mit anderen Mitteln. Uns scheint jedoch, daß es sich bei diesen Behauptungen in erster Linie um Kampagnen handelt, die der Verschleierung des Problems dienen sollen. Die soziale Realität, die Erfahrung der Beratungsstellen, die Opferstatistik und sämtliche uns bekannte Expertinnen in diesem Bereich sprechen eine andere Sprache. Daß Männer sich auch bedroht fühlen können, ist natürlich nicht von der Hand zu weisen. Allerdings darf man dabei die reale Bedrohung der physischen uns psychischen Integrität nicht aus den Augen verlieren. Wie absurd eine Gleichsetzung aller subjektiven Gefühle von Bedrohung werden kann, zeigt eine Umfrage der kanadischen Autorin Margaret Atwood. Sie befragte Männer und Frauen, wodurch sie sich vom anderen Geschlecht bedroht fühlen.

Die häufigste Antwort der Männer: „Wir haben Angst davor, ausgelacht zu werden."

Die häufigste Antwort der Frauen: „Wir haben Angst davor, umgebracht oder vergewaltigt zu werden." – Es erübrigt sich wohl jeder weitere Kommentar...

Die große Angst von Frauen vor ihren Männern haben wir in unserer langjährigen praktischen Tätigkeit hautnah miterlebt – aber nicht nur die Angst der Frauen, sondern oft genug auch die reale Bedrohung durch die Männer bis hin zu lebensgefährlichen Angriffen. Wir haben Gewalttaten gegen Frauen als bittere soziale Realität kennengelernt. Unsere Betroffenheit über das Leid und den Unrechtszustand ist glücklicherweise nicht der Arbeitsroutine zum Opfer gefallen, immer noch stehen wir manchmal fassungslos einzelnen „Gewaltgeschichten" gegenüber. Noch mündet die Fassungslosigkeit nicht in Resignation, im Gegenteil, sie fordert weiteres und noch mehr Engagement in diesem Problembereich.

In diesem Sinne sehen wir auch das vorliegende Buch als einen Beitrag, um der Gewalt gegenüber Frauen entgegenzutreten, Schicksale von Frauen öffentlich zu machen und an alle Männer zu appellieren, der Gewalt keinen Vorschub zu leisten, indem Strukturen von Macht und Kontrolle aufrechterhalten oder totgeschwiegen werden.

Wir danken allen, die die Entstehung dieses Buches ermöglicht haben, indem sie den Anstoß zur ursprünglichen Studie gegeben, Geldmittel zur Verfügung gestellt, die Projektleitung übernommen, in der Untersuchung selbst mitgearbeitet oder sich für ein Interview zur Verfügung gestellt haben. Wir danken auch allen Kolleginnen und Freundinnen, die unsere Arbeit direkt oder indirekt unterstützt haben.

VORWORT
UNIVERSITÄTSPROFESSOR
DR. ERWIN RINGEL

Diese Studie hat sich bemüht, auch den tiefenpsychologischen Hintergrund zu beleuchten; wir haben also Tiefeninterviews gemacht, wir haben uns nicht nur auf Fragebeantwortungsbögen verlassen und haben uns auch bemüht, sowohl Täter wie Opfer zu hören, eine gewisse Vernetzung vorzunehmen. Es ging uns um mehrere Dinge:

Zu verstehen, wie wird man zum Gewaltmenschen, wo sind die Wurzeln, und es war von Haus aus klar, daß das nicht eine einhellige und einfältige (im doppelten Sinn des Wortes) Schablone sein kann, sondern daß da sehr viele Wege zur Gewaltanwendung führen. Es war also unser erstes Ziel zu ergründen: Wie kommt es dazu?

Es geht uns aber im wesentlichen auch darum – und das ist eben die Zukunft –, daß wir uns fragen: Wie können wir Dinge verhindern? Zu diesem Verhindern hat Alfred Adler über den Selbstmord gesagt: Der Selbstmord ist eine private Tragödie, die aber soziale Ursachen und soziale Folgen hat. Und ich glaube, dasselbe könnte man auch über die Gewaltanwendungen sagen.

Sie ist eine Tragödie, eine Tragödie für das Opfer, in gewissem Sinne aber auch eine Tragödie für den Täter. Es ist daher eine wesentliche Aufgabe, individuelle und soziale Faktoren zu sammeln, die dazu führen.

Und da bin ich jetzt bei dem eigentlichen entscheidenden Punkt: Was versteht der Österreicher unter Gewalt? Gewaltanwendung ist nicht nur ein körperliches Geschehen, sondern natürlich auch ein psychisches Problem, Psychoterror zum Beispiel ist eine ungeheure Gewaltanwendung, Druck, Erpressung – das alles findet ja in ungeheuerlichstem Ausmaß zwischen Mann und Frau statt. Es geht darum, Täter zu sensibilisieren, die Öffentlichkeit zu sensibilisieren: Wo fängt die Gewalt an?

Natürlich, es ist schon so: Wo Gewalt ist, wird man wahrscheinlich um eine Bestrafung nicht herumkommen, und so wie man gegenüber der Intoleranz nicht tolerant sein kann, so kann man auch gegenüber dem Gewaltanwender nicht tolerant sein. Es ist schon sehr wichtig, daß der Staat durch entsprechende Strafen hier eine Grenze setzt. Aber weit über diese Grenzsetzung hinaus war es unsere Vorstellung, daß wir eine Bewußtseinserweiterung durchführen, Bewußtsein bringen: Das, was du gemacht hast, ist falsch!

Ein anderer Punkt, der mir sehr wichtig erscheint, betrifft die Bedeutung von „männlich" und „weiblich". Carl Gustav Jung hat gesagt, in jedem von uns ist Animus und Anima – Animus ist also das männliche Prinzip, Anima das weibliche, in jeder Frau ist auch das männliche, in jedem Mann auch das weibliche Prinzip enthalten.

Vieles, was wir als männlich oder weiblich bezeichnen, ist ja Kunstprodukt, ist Erziehungsprodukt. „Ein Bub weint nicht" – ein entsetzlicher Satz! Der ihn eigentlich vernichtet, und der ihn gleichzeitig schon zur Härte erzieht. Der Mann ist hart!

Ich pflege zu sagen: Wenn ich eine Frau wäre, so würde ich bei der Wahl des Mannes, mit dem ich engen Kontakt haben will, vor allem darauf schauen: Wie sehr pflegt er seine Anima, wie sehr versucht er, seinen weiblichen Anteil zu kultivieren. Mir will vorkommen, daß jetzt unter den Männern – und ich habe einen sehr guten Kontakt zu jungen Leuten – das Bewußtsein wächst, die Frau zu respektieren.

Diese Entwicklung müssen wir fördern! Und dieser Entwicklungsförderung dient die vorliegende Studie. Ich glaube, daß sie ein wertvoller Beitrag dazu ist, daß wir in einer Welt der subtilen Gewalt, in der wir alle leben, einen Schritt weiterkommen.

Zum Gewaltbegriff

Ein Vergleich der einzelnen Theorieansätze zur Erklärung von Gewalt gegen Frauen zeigt deutlich, wie uneinheitlich diese Konzepte sind. Sie sind vor allem deswegen so divergierend, weil sehr unterschiedliche Gewaltbegriffe verwendet werden.

Häufig wird zum Beispiel von „Gewalt in der Familie" gesprochen, wodurch „die Unterschiede zwischen der Gewalt ‚Ehemann gegen Ehefrau', sexuellem Mißbrauch, Kindes- und Altenmißhandlung verschwinden. ... Diese Bezeichnung blendet die Dimensionen Geschlecht, Alter und Macht aus" (Bogard 1988, eigene Übersetzung d.A.).

Wir sprechen daher meist ganz bewußt von Männergewalt gegen Frauen, um dieser Verschleierung entgegenzuwirken und auch klar zu zeigen, was untersucht wird.

Ausgangspunkt der vorliegenden Untersuchung ist ein Gewaltbegriff, der die strukturelle Verankerung von Gewalt gegen Frauen betont:

a) Die individuelle Gewalthandlung des Mannes wird bis zu einem gewissen Grad und unter bestimmten Umständen gesellschaftlich toleriert.

b) Gesellschaftliche Bedingungen führen zur Benachteiligung von Frauen in allen Bereichen der Gesellschaft.

c) Diese Benachteiligungen schwächen die Position der Frauen und begünstigen wiederum individuelle Gewalttätigkeit.

d) Die unterschiedliche Machtverteilung zwischen den Geschlechtern erschwert ein Vorgehen von Frauen gegen männliche Gewalt.

Diese strukturelle Verankerung der individuellen Gewalt orientiert sich an der Definition des Friedensforschers Galtung: „Gewalt liegt dann vor, wenn Menschen so beeinflußt werden, daß ihre aktuelle somatische und geistige Verwirklichung geringer ist als ihre potentielle Verwirklichung" (Galtung 1975, 15).

Gewalt läßt sich grundsätzlich unterteilen in personale (=direkte Gewalt; es gibt ein handelndes Subjekt) und in strukturelle (=indirekte Gewalt; es gibt kein handelndes Subjekt). Strukturelle Gewalt ist „in das System eingebaut und äußert sich in ungleichen Machtverhältnissen und folglich ungleichen Lebenschancen" (Galtung 1975, 15).

Beide Formen der Gewalt stehen in einem dialektischen Verhältnis zueinander und bedingen einander.

Die personale oder direkte Gewalt läßt sich in physische, sexuelle und psychische Gewalt unterteilen. Sie kann sich gegen ein Objekt richten oder objektlos sein, sie kann geplant oder nicht geplant sein, sie kann in manifester oder latenter Form auftreten.

Latente Gewalt ist „etwas, das noch nicht präsent ist, jedoch leicht zum Vorschein kommen kann... In bezug auf personale Gewalt würde das eine Situation beschreiben, in der eine kleine Herausforderung ein beträchtliches Maß an Tötungen oder Grausamkeiten auslöst ..." (Galtung 1975, 14).

Daraus haben Feministinnen (z.B. Hagemann-White 1981) folgende Definition von Gewalt gegen Frauen abgeleitet: Bei Gewalt gegen Frauen handelt es sich um direkte, personale Gewalt in Form von objektbezogener, manifest oder latent physischer und/oder objektbezogener, manifest oder latent psychischer intendierter Einflußnahme des (Ehe-) Mannes auf die (Ehe-) Frau. Durch diese Einflußnahme wird die potentiell mögliche Verwirklichung der Frau verringert.

Die vorliegende Untersuchung bezieht sich für die Auswahl der Untersuchungsgruppe auf den engeren Gewaltbegriff von Leonore Walker (1979): „Eine mißhandelte Frau ist oder war in einer intimen Beziehung zu einem Mann, der sie wiederholt gewaltsam physisch und/oder psychisch mißhandelt hat" (eigene Übersetzung d.A.). Diese Definition wurde um die verschiedenen Formen sexueller Gewalt erweitert.

Umgekehrt gilt: Ein gewalttätiger Mann ist oder war in einer intimen Beziehung zu einer Frau, die er physisch, psychisch oder sexuell mißhandelt hat.

Orientiert am Gewaltbegriff Galtungs wurden Männer und Frauen ausgewählt, die folgende Gewaltformen ausübten beziehungsweise erlebten:
* manifest physische Gewalt
* manifest psychische Gewalt
* manifest sexuelle Gewalt
Die im Rahmen der vorliegenden Erhebung Befragten nannten folgende Gewaltformen:
* extremes Besitzdenken und/oder Eifersucht
* extreme verbale Beschimpfungen und abwertende Kommentare
* Einschränkungen der Bewegungs- und Handlungsfreiheit durch physische
  oder psychische Mittel

* sexuelle Gewalt
* verbale oder nonverbale Drohungen
* körperliche Mißhandlung mit oder ohne Verletzungen
* Tötung

Was wird mit Gewalt bezweckt ?

Schon Dobash/Dobash (1979) betonen, daß nicht jede Form von Aggressionshandlung als Mißhandlung bezeichnet werden kann, sondern daß immer beachtet werden muß, in welcher Beziehung die Personen zueinander stehen. Sie sprechen also wie Burgard (1985) das ungleiche Machtverhältnis an, das erst die Bedrohung ausmacht: „Da nicht jede Aggressionshandlung als Mißhandlung definiert werden kann, gehe ich davon aus, daß dann von Mißhandlung gesprochen werden muß, wenn eine Person physisch, psychisch (oder sexuell, d.A.) auf dem Hintergrund einer gesellschaftlich vorgegebenen, relativen Machtposition angegriffen wird" (Burgard 1985, 48). So kann zum Beispiel auch nicht von Mißhandlung gesprochen werden, wenn sich eine Frau durch Zurückschlagen gegen Gewalt wehrt.

Häufig wird eine Unterscheidung zwischen expressiver und instrumenteller Gewalt getroffen. Expressive Gewalthandlungen werden durch starke Affekte hervorgerufen, während unter instrumenteller Gewalt Verhaltensweisen verstanden werden, die als Mittel zum Erreichen bestimmter Ziele verwendet werden. Diese Verhaltensmuster werden verwendet, solange sie erfolgreich sind.

Uneinigkeit gibt es darüber, ob Gewalt „absichtlich/bewußt" eingesetzt wird, um ein bestimmtes Ziel zu erreichen. Die meisten Untersuchungen kommen zum Ergebnis, daß Gewalt gegen Frauen nur in den seltensten Fällen von Männern ausgeübt wird, die „sich nicht kontrollieren" können – im Gegenteil: Gewalt dient fast immer der Aufrechterhaltung von Macht und Kontrolle. Wenn einzelne Gewalthandlungen in ihrem Kontext analysiert werden, dann wird klar, daß die Muster von Gewalt sehr vielfältig sind, daß einige davon strafbare Handlungen sind, andere nicht, alle aber ein Ziel haben, nämlich das Opfer möglichst umfassend „in die eigene Gewalt zu bringen". Im folgenden wird Gewalt in ihrem Kontext der Macht und Intention definiert: Gewalt gegen Frauen ist das Verhalten eines Mannes mit dem Ziel, die Frau zu kontrollieren oder Macht über sie auszuüben oder herzustellen. Die dazu verwendeten Mittel reichen von körperlichen Mißhandlungen bis zum Mißbrauch von Macht und Verfügungsgewalt. Die eingesetzten Mittel verursachen körperliche, sexuelle oder psychische Schädigungen, aber auch zunehmende soziale Isolation, ökonomische Kosten und eine Lebenssituation der Angst und Unfreiheit für die Betroffenen.

AUSMASS DER GEWALT

Das Ausmaß von Gewalt gegen Frauen wird noch immer unterschätzt.

Es gibt mittlerweile einige Schätzungen und Zahlen aus österreichischen und internationalen Studien, die alle zu ähnlichen Ergebnissen kommen. Je nach Definition von Gewalt wird jede fünfte bis zehnte Frau in einer intimen Beziehung von ihrem Partner mißhandelt.

Benard und Schlaffer kamen 1991 für Österreich in einer Befragung von Frauen zu dem Schluß, daß jede fünfte Frau bereits Gewalt in einer Beziehung erlebt hat und jede zweite befragte Frau in ihrem Bekanntenkreis eine Frau kennt, die mißhandelt wird (Benard/Schlaffer 1991).

Der Polizeijurist Mag. Franz Bohrn untersuchte alle angezeigten Fälle von Gewalt gegen Frauen im 3. Wiener Gemeindebezirk und kam durch die Hochrechnung dieser Anzeigen mit den für Beziehungs- und Sexualdelikte anerkannten Dunkelziffern 1:10 bzw. 1:5 auf die Zahl von 157.000 bis 315.000 mißhandelten Frauen in Österreich.

1994 flüchteten 984 Frauen und 1041 Kinder in die österreichischen Frauenhäuser. Eine deutsche Untersuchung über weibliche Mordopfer ergab, daß in zwei Dritteln der Fälle die Täter aus dem Familienkreis der Frauen stammten (Trube-Becker 1990).

Ob Gewalt gegen Frauen in den vergangenen Jahrzehnten zu- oder abgenommen hat, ist nicht zu beantworten. „Die Frage, was als Gewalt gegen Frauen begriffen wird und in welchem Maße gesellschaftliche Sanktionen existieren, die Mißhandlung von Frauen bestrafen oder ausdrücklich legitimieren, hängt von den historisch-gesellschaftlichen Verhältnissen ab, in denen sie stattfindet." Vor einigen Jahrzehnten wurden keine Untersuchungen über das Ausmaß der Gewalt durchgeführt – es gab ja kein Problembewußtsein dafür.

Während früher Gewalt gegen Frauen gesetzlich erlaubt war und als logische Folge ihrer Rechtlosigkeit galt, ist die heutige Situation in hochindustrialisierten Gesellschaften von einem fundamentalen Widerspruch gekennzeichnet: Formale, im Gesetz verankerte Gleichberechtigung von Mann und Frau auf der einen Seite und reale, täglich stattfindende Gewalttätigkeit gegen Frauen auf der anderen Seite.

GEWALTSITUATIONEN

Otto bezeichnet die Beziehung zu seiner Lebensgefährtin als Sinn seines Lebens. Er ist von Beginn an eifersüchtig und besitzergreifend. Als sie einmal ein Geschenk eines früheren Freundes positiv erwähnt, würgt er sie. Die von ihm bevorzugte Art der Gewaltanwendung ist jedoch sexuelle Gewalt: *„... ich hatte sie gezwungen, mit mir zu verkehren, das war so halb erzwungen, es war kein direkter Zwang unter Anwendung von Gewalt, aber es war auch nicht ganz freiwillig."* Nach der Schilderung einer Vergewaltigung sagt er, daß *„auch sie irgendwo Spaß an der Sache gehabt hatte, aber erst zu einem späteren Zeitpunkt, ganz am Anfang war das sicherlich nicht der Fall ..."* Der „Beweis" für diese Aussage: *„Eine ihrer sexuellen Phantasien war die, vergewaltigt zu werden ... Sie hat die eigentliche Situation nie erfahren, wie eine reale Vergewaltigung ist."* Gewalt übt er dann aus (auch gegen seine frühere Frau), wenn *„Eskalation stattgefunden hat, wo lange Gespräche nicht mehr gefruchtet haben, Ermahnungen oder Aufforderungen und Befehle".* Nach einer dieser Gewaltanwendungen übernachtet seine Lebensgefährtin bei einer Freundin, worauf er ihre Kleider zerschneidet und die Wohnung verwüstet. Am nächsten Tag verabreden sie sich zu einer Aussprache, vorher besorgt er sich eine Pistole. Er zeigt ihr die Waffe. Ihr gelingt es, ihn durch Versprechungen, *„wieder nach Hause zu kommen und neu anzufangen",* zu beruhigen. Sie kommt aber nicht zu ihm, sondern macht eine Anzeige bei der Polizei. Er wird zwei Tage zur Beobachtung in die psychiatrische Abteilung eingewiesen und dann nach einigen Stunden Untersuchungshaft entlassen. Er kommt hierauf mit einem Messer in die ehemals gemeinsame Wohnung, wo es der Frau wiederum gelingt, die Bedrohung abzuwehren, indem sie mit ihm schläft. In einer günstigen Situation flüchtet sie zur Nachbarin. Otto läuft davon, da er eine Verhaftung befürchtet. Er kommt schließlich in Untersuchungshaft, wird aber einige Monate nach der Verhandlung entlassen. In der Untersuchungshaft hat „er keine Rachephantasien" (!) wegen ihrer Trennung, nur den Wunsch, daß alles wieder gut wird. Nach der Entlassung besorgt er sich wieder eine Pistole. *„Mit dieser Pistole in der Hand hab' ich mich so sicher gefühlt, sie jetzt treffen zu können."* Und er trifft sie auch, im doppelten Sinn. Er erschießt sie auf der Straße. Seine Rechtfertigung: *„Als unsere Beziehung ins Wanken geriet, ist praktisch* *mein ganzer Sinn und mein Lebensgefühl ins Wanken geraten. So in kurzen Worten der Hintergrund, warum das Ganze hat passieren können."*

Zusammenhänge zwischen Gewaltdefinitionen der Individuen und der Gesellschaft sind an den Aussagen von Otto gut nachzuvollziehen: Obwohl er seine Lebensgefährtin oft vergewaltigte, sagt er, daß sie eine wirkliche Vergewaltigung nie erlebt habe. Er setzt somit den Begriff „Vergewaltigung" mit „Vergewaltigung durch fremde Männer" gleich. Dies hängt einerseits mit der Tabuisierung sexueller Gewalt und andererseits mit der erst seit kurzer Zeit definierten Strafbarkeit von Vergewaltigung in der Ehe zusammen. Der Mythos von der „ehelichen Pflichterfüllung" als normativer Zwang ist noch immer relativ stark.

Otto macht seine Frau für seine Gewalttätigkeit verantwortlich. Weil sie sich von ihm trennen will, ermordet er sie. Gewalt verwendet er nach seinen Aussagen dann, wenn Ermahnungen nicht mehr fruchten. Mit diesen Erklärungen wollen gewalttätige Männer soziale Akzeptanz erreichen, was ihnen auch immer wieder gelingt.

Otto findet viele Möglichkeiten, Verantwortung zu leugnen – seine schwierige Kindheit, seine Eifersucht, Streßfaktoren und mangelnde soziale Kontakte. *„Es ist passiert"*, nicht: *„Ich habe etwas getan ..."* Diese leugnende Haltung wird gesellschaftlich unterstützt – indem gewalttätige Männer als Opfer ihrer frühkindlichen Störungen oder des Stresses am Arbeitsplatz betrachtet werden. Christina Thürmer-Rohr hat dieses Phänomen, das in fast jeder Diskussion über Gewalt gegen Frauen auftritt, folgendermaßen analysiert: „Jeder männliche Täter nämlich sei zugleich Opfer. Dem Täter wird sofort die Opfererlaubnis erteilt. Es gibt gar keine richtigen Täter, sondern nur solche Definitionswirren wie 'Täter-Opfer' oder 'Täter-*Opfer*'. Gerade in der Gewalttätigkeit komme die Schwäche, der Mangel an Selbstbewußtsein des Mannes zum Vorschein. Diese Gesellschaft, die nicht männergemacht, allerdings auf männliche Privilegien ausgerichtet sei, dominiere auch den Großteil der Männer. Letzterem ist zwar nicht zu widersprechen, aber die Reduzierung der gemeinsamen Kennzeichen der Männer in der Männergesellschaft auf ihre 'Privilegien' bzw. der 'Gewaltmänner' auf ihre unzureichenden Privilegien stellt eine geduldstrapazierende Bagatellisierung und Formalisierung der allgemeinen Gewaltverhältnisse dar" (Thürmer-Rohr 1989, 24).

Durch diese enge Verbindung von Einzalaussagen und gesellschaftlichen Normen besteht die Möglichkeit, von den Aussagen und Handlungen einzelner auf gesellschaftliche Normen zu schließen und umgekehrt. Bei Gewalt gegen Frauen herrschen, wie Greenblatt (1983) und Bogard (1984) nachweisen, gesellschaftlich unklare Normen vor. Es gibt eine gewisse (nachträglich-rechtfertigende) Billigung der Gewalt sowohlgegen Frauen als auch gegen Kinder, solange sie ein bestimmtes Ausmaß nicht übersteigt. Andererseits wird die Verurteilung von Gewalt gegenüber Schwächeren zunehmend stärker. Ob Gewalt gebilligt oder abgelehnt wird, hängt von ihrer Intensität ab, wer davon betroffen ist und welche Erklärungen dafür gegeben werden: Einmal wird bereits eine Ohrfeige als Gewalt verdammt, ein andermal kann ein Mann, der seine Frau ermordet (wenn er „gute" Gründe dafür hat), mit einer milden Strafe rechnen. Die Interpretation dieser unklaren Normen ist somit großteils eine Leistung der Individuen und der sie umgebenden sozialen Netzwerke sowie der in der öffentlichen Meinung vorherrschenden Tendenz. Allerdings setzen sich bei nicht eindeutigen gesellschaftlichen Normen und Regeln bezüglich der Definition von „Gewalt" meist die Mächtigeren durch.

WIE GEWALT BEGINNT

Roswitha heiratet ihren Mann mit 18 Jahren. Die erste Gewalttätigkeit schildert sie im Rückblick so: „... I hab mit dem Essen gewartet, und er ist dann kommen und hat gesagt, er frißt meinen Fraß nicht. ... Und dann hab ich zum Weinen angefangen, und da hat er mich das erste Mal gepackt und zur Wand hingedrückt und hat mich in den Unterleib getreten. Er hat sich dann am nächsten Tag entschuldigt, daß das ein Ausrutscher war ..." (Roswitha)

Dieses Beispiel steht für viele. Die Vorstellung, daß die Mißhandlungen immer in psychischen Ausnahmesituationen bei gravierenden Anlässen geschehen, bestätigt sich nicht. Fast immer beginnen sie bei zunehmender Abhängigkeit der Frau mit dem Ziel, die eigenen Vorstellungen durchzusetzen und Kontrolle aufrechtzuerhalten.

„Ja, das war eigentlich schon früh, bei der Geburt des ersten Kindes hat sich das langsam so ..., ich meine, er ist ein Perfektionist ...,wenn er nach Hause kommt, muß alles tipptopp sein, und Sie wissen wahrscheinlich, wie das ist, wenn man Kinder hat ..., daß auch einmal was herumliegt." (Sabine)

„Wenn ich arbeiten gegangen bin, war er immer eifersüchtig, er hat immer geglaubt, ich hab einen Freund." (Anna)

Nach den Angaben der betroffenen Frauen beginnt die Mißhandlung in 14,3% der

Fälle in der Schwangerschaft, in 7% nach der Geburt des ersten Kindes, in 10,7% aufgrund des Einflusses von Freunden, in 10,7% der Fälle aus Eifersucht, in fast 30% im Rahmen von Alltagskonflikten (wie z.B. „Wann wird das Essen gekocht?" usw.) und in 21% aus sonstigen Anlässen, wobei sehr häufig übermäßiger Alkoholkonsum als Auslöser genannt wird. Nur ein geringer Teil der Frauen wird seit Beginn der Partnerschaft mißhandelt (14%), die anderen gaben je zur Hälfte an, daß die Partnerschaft am Anfang „schön und harmonisch" bzw. „schon konfliktreich" war.

Als auffälligster Unterschied in den Befragungen von Männern und Frauen zeigt sich, daß Männer nicht das Prozeßhafte der Mißhandlungen (Beginn, Verlauf und etwaiges Ende) erzählen, sondern ihre Gewalt als begründete Einzelhandlungen darstellen, die in keinem Zusammenhang miteinander stehen.

„... ja sie hat halt gmoant, sie kann tian, wie sie will." (Christian)

„Ich hab ihr ein Ultimatum gesetzt, wenn die Flaschen morgen nicht gewaschen sind, dann setzt es was, und wie sie dann frech zurückgemault hat ..., hab ich ihr halt eine geprackt." (Josef)

Die Männer konzentrieren sich in ihren Schilderungen der Gewalt auf die „Gründe", die ihren Gewalttaten vorangingen. Diese „Gründe" werden auch, wie wir später noch sehen werden, dazu verwendet, die Gewalt zu rechtfertigen.

Situationen, in denen Veränderungen von Frauen ausgehen (es kann sich dabei um wichtige oder um unwichtige Dinge handeln), sind krisenhaft und potentiell von Gewalt begleitet. Meist beginnt Gewalt, wenn die Kontrolle mit anderen Mitteln nicht mehr aufrechterhalten werden kann. Dies stimmt mit einer unserer Ansicht zu wenig beachteten Untersuchung (Dutton/Browning 1988) überein, deren Ergebnisse besagen, daß Männer Veränderungen innerhalb von Beziehungen nur akzeptieren können, wenn sie selbst die Kontrolle darüber haben. Wenn Veränderungen von den Frauen ausgehen, scheinen sie so bedrohlich, daß ihnen entweder mit Unverständnis und Hilflosigkeit begegnet wird und/oder die sofortige Reaktion darauf die gewaltsame Verhinderung dieser Veränderungen ist.

FORMEN, AUSMASS UND VERLAUF DER GEWALT

„Und wenn i halt wieder einmal ein blaues Aug gehabt hab, oder einmal hat er mir beide Hände gebrochen, da hab ichs eigentlich immer mit Ausreden abgetan. ... I war sehr oft schwanger, weil er mich einfach gezwungen hat zum Geschlechtsverkehr ... dann ist man so ausgelaugt ... und da bist du sehr empfänglich für jedes Gramm, das man da kriegt. Sei es Liebe, ja, sagen wir halt, er hat so getan, nicht?"
(Roswitha)

Die von Roswitha erwähnten „Ausrutscher" ihres Mannes werden bald zum „Normalzustand". Ihr Mann vergewaltigt sie regelmäßig, schlägt sie und bricht ihr die Hände. Gleichzeitig erlebt sie psychische Gewaltformen durch Abwertungen und Einschränkungen. Sie beschreibt aber auch die „gelegentliche Zuwendung", die in nahezu allen Gewaltbeziehungen von Männern eingesetzt wird, um Frauen in „ihrer Gewalt zu behalten".

ForscherInnen stellten Parallelen zwischen den Mechanismen der psychologischen Unterdrückung von Folteropfern und von mißhandelten Frauen fest, das Ziel ist in beiden Fällen vor allem die psychische Zerstörung der Opfer. Die Strategien, die dafür verwendet werden, sind einander sehr ähnlich:

1. Isolation: Keine Kontakte zu FreundInnen/Familie; einsperren; Verbot, berufstätig zu sein.

2. Verzerrung der Wahrnehmung: Durch Isolation und extremes Machtungleichgewicht übernehmen viele Frauen/Folteropfer die Perspektive des Mißhandlers: Die Frauen fühlen sich für die Gewalt schuldig und sehen den Mann als übermächtig an („Er wird mich überall finden").

3. Behinderung/Erschöpfung: Schlafentzug, Überperfektion und dergleichen.

4. Erniedrigung: Private und öffentliche Demütigung; Erzwingung sadomasochistischer Praktiken.

5. Erzwingen trivialer Handlungen: Dazu gehört unter anderem das Durchsetzen eines minutiös-exakten Tagesplans und das Erzwingen sinnloser Arbeiten (z.B. Handtücher Kante an Kante aufhängen) sowie extreme Sauberkeitsansprüche.

6. Drohungen: Morddrohungen und Drohungen gegen Kinder und Familie, wodurch das Opfer ständig in Angst versetzt wird.

7. Demonstrieren von Macht: Der Frau wird das Gefühl vermittelt, daß es keine Fluchtmöglichkeit gibt, daß sie keine Rechte hat.

8. Gelegentliche Zuwendung: Gewalttätige Männer sagen ihren Frauen manchmal, wie sehr sie gebraucht/geliebt werden, sie schenken Blumen, versprechen sich zu ändern usw. Folteropfern wird manchmal die Erlaubnis erteilt, etwas zu trinken oder eine Zigarette zu rauchen. Diese Strategie führt zu Verwirrung und Irritation der Betroffenen, da sie immer wieder Hoffnungen weckt.

Durch das beschriebene Muster der Gewalt wird der Wille und die Persönlichkeit „gebrochen" und Widerstand erschwert.

Diese Unterdrückungsmuster scheinen nicht so schwerwiegend wie physische Gewaltformen, weil Teile davon eng mit der gesellschaftlich vorgegebenen Rolle der Frauen zusammenhängen und niemals als Gewalt bezeichnet werden, z.B. die permanente Erschöpfung von Frauen durch ihre Dreifachbelastung und die abwertenden öffentlichen Darstellungen von Frauen in der Werbung. Die psychischen Gewaltformen werden, weil sie selten als Gewalt bezeichnet werden, generell verharmlost und wenig thematisiert. Sie werden von den Frauen entweder nicht wahrgenommen oder verdrängt und haben deswegen auch gravierende Folgen für die Psyche der Frauen.

„... Jedesmal is dann ärger wordn. Und dann hat er angfangt, daß er mir Watschn gibt...oder daß er hertritt mit die Fiaß ... und dann hab i erst recht Angst ghabt ... und dann hat er gsagt, er geht auf die Kinder." (Judith)

„... Aber es ist dann immer extremer geworden.. er hat sich mit Kollegen und auch zu Hause Pornofilme angeschaut und hat mich gezwungen, das anzuschauen und hat dann in seinem Rausch oft Praktiken angewandt, die was ins Perverse hineinreichen, da bin i auch schwer verletzt worden." (Roswitha)

Diese Eskalation, wie sie Judith und Roswitha beschreiben, ist typisch für Gewaltbeziehungen. In unserer Untersuchung hat bei der Hälfte der Fälle die Gewalttätigkeit hinsichtlich Verlauf und Schwere stetig zugenommen. Dieses Ergebnis stimmt mit sämtlicher bekannter Literatur überein. In der Regel werden die Anlässe der Gewalt immer mehr ausgeweitet, solange keine Konsequenz erfolgt. Dies ist eine Bestätigung der Theorie des „Lernens am Erfolg" (vgl. Hurrelmann 1986). Die gewalttätigen Männer erreichen (zumindest kurzfristig) ihr Ziel, der Gewalttätigkeit folgt keine negative Konsequenz. Sie halten die Kontrolle über die Situation aufrecht.

In allen Fällen setzen Männer unterschiedliche Kombinationen verschiedener Gewaltformen ein. Nicht immer muß physische Mißhandlung zur Durchsetzung verwendet werden, manchmal genügt die Androhung der Gewalt, oft auch nur ein bedrohlicher Blick. Entscheidend ist, daß Gewalt jederzeit ausgeübt werden könnte.

Anton: *„... Aber sonst, direkt gschlagn, daß i hoamkemmen oder gschlagn ..."*

Interviewer: „Nach wieviel Jahr Ehe war des eigentlich?"

Anton: *„Daß i sie direkt gschlagn hab, des stimmt nit."*

Interviewer: „Mhm ... es is im Streit dann einfach zu einer Tätlichkeit kemmen?"

Anton: *„Ja."*

Interviewer: „Sie hats als Schlagen aufgfaßt?"

Anton: *„Mir kimmt so vor, daß sie jede Handgreiflichkeit als Schlagen bezeichnen möcht ... a jeder Wortwechsel ist für sie wie ein Schlag ins Gesicht. ... Ab und zu is ma grad vorkemmen, wia wenn sies herausgefordert hätte."*

Im Interview mit Anton wird klar, wie differenziert Begriffe zur Verharmlosung der eigenen Gewalttätigkeit verwendet werden. Einerseits wird mit dem Begriff „direktes Schlagen" offenbar „grundlose Gewalttätigkeit" bezeichnet. Gleichzeitig wird der Frau auch unterstellt, daß sie ihn verleumdet, indem sie „Handgreiflichkeiten als Schlagen bezeichnet". Weiters verwendet er als Rechtfertigung die angebliche Provokation durch die Frau.

Formulierungen wie in diesem Interviewausschnitt finden sich häufig. Keiner der männlichen Befragten bezeichnet sich selbst als gewalttätig. 17% leugnen jede Gewalt und wissen nicht, warum sich ihre Frau von ihnen getrennt hat.

Die von Männern genannten Gewaltformen waren durchwegs „harmloser" als die von Frauen genannten, sie wurden nach Aussagen der Männer weniger häufig angewendet als nach Aussagen der Frauen, und auch die angegebene Dauer der Gewaltausübung war in den Augen der Männer deutlich kürzer. (Siehe Graphik nächste Seite)

Graphik. 1: Mißhandlungsdauer

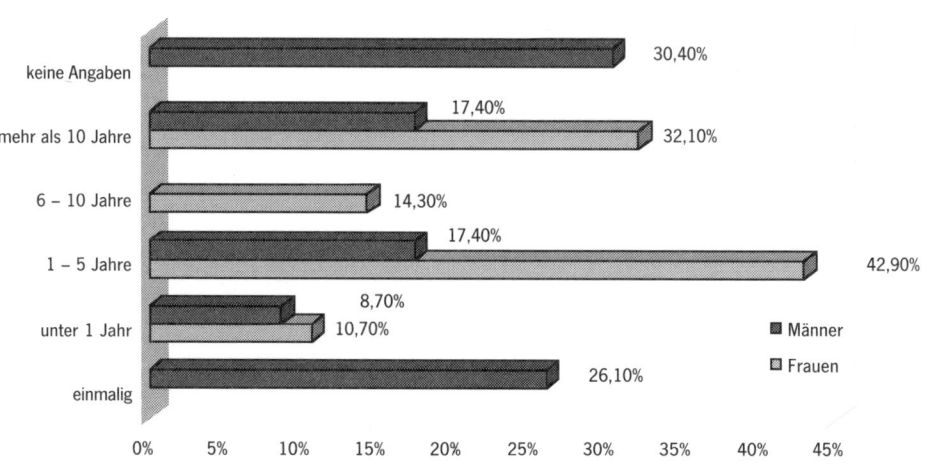

Männer sprechen sehr häufig von einer nur einmaligen Mißhandlung, während keine einzige der interviewten Frauen über eine einmalige Gewaltanwendung berichtet. Dies weist ebenfalls auf die bereits erwähnte Tendenz zur Verharmlosung hin, auf die wir später noch zurückkommen werden.

WIE SPRECHEN MÄNNER ÜBER GEWALT ?

DIE VERLEUGNER

„Ihr is überhaupt nix passiert – a so a klans Schnittle." (Franz)

„... Nächtelang bin i glegn und hab' mi gfragt, warum mir des grad ausgerechnet immer wieder passiert ..." (Gerhard)

„... Und mir is vorgekommen, ich bin in einem Spinnennetz gefangen ..., aber wie man auf solche Ideen kommt, und reiß mich los und da drinnen hab ich so einen Säbel gehabt, renn ihr nach und habs dann erstochen. Hingestochen, solange wie sie geschrien hat, und wie es dann aus war, dann bin ich erst zu mir gekommen ..., ich war so weg, na ja, es wäre nicht notwendig gewesen, so ein Blödsinn." (Josef)

Was ist diesen drei Aussagen gemeinsam? In allen drei Fällen leugnen die Männer die Verantwortung für ihre Gewalttaten. Sie haben entweder die Kontrolle verloren, oder wenn ihnen „das passierte", dann ist der Frau „nichts geschehen". Die Leugnung der

Verantwortung erfolgt durch „sozial bewährte Begriffe" (Scott/Lyman 1968, eigene Übersetzung d.A.), die allgemein als Entschuldigungen anerkannt sind. Die Folgen der Handlung werden meist verharmlost.

O'Leary/Arias (1988) fanden – so wie wir in unserer Untersuchung – folgende Formen der Leugnung von Verantwortung bei männlichen Gewalttätern:

1. Absicht

Wie Gerhard leugnen auch einige andere Männer die Absicht, gewalttätig zu sein, sie sprechen immer wieder davon, daß ihnen die Gewalt „passiert ist".

Gerhard ist es nicht nur einmal, sondern mehrmals „passiert". Er hat bereits einige Vorstrafen wegen Gewaltdelikten an Frauen. Trotzdem sagt er, daß diese Taten ohne Absicht passieren, quasi schicksalhaft: *„Die was i megn hab, die hab i gschlagn."* Gleichzeitig macht er als extreme Form der Verleugnung folgende Aussage: *„I bin ja für so was* (für die Untersuchung, Anm. d. A.) *nit der richtige Fall. Weil des is ... i bin nit, der' Gewalttäter ... i bin nit des, was unter die Statistik fallt."* Er käme niemals auf die Idee, *„jemanden absichtlich zu verletzen, aus Perversität oder Sadismus jemanden zu quälen".* Sind Frauen nicht jemand? Was bedeutet in seinen Augen „absichtlich"?

Und Ludwig, der seine Frau erschießt und dann im halbfertigen Einfamilienhaus versteckt, sagt von sich: *„Ich bin eigentlich nicht der Typ, der in der Lage ist, daß er wen umbringt, ich bin nicht aggressiv."*

2. Intensität

Die Leugnung der Intensität der Gewalt konnte nur in den Fällen, in denen es zu Verurteilungen gekommen war, einigermaßen objektiv nachgewiesen werden. Ein Mann, verurteilt wegen Körperverletzung, hat nach eigenen Angaben seiner Frau „zwei Ohrfeigen" (Erwin) gegeben, und der bereits zitierte Franz verwendet seinen Ausdruck „klans Schnittele" für einen Messerstich in den Hals seiner Frau. Ingo wiederum spricht von Ohrfeigen, die er seiner Freundin gegeben hat. Die im Zweitinterview befragte Frau berichtet hingegen, daß sie mit der Gardinenstange geschlagen wurde und sich einer Spitalsbehandlung unterziehen mußte.

3. Intoxikation und soziale Grenzsituationen

„Da ist alles zusammengekommen ... ich bin ganz weg gewesen." (Manfred)

Manfred spricht davon, daß es nach dem Verlust des Arbeitsplatzes, nach Tabletten- und Alkoholmißbrauch zu einer psychischen Überlastung kam, in deren Folge er seine Frau mit dem Messer verletzte, *„und ich kann mich eigentlich fast nicht mehr erinnern".*

4. Kontrollverlust

Wie Josef geben Männer immer wieder an, nicht mehr gewußt zu haben, was sie tun. Josef wird vor Gericht allerdings wegen vorsätzlichem Mord verurteilt, weil er die Frau bereits lange vorher immer wieder bedroht und mißhandelt hat. „Das gesamte Interview besteht darin, die Tat zu erklären. Bedauern spüre ich keines" (Der Interviewer Holger Eich in seiner Erstinterpretation.)

5. Leugnung jeder Gewalthandlung

„Mei Frau is zwar damit hausieren gangen (mit der Gewalt, Anm. d. Verf.), aber die ganze Umgebung hat gwußt, sie is krank, da hat eigentlich, sagen wir so, mir gegenüber niemand reagiert." (Daniel)

Die mittlerweile erwachsene Tochter dieses Mannes wurde im Zweitinterview zu der Gewalt des Vaters befragt: Sie sagt, daß der Vater sowohl gegen die Mutter als auch gegen die Kinder physisch gewalttätig war. Die Interviewte war überdies in ihrer Kindheit Opfer sexuellen Mißbrauchs durch den Vater, was von ihm ebenfalls geleugnet wird. Im obigen Zitat wird auch deutlich, wie positiv sich mißhandelnde Männer ihrer Umgebung gegenüber darstellen können, und wie leicht Schuldzuweisungen des Mannes an die Frau geglaubt werden.

Die Verleugnungsstrategien dieser Männer dienen der Delegation von Verantwortung für das eigene Handeln an andere oder an das Schicksal. Solange für das eigene Tun keine Verantwortung übernommen wird, besteht keine Möglichkeit, es zu verändern.

DIE PATRIARCHEN

„Der Haushalt is nit so gwesn wie bei meiner Mutter - wenn's ghoaßn hat am Samstag, es wird um 12 Uhr mittaggessen, dann war i um 12 Uhr da, und dann isch gessn wordn - nit um viertel nach." (Franz)

„... Daß sie den Haushalt ordentlich und sauber führt, des will i ... und wenn i etwas sag', sollt sie's akzeptieren." (Anton)

Für diese Männer gibt es keinen Grund, ihr Tun zu leugnen oder es mittels sozial gebilligter Erklärungen zu normalisieren, für sie ist es normal. Sie suchen die Gründe für ihr Verhalten hauptsächlich in der Person der Frau und stehen auf dem Standpunkt, daß gewalttätiges Verhalten, das „begründet" ist, auch gerechtfertigt ist. „Begründet" wird Gewalt mit dem eigenen „natürlichen" Anspruch auf Privilegien und Dienstleistungen von Frauen.

Ziel der Männer ist es, Gewalt als allgemeinverständliche, berechtigte Reaktion auf ein Fehlverhalten der Frau darzustellen. Häufig wird mangelnde Arbeitsbereitschaft der Frau in Landwirtschaft und Haushalt usw. als Begründung für Gewalt angegeben. Besonders erbost es die Männer, wenn Frauen ihren geschlechtsspezifischen Arbeitsaufgaben nicht nachkommen, wie z.B. die Kinder nicht so erziehen, wie es dem Mann richtig erscheint, das Essen nicht so zubereiten, wie es der Mann erwartet, und die Hausarbeit nicht ordentlich genug verrichten. Dies stellen die Männer als Provokation durch die Frau dar.

„Und nacha muaß i sagn, der Herr im Haus bin allwei no i, und wenn sie mir folgen tat, so wia is haben will, nocha tat ma guat auskemmen, aber wenn sie's Gegenteil tuat, und extra sich wehrt dagegen, nocha isch bei mir aus, ... weil ondersch geht's nit, weil wenn ma den Weibern den kloanen Finger gibt, nocha wolln sie die ganze Hand, nocha is der Mann verloren." (Christian)

Christian ist wie die anderen Männer dieser Gruppe von der prinzipiellen Überlegenheit des Mannes überzeugt, dessen Aufgabe es daher ist, die Frau zu erziehen. Diese Männer folgen jenen gesellschaftlichen Normen, die besagen, daß Gewalt gegen Frauen zu tolerieren ist, solange sie ein bestimmtes Ausmaß nicht übersteigt und es angebbare Gründe (in der Person oder im Verhalten der Frau) dafür gibt. Diese Gruppe zieht die prinzipielle Berechtigung der ausgeübten Gewalt nicht in Zweifel. Ptacek (1988) bezeichnet Aussagen dieser Gruppe als „Verleugnung der Schuld" (eigene Übersetzung d. A.).

In der Aussage von Christian wird aber nicht nur der unterlegene Status der Frau betont, sondern gleichzeitig auch die „gefährliche" Frau, der man nicht nachgeben darf. Es erfolgt eine Täter-Opfer-Umkehr, die auch im Zusammenhang mit der Rechtfertigung von Rassismus und Antisemitismus bekannt ist. Den Opfern werden bösartige und gefährliche Eigenschaften zugeschrieben, die das eigene feindselige Verhalten als berechtigte Reaktion darauf darstellen.

In Übereinstimmung mit Ptacek (1988) sind folgende Schlüsse aus den Aussagen gewalttätiger Männer zu ziehen:

In der ersten Gruppe, den Verleugnern, ist zwar Bewußtsein über das Unrecht des eigenen Verhaltens vorhanden, daher muß es in seinen Folgen und Auswirkungen möglichst verharmlost, entschuldigt bzw. überhaupt geleugnet werden. Viele der Erklärungen der Männer werden auch von der Gesellschaft als Entschuldigung oder zumindest als Verminderung der Verantwortlichkeit akzeptiert. Wenn diese Erklärungen

(Verleugnungen) von den Männern vorgebracht werden, appellieren sie gleichzeitig an die Hilfsbereitschaft ihrer Frauen (so sie noch leben) und gesellschaftlicher Einrichtungen. Die Frauen sollen ihnen verzeihen und das Geschehene vergessen, die sozialen Einrichtungen, so sie überhaupt eingeschaltet sind, sollen „helfen". Beide sollen möglichst nicht über „Gewalt" sprechen, sondern auf die angeblich „eigentlichen" Probleme des Mannes eingehen. Dies trifft auf das Einverständnis gesellschaftlicher Institutionen, wodurch sich das Grundmuster des Mannes verstärkt. Wenn ihm „geholfen" wird, ohne seine Gewalttaten explizit zu thematisieren, wird er in seinem Tun nicht ernstgenommen. Bei dieser Gruppe von Männern muß vor allem das Verantwortungsgefühl für die eigenen Handlungen gefördert werden. Die Konfrontation des Mannes mit seiner Tat und die damit einhergehende Empathie für das Opfer sollte das Ziel jeder Intervention sein. Auf diesen wichtigen und aktuellen Themenbereich werden wir später noch zurückkommen.

Die Männer der zweiten Gruppe haben ein ungebrochen patriarchalisches Gesellschaftsbild. Gewalt wird vor allem dann gerechtfertigt, wenn männliche Privilegien in Gefahr sind (die physische und emotionale Versorgung des Mannes), insbesondere die Überlegenheit männlicher Bedürfnisse. Nach den Ansichten der Männer der zweiten Gruppe haben sie einen Anspruch auf sexuelle, emotionale und haushälterische Dienste und die ungeteilte Aufmerksamkeit von Frauen in allen Situationen, in denen sie ihrer bedürfen. Männer dieser Gruppe haben in der Regel kein Schuldbewußtsein bezüglich ihrer Taten. Diese Gruppe spiegelt im Extrem das in unserer Gesellschaft herrschende Machtungleichgewicht zwischen Männern und Frauen oder „die extremen Pole eines pathologischen Geschlechterarrangements" (Rommelspacher 1989, 108) wider.

Diese Gruppe gewalttätiger Männer muß vor allem Unrechtsbewußtsein entwickeln. Dies kann durch Konfrontation mit den Folgen der Gewalt erreicht werden und mittels eindeutiger negativer Konsequenzen für den Gewalttätigen.

GEMEINSAMKEITEN ZWISCHEN MÄNNERN UND FRAUEN

1. Entbindung des Mannes von der Verantwortung: Die Leugnung der Verantwortung durch den Mann wurde bereits ausführlich geschildert. Herr G. sprach davon, daß „es ihm passierte". Dadurch spaltet er Gewalt von sich ab. Ähnliches machte

Manfred, der Gewalt nur dann ausübte, „wenn er ganz weg war" (!). Doch auch viele Frauen entbinden ihren Mann von der Verantwortung, indem sie z.B. seine Kindheit oder das soziale Umfeld für sein Verhalten verantwortlich machen.„ *Der hat daham nur Schläg kriegt. Also, er hat überhaupt ka Liebe ghabt".* (Tanja)

„*... Er kommt auch aus so einer Familie, muß ich auch dazusagen, sein Vater ist Alkoholiker ..."* (Veronika)

„*Der W. ist von seiner Mutter sehr verwöhnt worden, er hat immer alles gekriegt."* (Gerda)

„*I habs ihm immer wieder verziehen, weil er war, wenn er nüchtern war, der beste Mensch."* (Roswitha)

Dieser Satz ist in vielen Interviews und Beratungsgesprächen mit mißhandelten Frauen zu hören. Dadurch wird die „Aufspaltung" des Mannes in einen „eigentlich" Guten, sogar „besten Menschen" und einen „Mr. Hyde" vollzogen, der gleich der Romanfigur erst nach Einnahme eines Trankes erscheint und mit dem der „Gute" nichts zu tun hat, außer daß er diesen Trank eben trinkt. Doch auch im Roman von Stevenson tritt der „Böse" immer häufiger und unkontrollierbarer hervor, selbst wenn der Trank nicht mehr getrunken wird.

„*... Aber mir is allweil vorkommen, also, die, was auf der einen Seite so entsetzlich brutal sein kennan, kennan auf der anderen Seiten aber wieder so liebevoll sein und so ... de san total sensible Leit, irgendwo ... deswegen hat mi des a so wahnsinnig geschockt, daß der auf einmal auf mi einschlagt, i kann dirs gar nit sagn ... oder daß er si zuabikuschelt hat wia a kloans Kind und umadumgschmust, stundenlang, und auf einmal fangt der so brutal zum Zudreschn an."* (Judith)

Die „zwei Gesichter" gewalttätiger Männer erschweren es Frauen, die Verantwortlichkeit des Mannes wahrzunehmen. Lange glauben sie an den Sieg des „Guten".

2. Leugnung /Vergessen: Eine große Gruppe von Männern leugnet jede Form der Gewalttätigkeit. Erinnern wir uns an Daniel, der sowohl die Gewalttätigkeit gegenüber seiner Frau als auch den sexuellen Mißbrauch seiner Tochter leugnet.

Frauen, die lange Zeit mißhandelt werden und sich in einer ausweglosen Situation befinden, „vergessen" oft die Gewalt. In der Sequenz, die dem folgenden Beispiel vorangeht, zählt die Frau auf die Frage, was sie an ihrem Freund gestört hat, einige seiner Eigenschaften auf :

Interviewerin: „Es ist merkwürdig, wenn du aufzählst, was du an deinem Freund nicht ausgehalten hast, und daß er dich mißhandelt hat, das war nicht dabei."

Judith: *„Daß er mi mißhandelt hat?"*

Interviewerin: „Mhm, jetzt hast du grad gesagt, du haltest des nicht aus und das nicht, aber daß er di gschlagn hat, des war jetzt nicht dabei."

Judith: *„Na, des is aber a komisch ... i woaß a nit ... des hat er tan, und des hab' i dann wieder vergessn."*

Das „Vergessen" verhindert, Gewalt als einen Prozeß wahrzunehmen. Wenn Frauen sich an die ersten Mißhandlungen erinnern wollen, ist dies oft sehr schwierig und nur durch genaues Nachfragen und „Rekonstruieren" möglich. Dadurch wird Gewalt länger ertragen und gleichzeitig „bewältigt". Diese Reaktion zeichnet viele traumatisierenden Situationen aus. (Z.B. „vergißt" auch das sexuell mißbrauchte Kind Gewalthandlungen, um zu „überleben".) Laut Kelly (1988) tritt das Vergessen in verschiedenen Formen auf. Wenn keine Begriffe vorhanden sind, um Erfahrungen zu bezeichnen, oder wenn mit niemandem über die Erlebnisse gesprochen werden kann, ist es wahrscheinlich, daß Erinnerungen verdrängt werden.

„Er hat normal gredt am nächsten Tag, wia wenn nix gwesn wär, i a, weil i hab ihn recht gern, i muaß sagn, i hab da allweil wieder weggschaut, han ma denkt, ja des isch vorbei, vielleicht geht's besser." (Claudia)

3. Verharmlosung: Erinnern wir uns an Franz mit seiner Bezeichnung „klans Schnittle" für einen Messerstich. Ein anderer Mann, wegen Körperverletzung verurteilt, meint, seiner Frau nur zwei Ohrfeigen gegeben zu haben. Bestimmte Formen der Gewalt werden jedoch auch von Frauen verharmlost.

Elisabeth: *„Ja, da hat er nur, daß i a Ohrfeign kriagt hab, oder daß i mal a blaus Aug ghabt hab. Des hast net amol als schlimm empfunden."*

Interviewerin: „Hast net als schlimm empfunden?"

Elisabeth: *„Na, hab i gar net amol als schlimm empfunden."*

Um die Verharmlosung aufrechtzuhalten, muß außerdem von der Ich-Form auf das verallgemeinernde „Du" gewechselt werden. Dies hat die Funktion, das eigene Verhalten als allgemeingültig, als „normal" darzustellen. Vor allem psychische Gewaltformen werden von beiden Geschlechtern lange Zeit verharmlost.

4. Rechtfertigungen oder „Umschuldung" (Rommelspacher 1989): Erinnern wir uns an die „Patriarchen", die ihre Gewalt mit dem Fehlverhalten der Frau rechtfertigen. Durch die Übernahme dieser Perspektive rechtfertigen unter bestimmten Umständen auch mißhandelte Frauen Gewalt. Dadurch übernehmen sie Schuld für die Gewalt, die man ihnen antut. Durch diese Selbstbeschuldigung kommt es zu einer

eigenen Stigmatisierung, die zusätzlich zu äußeren Stigmatisierungen erfolgt (vgl. Goffman 1967). Diese Stigmatisierung führt zu einer Selbstentwertung, die wiederum die eigene Handlungsfähigkeit lähmt.

„I hab viele Sachen gsagt, was ma normalerweise nit sagt, und durch des, schätz i ... hat er oft gschlagn, oder?" (Claudia)

„Zuerst hab' ich den Fehler bei mir gesucht, mich gefragt, was ich falsch gemacht habe... Ich bin arbeiten gegangen, hab' meine Wohnung schön geputzt. Er hat seine reine Wäsche gehabt, er ist heimgekommen und hat was zum Essen gehabt. Ich hab' ihn hinten und vorne verwöhnt." (Klara)

Die Frauen übernehmen nicht nur die Rechtfertigungen der Männer, die Gewalt mit einem Fehlverhalten der Frauen begründen. Sie bleiben dadurch länger in der Beziehung, da auch nach ihren Vorstellungen nur „grundlose" Gewalt nicht berechtigt ist – und irgendein „Grund" findet sich immer, dessen Veränderung wieder Hoffnung gibt.

Aber nicht nur Einzelpersonen, auch entscheidende Instanzen der Gesellschaft tendieren dazu, den Opfern aufgrund ihres Verhaltens die Schuld zuzuweisen („victimblaming"). Die nachfolgende Entscheidung des OGH, bei der nicht einmal die Verurteilung wegen Körperverletzung für eine Ausweisung des Mannes aus der Ehewohnung ausreichte, spiegelt diese Einstellung wider:

„Besteht bei korrektem und nicht provozierendem Verhalten der Ehegattin keine Gefahr einer Wiederholung von körperlichen Mißhandlungen durch den Ehemann, so daß es allein bei ihr liegt, derartige Vorfälle in Zukunft zu vermeiden, besteht kein Grund für eine derart tiefgreifende Maßnahme wie die Ausweisung des Ehemannes aus der gemeinsamen Ehewohnung für die Dauer des Scheidungsverfahrens." (Feil 1990, 104 bzw. EFSlg 44.273 zit. nach Egger/Fröschl/Logar/Löw/Sieder 1993.)

Hinter dieser Entscheidung steht offensichtlich die bedenkliche, wenn auch sehr häufige, ja geradezu „klassische" Haltung, die Ursache der Mißhandlung und die Schuld dafür im Verhalten des Opfers zu sehen („provozierendes Verhalten") und die Betroffenen zu belehren, wie sie sich zu verhalten hätten, damit der Mann nicht gewalttätig werden „muß". Abgesehen davon, daß damit die gesamte Verantwortung für vergangene und auch für zukünftige Gewalt den Opfern zugeschoben wird, suggeriert diese Entscheidung, die ja von einer Instanz mit hoher Autorität kommt, daß Gewalt zu verhindern wäre, wenn die Opfer sich anders verhielten. Alle Forschungen und Untersuchungen widerlegen diese Vorurteile. Es ist vielmehr so, daß

Frauen jahrelang versuchen, ihr Verhalten dem Mann anzupassen und ihn nicht zu „provozieren", was sie jedoch nicht vor Gewalt schützt (vgl. u.a. Hagemann-White u.a.1981).

Diese Gemeinsamkeiten der Männer und Frauen beruhen vor allem auf dem so-genannten „Stockholm-Syndrom". Es wurde anläßlich einer Flugzeugentführung in Stockholm bei den Geiseln erstmals analysiert. Das Verhalten mißhandelter Frauen folgt denselben psychologischen Mechanismen, die wir auch bei Geiselopfern finden: Jede Person, egal ob Mann oder Frau, stellt sich in einer lebensbedrohlichen Situa-tion auf den Bedroher ein, schaltet die eigene Individualität aus und übernimmt sei-ne Meinung. Dieses „Syndrom" entsteht unter folgenden vier Voraussetzungen: Das Leben des Opfers wird bedroht, und der Täter hat die Macht, diese Drohung auszu-führen; das Opfer kann nicht entkommen oder glaubt, nicht entkommen zu können; Isolation von anderen Menschen; zeitweilige Freundlichkeit des Täters. Die Bindung an den Täter, als einziger Person, der das Überleben garantieren kann, wird so stark, daß seine Perspektive übernommen wird. Dadurch entsteht die für Außenstehende so unerklärliche „Koalition" mit dem Mißhandler als Folge von traumatischen Erfah-rungen.

Positive Charakterzüge (des Mißhandlers/Geiselnehmers) werden überbetont, weil dadurch die eigenen Überlebenschancen steigen. Wie oft hören wir: „Eigentlich hat er ja einen guten Kern." Das Ausgeliefertsein an einen prinzipiell „guten" Menschen ist sicherlich leichter zu ertragen (vgl. Entlastung des Mannes von seiner Verantwor-tung).

Da sich mißhandelte Frauen permanent in ihren Mann hineindenken müssen, um sei-ne Reaktionen „vorauszuahnen" und Gewalt zu vermeiden, wissen sie nach einiger Zeit alles über ihn und nichts mehr über sich selbst. Wen verwundert es, daß auch die vom Mann präsentierten Erklärungen für seine Gewalthandlungen übernommen werden. Da-durch spalten Frauen eigene Gefühle ab und nehmen ihre Erfahrungen nicht ernst. Die-ser Verdrängungsprozeß erfordert viel Energie und erschwert Bewältigung und Befrei-ung aus der Beziehung. „Wenn sie sich nur genügend anpassen bzw. unterwerfen, kön-nen sie sich die Illusion erhalten, seine Brutalitäten auf diese Weise von sich abzuwen-den" (Burgard 1989, 58). Die „extreme Realitätsverleugnung" kann zur Bewältigung der ausweglosen Situation dienen und ist ein Charakteristikum aller unterdrückten Gruppen, egal ob deren Mitglieder männlich oder weiblich sind, und wird von Holzkamp (1983) als „Konzept der Selbstfeindschaft" bezeichnet.

Entscheidende Unterschiede zwschen der Situation von Geiseln und jener mißhandelter Frauen betreffen die Reaktion der Gesellschaft. Während die Befreiung von Geiseln ein nationales (und internationales) Anliegen ist, für das beträchtliche Ressourcen bereitgestellt werden, wird die Befreiung aus einer Gewaltbeziehung als Handlung angesehen, die nur vom Willen der individuellen Frau abhängt. Während das Überleben von Geiseln als Erfolg angesehen wird, werden die Überlebensstrategien von Frauen als Passivität und Masochismus diagnostiziert. Hilfe bei der Bewältigung des Traumas gibt es für Geiseln, nicht aber für mißhandelte Frauen (vgl. auch Grahams/Rawling/Rimini 1988).

GEWALT ALS KONTROLLIERENDES UND ZIELORIENTIERTES HANDELN

„Gründe" und „Erklärungen" für gewalttätiges Verhalten lassen sich immer finden, alles und nichts kann ein Grund für Gewalt werden, wenn jemand bereit ist, sie auszuüben. Bei den von uns interviewten Männern konnten wir feststellen, daß es zu Gewalthandlungen in ganz bestimmten Motivationskontexten kam.

MISSHANDLUNG IM KONTEXT „EIFERSUCHT/VERLUSTANGST"

Manfred lernt seine spätere Frau durch einen Freund kennen: Er redet mit ihr über ihre Probleme, hat aber ein schlechtes Gewissen, weil es so aussieht, als nehme er sie einem anderen „weg" (!). Die Initiative bei Kontakt und Beziehungsaufbau geht eher von der Frau aus. Diese große Liebe macht ihn enorm stolz und glücklich, auf der anderen Seite hat er aber auch Angst: Sie ist so schön, daß jeder Mann sie ihm „ausspannen" kann. *„Ich hab' sie einfach zu gern gehabt."* Er kann sich nicht vorstellen, daß eine so schöne Frau ihn interessant findet. Zusehends glücklicher wird er, als sie ihn heiraten will: *„Ich hätte die ganze Welt umarmen können."* Schon bald nach der Hochzeit aber beginnt ihn die Eifersucht zu zerfressen. Jedesmal, wenn seine Frau weggeht, vermutet er die Existenz eines Rivalen. Allerdings spricht er seine Frau nie daraufhin an. Er unternimmt nichts, was den Verdacht entkräften oder erhärten könnte. Nach einer Reise, die die Frau, der ständigen Einschränkungen überdrüssig, allein gemacht hat, sticht er mit einem Messer auf sie ein.

Diesem Kontext wurden die Fälle der übersteigerten Eifersucht, in denen es zu allen Arten von Einschränkungen und Bedrohungen kommt, zugeordnet. Die Männer dieser Gruppe wittern hinter jeder Vernachlässigung durch die Frau einen möglichen Rivalen. In der Regel sind sie emotional auf die Frau fixiert und haben außer ihr kaum nahe Bezugspersonen. Um dem Verlust der Frau vorzubeugen, schränken sie sie extrem ein und verbieten ihr soziale Kontakte jeglicher Art. Es ist in diesen Fällen sinnlos, nach Gründen für die Eifersucht zu fragen und zu versuchen, den Kontrollierenden von der Unhaltbarkeit seiner Vermutungen zu überzeugen. Wichtiger ist es, nach dem Ziel der Eifersucht zu fragen, das in den von uns analysierten Fällen hauptsächlich darin bestand, eine Rechtfertigung für das eigene Kontrollbedürfnis zu haben, den Frauen Schuldgefühle zu machen und sie einzuschränken.

MISSHANDLUNG IM KONTEXT „TRENNUNG DER FRAU"

Ludwig, der sich selbst als *„alter Baumann"* bezeichnet, baut zwei (!) Einfamilienhäuser. Unter dieser exzessiven Nebenbeschäftigung zerbricht die Ehe. Die Frau zieht sich immer mehr zurück. Er ist zornig, weil sie nicht „genügend" Interesse für „seine" Häuser aufbringt und nicht am Bau mitarbeitet. Schließlich äußert die Frau Trennungsabsichten. Eine Scheidung rührt in seiner Phantasie allerdings an seine Existenzgrundlage. Auf eine in einem heftigen Streit ausgestoßene Drohung der Frau, ihn zu zwingen, das Haus zu verlassen, erschießt er sie mit *„drei tödlichen Schüssen, abgewickelt in einem Zug."* (Ludwig)

In diesem Kontext befinden sich alle Männer, die ihre Frauen oder Lebensgefährtinnen umbrachten. Diese Eskalation ist nicht nur ein Charakteristikum dieser Stichprobe: Eine kanadische Studie kommt zu dem Ergebnis, daß Frauen während der Trennung oder Scheidung fünfmal so gefährdet sind, von ihrem Mann ermordet zu werden, als zu anderen Zeiten (Crawford/Gartner 1992).

Bei einer Gruppe von Männern kommt im Fall der realen Trennungsabsicht der Frau verschärfend die Angst vor Verlust von Besitz und Ordnung und die Angst vor Gesichtsverlust hinzu. Ziel der Gewaltanwendung ist, wie bei Ludwig, diese Verluste zu verhindern.

„ERZIEHUNG DER FRAU" – MIßHANDLUNG IM KONTEXT VON ALLTAGSKONFLIKTEN

Christian bewirtschaftet einen Bauernhof. Die Arbeitsteilung ist extrem geschlechtsspezifisch. Haushalt und Kindererziehung ist zwar Frauensache, muß aber nach seinen Vorstellungen erfolgen: *„Ja, i will a Ordnung, i will a Ordnung, und die geht ihr nit von der Hand."* Er ist kein „Schlägertyp", er schlägt *„lei wenns sein muß"*,

„wenn sie mi provoziert ... nocher geahts wieder a Weil". Er schaut oft lange zu, aber *„wenn is muaß fuffzigmal sagen, hundertmal sagen, und es geschieht noch nit ... dann fang i mit an strengeren Ton an, und wenn des a nix nutzt, dann muaß ma eben a bissel schärfer drein gehn. "* Sein Wunsch an die Frau: *„Wenn sie mir folgen tat, so wia is haben will, nocha tät ma guat auskemmen. "*

Im Denkschema von Christian hat die Frau einen eindeutig unterlegenen, ja geradezu den Status eines Kindes, dem er sagen muß, was es tun soll. Er selbst meint berechtigt zu sein, mit allen Mitteln dafür zu sorgen, daß „gefolgt" wird. Ziel der Mißhandlungen ist, das Verhalten der Frau zu kontrollieren und zu verändern. Mißhandlungen finden im Kontext von Alltagskonflikten statt. Es geht dabei um Ordnung, Kindererziehung, Anschaffungen, Aufteilung der Arbeit usw., um Dinge, die der Mann allein bestimmen möchte. Es überwiegen ländlich-patriarchale Lebenszusammenhänge.

KOMPENSATION PERSÖNLICHER UND/ODER SOZIALER SCHWÄCHE

Der Mann von Anna arbeitet nur sporadisch und vertrinkt das knappe Geld. Er und seine Frau haben fünf Kinder. Haushalt und Kindererziehung liegen im Aufgabenbereich der Frau. Seiner Rolle, die materielle Versorgung der Familie zu gewährleisten, kommt er nicht nach. Anna muß arbeiten gehen, um die Familie zu erhalten. An ihrer Zuständigkeit für den Reproduktionsbereich ändert sich nichts. Zehn Jahre lang wird Anna mißhandelt. Der Mann hat sich, so die Frau, *„immer benachteiligt gefühlt".*

Persönliche Lebensunfähigkeit, soziale Schwäche und besonderer Streß waren wichtige Erklärungsansätze in früheren Studien (z.B. O'Brien 1971) über Ursachen der Gewalt. Selbstverständlich gibt es eine Gruppe von Männern, deren gewalttätiges Verhalten hauptsächlich als „Kompensation" persönlicher und/oder sozialer Schwäche anzusehen ist. Diese Männer sind häufig Alkoholiker oder sonstige Verlierer im Leben. Zusätzlich zu anderen Gewaltformen verwenden sie besonders häufig „extreme Beschimpfungen und Abwertungen". Von dieser Untergruppe kann jedoch nicht auf alle gewalttätigen Männer geschlossen werden.

ALLGEMEINE GEWALTTÄTIGKEIT

Gerhard hat zahlreiche Vorstrafen wegen Gewaltdelikten gegen Frauen und Männer. Aber sogar er erlebt sich, wie viele Männer unserer Untersuchungsgruppe, nicht als potentieller Gewalttäter. Seine Gewalttaten beschreibt er als etwas, das ihm passiert oder das bedingt durch äußere Umstände ist: Bedrohung durch andere, Provokation, Alkohol, schlechtes Milieu. Alle für ihn schwierigen Situationen „bewältigt" er mit Hilfe von Gewalt. Dementsprechend hat er auch, im Unterschied zu den meisten Männern, die „nur" gegenüber ihren Frauen gewalttätig sind, Schwierigkeiten im „normalen" Berufsleben. Er kann nur im Nachtclubgeschäft Fuß fassen, in dem seine Gewalttätigkeit eine wichtige Voraussetzung ist.

Allgemein gewalttätig (also auch gegen Nicht-Familienmitglieder) waren in unserer Untersuchung insgesamt 6,6 % der Männer. Dies stimmt mit der praktischen Erfahrung vieler sozialer Einrichtungen, die sich mit Gewalt beschäftigen, und einigen Studien (z.B. Clausen 1981) überein. Gewalttätigkeit gegen eine Frau, mit der eine intime Beziehung besteht, ist nicht prinzipiell mit genereller Gewalttätigkeit kombiniert. Umgekehrt ist allerdings anzunehmen, daß Männer, die allgemein gewalttätig sind, es auch gegenüber ihrer Frauen und Kindern sind.

Die angeführten Motivationskontexte für Gewaltanwendung sind nicht scharf voneinander zu trennen. Überschneidungen sind möglich. Sie sind ein Versuch, die jeweilige Hauptmotivation für Gewalt zu beschreiben. Für die Praxis ist dies insofern relevant, als deutlich erkennbar wird, daß es nicht den Gewaltkontext gibt, sondern mehrere. Das Vorurteil, daß alle gewalttätigen Männer aus unteren sozialen Schichten kommen, wird widerlegt, aber sie kommen natürlich auch aus sozial unteren Schichten. Es sind nicht alle Alkoholiker, aber viele haben Probleme mit Alkohol. Und selbstverständlich sind allgemeine Gewalttäter mit mehreren Vorstrafen wegen Gewaltdelikten auch keine liebevollen Ehemänner und Väter.

Die Gewaltbeziehung gibt es genauso wenig wie den Gewalttäter. Die Kontexte von Mißhandlungen sind vielfältig und sind somit offenbar nicht durch eine Art von Intervention, sondern nur durch „Maßnahmenpakete" zu beseitigen. Vor allem müssen aber bestehende Vorurteile hinterfragt werden, die immer davon ausgehen, daß es einen Typ gibt, dem das gewalttätige Verhalten „angesehen" werden kann. Meist entsteht als Stereotyp das Bild von Gerhard mit muskelbepackten, tätowierten Armen, der bereits einige Vorstrafen hat. Alle Männer, die diesem Bild nicht entsprechen, werden als „nicht gewalttätig" angesehen.

GEFÜHLE DER FRAUEN NACH MISSHANDLUNGEN

„... Dann hat er mi des erste Mal echt gwürgt. I war dann scho so weg, und da hab i Angst kriagt, da hab i Angst kriagt ... also ... i hab no nie vor wem so Angst ghabt, des muaß i ehrlich sagn." (Judith)

„In der Angst hab i alles gmacht, was er wollen hat. I hab kocht in der Nacht, i hab alles zugeben, was er wollen hat." (Herta)

„Und nachan hab i halt irgendwann amol angfangen, Angst zu kriagn. Und nachan hab i echt alles tan, was er wollt. Der hat mi soweit ghabt, bis i echt alles tan hab ... weil i hab so Angst ghabt, daß er mi wieder angreift ... net amol a Wochn hats gebn ohne blaues Aug." (Irma)

Die Frauen berichten von panischer und lähmender Angst, von Todesangst. Jede Person reagiert auf lebensbedrohliche Situationen mit Angst, und diese Angst lähmt die Handlungsfähigkeit.

Interviewerin: *„Könntest du dir vorstellen, mal zruckzuschlagn? Oder hast das tan?"*

Gerda: *„I, i tats gern, aber – i schaffs nit. Is des die Angst oder was, i woaß es nit – i glaub, daß des die Angst is, weil i ja nicht weiß, wie er reagiert."*

Diese Angst ist so groß, daß Gegenwehr als aussichtslos erscheint und alle „normalen" Gefühle und Reaktionen auf Gewalt unterdrückt werden müssen. „Der Preis ist dementsprechend hoch: Sie hat sich ‚auf den Kopf gestellt', um seine aggressiven Gefühle abzuwenden und ihre eigenen aggressiven Gefühle, die eine adäquate ‚normale' Reaktion auf sein demütigendes und gewalttätiges Verhalten gewesen wären, abzuspalten bzw. umzuwandeln und gegen sich selbst zu richten. Die Folge des Leugnens der Realität und der eigenen aggressiven Gefühle ist eine zunehmende Verunsicherung in ihrem Empfinden und Verhalten. Ihr eigenes Fühlen und Verhalten ordnet sie seinem Gefühlsleben unter, in der Hoffnung, ihn dadurch beeinflussen und für sich gewinnen zu können" (Burgard 1988, 55).

Dies führt zu den bereits beschriebenen Verleugnungen und Verharmlosungen seitens der Frauen, aber auch zu zahlreichen psychosomatischen Folgen, auf die wir später noch eingehen werden.

Interviewerin: *„Und wie war das für dich?"*

Monika: *„Demütigend, und geärgert hab i mi auf alle Fälle. Weil i afach gsagt hab, i bin ja net sein Eigentum, daß er über mi bestimmen kann, was i machen darf oder net."*

„Da, einmal, wenn nicht ein Kind geschrien hätt, ich hätt ihm fast die Eisen-gußpfanne hinaufgehaut ... er hat mi soweit gebracht, daß i solche Rachegefühle ge-habt hab." (Elisabeth)

Eine Gruppe von Frauen berichtet zusätzlich zur Angst von Demütigung und Wut sowie Haß und dem Wunsch nach dem Tod des Mannes. Diese Frauen haben in der Regel weniger Schuldgefühle, weil sie das Verhalten ihres Mannes ihnen gegenüber als unrechtmäßig empfinden. Schuldgefühle haben sie jedoch wegen ihrer eigenen Aggressionen. Einerseits kann Wut als eine Möglichkeit gesehen werden, mit der ei-genen Kraft in Verbindung zu kommen (vgl. Burgard 1988), andererseits bewirkt das Ausdrücken von Ärger und Wut allein noch gar nichts.

Für einige Frauen war der Impuls, den Mann zu töten, auslösend für die Trennung, doch die meisten Frauen empfinden in Mißhandlungssituationen eine „hilflose" Wut (Goldher-Lerner 1990), die eher zu kindlichen Reaktionen und Appellen an den Mann als zu wirklichen Veränderungen führt.

„Da kommt immer der Haß. Da mach ich dann die Tür zu und sitz ich und stell mir vor, was ich ihm alles gern sagen würde, wenn ichs könnte. Dann schimpf ich über ihn." (Susanne)

Die Verwandlung der „hilflosen" Wut, die viele Frauen nach Mißhandlungen emp-finden, in „konstruktive" Wut, die bewirkt, daß Frauen klar ihre Situation erkennen und selbstdefinierte Grenzen setzen, ist die Vorbedingung für eine Veränderung. Die Energie, die durch Wut frei wird, kann dazu führen, daß die Übernahme der Per-spektive des Mannes aufgegeben wird. Vergessen wir jedoch nicht, daß Zorn, Wut und das Setzen selbstbestimmter Grenzen nicht Bestandteil der gesellschaftlich ge-forderten „Weiblichkeit" sind. Voraussetzungen für die Entwicklung „konstruktiver" Wut sind nach unserer Erfahrung eine halbwegs sichere Situation, Unterstützung von außen und reale Alternativen. Die Wut kann aus folgenden Gründen zur Befreiung aus Gewaltbeziehungen führen:

1. Die Frauen können ihre Gefühle, die unter der Angst verdeckt waren, wieder wahrnehmen. Dies führt zu einem psychischen Gesundungsprozeß.

2. Sie können ihre Situation ernst nehmen und Vorsichtsmaßnahmen entwickeln, auch wenn es noch zu keiner Trennung kommt (kommen kann).

3. Durch das Ernstnehmen der Gewalterlebnisse können Frauen die Schuld von sich auf den Mann „verrücken" und sich selbst entlasten. Dadurch wird Energie für Veränderungen frei.

„GEFÜHLE" DER MÄNNER NACH MISSHANDLUNGEN

UNFÄHIGKEIT ZU EMPATHIE

„Als junger Kapitänleutnant verheiratete ich mich. Da ich zur Nordseestation gehörte, glaubte ich damit rechnen zu können, in der Hauptsache in Wilhelmshaven stationiert zu sein. Ich war daher sehr froh, als mir mein Hamburger Schwiegervater draußen ... ein kleines Häuschen baute. ‚Mir, nicht uns', sagt der Mann. Damit hat er, der Kapitän Ehrhardt, Führer der Marinebrigade Ehrhardt, des berüchtigsten aller Freikorps in den ersten Jahren der Weimarer Republik, die Tatsache seiner Heirat und deren erste Folge, das Geschenk eines kleinen Häuschens vor den Leser gerückt. Nicht einmal die Frau; über sie kein Wort, auch nicht der Name" (Theweleit 1980, 12.).

Seit diesem Bericht aus dem Jahre 1920 hat sich nicht viel geändert, auch in den von uns geführten Interviews mit gewalttätigen Männern wird der Name der jeweiligen Frau nicht erwähnt, sie wird entpersonifiziert. Auch ein interviewter mißbrauchender Vater redet von seiner Tochter immer als „das Madl". Diese Entpersönlichungsstrategie ist auch in anderen Unterdrückungszusammenhängen zu finden. Den Machtloseren werden häufig „Namen" = Persönlichkeit abgesprochen, von ihnen wird nur mittels verallgemeinernder Begriffe gesprochen (z.B. „die Juden", „die Ausländer").

Die Gefühlsarmut der mißhandelnden Männer wurde in nahezu allen Interviewberichten vermerkt. Ganz im Gegensatz zu den Frauen, die während der Interviews häufig zu weinen und zu zittern begannen, blieben die Männer zumindest äußerlich unbeteiligt. Einerseits war das Sprechen über sich selbst schwierig und offenbar ungewohnt, noch schwieriger war das Sprechen über andere, über die eigene Frau. Fragen wie „Konnten Sie sich in Ihre Frau hineinversetzen?" stießen auf Unverständnis und/oder führten zu Beschuldigungen der Frau.

So bedauern die drei Männer, die ihre Frauen ermordeten, zwar die Handlung, die zu einer langen Haftstrafe führte, in keinem Fall aber den Tod der Frau.

„Für das bekomm' ich lebenslang, wenn ich kein Lehrer, sondern ein Hilfsarbeiter gewesen wäre, hätt' ich 15 Jahre bekommen." (Josef)

Otto, der seine Frau besonders häufig vergewaltigte, behauptet im Interview, daß er trotz ihres Weinens glaubte, sie hätte Spaß gehabt.

Die „psychische Reichweite" (Zulehner 1993), die als Voraussetzung der Solidaritätsfähigkeit und Empathie definiert wird, ist bei allen interviewten Männern nahezu nicht vorhanden. Auch in anderen Studien (z.B. Berner/Karlick-Bolten 1986) wurde die mangelnde Empathiefähigkeit als ein Merkmal von gewalttätigen Männern beschrieben. Ein anderes Merkmal, die „Selbstverwiesenheit", eine Kontaktarmut, die eng mit mangelnder psychischer Reichweite zusammenhängt, war ebenfalls deutlich bemerkbar: Auf die Frage nach anderen Kontakten folgte meist die Antwort: „Eher weniger". Aufgrund fehlender tiefer Sozialkontakte können weder eigene Probleme besprochen noch eigene Haltungen überprüft werden (vgl. das Kapitel „Paarbeziehung").

„DIE SCHULDIGE FRAU" – DIE REUELOSEN

„Sie is davonglaufn a noch, des is ja noch viel schlimmer. Sie hats genau gwußt, wenns davonlauft, dann wer i bös, des hats ja gwußt." (Erwin)

„Wenn das Selbstwertgefühl sowieso schon angeschlagen ist, und dann kommen noch ätzende Bemerkungen, das macht einen auch fertig, ganz schön, und es reizt natürlich auch, weil es verletzt, das spielt auch alles mit. Es gibt Frauen, die das gut beherrschen, das Quälen." (Karl)

Eine Gruppe von Männern gab auch nach der Tat ihren Frauen die Schuld an ihrer Gewalttätigkeit. Die Männer waren wütend und führten ihr Verhalten auf verschiedene Charaktereigenschaften und/oder Verhaltensweisen der Frau zurück.

Theweleit (1980) hat in seinen Büchern über Männerphantasien den Zusammenhang zwischen Militär und Gewalt gegen Frauen eingehend analysiert und dabei ebenfalls festgestellt, daß den Frauen die Schuld daran zugewiesen wird.

In den Berichten wird aus der Tötungsabsicht gegenüber Frauen kein Hehl gemacht. Sofern diese Absicht überhaupt begründet wird, tun Männer es mit dem „ungehörigen Benehmen" von Frauen. Theweleit zieht den Schluß, daß „Terror gegen die Frau, die nicht mit dem Mutter/Schwesternbild identifiziert ist, grundsätzlich als Notwehr dargestellt" wird (Theweleit 1980, 188). Godenzi (1992) folgert: „Böses wird niemals so vollendet getan, als wenn es guten Gewissens geschieht."

Auch Zulehner (1992) hat in seiner „Machodimension" die Schuldzuweisung an die „böse" Frau betont: Extreme Machos stimmen dem Satz „Zu enge Bindungen zu einer Frau sind für den Mann bedrohlich" in hohem Maß zu. Gilligan wies in ihrer Untersuchung nach, daß Männer Bindungen mit Gefahr assoziieren und durch die phantasierte Gefahr, die ihnen durch Intimität droht, zu Gewalt neigen, da ihre Gewaltbereitschaft durch die traditionell männliche Sozialisation generell höher ist (Gilligan 1984, 58). Als Ergänzung scheint uns jedoch wichtig, daß es sich dabei um Bindungen handelt, über die die Männer keine Kontrolle haben. Kontrollverlust löst das einzige Gefühl aus, das in der traditionellen männlichen Sozialisation erlaubt ist: Wut (vgl. auch Thorne Finch 1992). Und daß sich diese Wut in männlicher Gewalt äußert, ist Ergebnis traditioneller männlicher Sozialisation, die Machtansprüche über andere als berechtigt erscheinen läßt.

REUE UND SELBSTMITLEID

„Mir is dann a net guat gangen - i hab zittert am ganzen Körper, mir is es eigentlich schlechter als der Frau gegangen." (Erwin)

„Könnte nicht sagen, daß es mir nachher besser gegangen ist." (Ingo)

„Es ging mir immer sehr schlecht danach. Weil auf der rationalen Ebene, mein Verhalten hat ja nicht mit meinem Selbstbild übereingestimmt, auch nicht mit dem, was ich so an Werten mitbekommen hab." (Otto)

„Auf der anderen Seite hat ihm das im Nachhinein immer so leid getan, daß er gesagt hat, nein, ich kann mich nicht beherrschen, und ich weiß nicht, was mit mir los ist, und dann hat er sich immer entschuldigt, und es hat ihm wirklich wahnsinnig leid getan, und dann ist es ihm halt wieder passiert." (Sabine)

Ein Drittel der befragten Männer und ein Viertel der Frauen berichtet von Reue des Mannes nach Gewalttätigkeit. Den Männern ging es schlecht, sie entschuldigten sich bei ihren Frauen und versprachen eine Änderung ihres Verhaltens. Je häufiger diese Versprechungen allerdings wiederholt werden, ohne daß eine tatsächliche Änderung erfolgt, desto eher ist anzunehmen, daß es sich um ein strategisches Vorgehen handelt.

Sehr häufig wird die Verzeihung durch mehr oder weniger erzwungene sexuelle Begegnungen eingefordert. Viele Männer sehen Sex als ideales Mittel an, nach einem Streit oder einer Gewaltanwendung die Beziehung wiederherzustellen.

Und was einmal „verziehen" wurde, über das darf nicht mehr geredet werden. Auch dies fördert das bereits beschriebene „Vergessen" bei Frauen.

Walker (1979) stellte in Beziehungen, in denen Männer gewalttätig sind, einen bestimmten Ablauf der Gewalt fest. Dieses Muster umfaßt einen Drei-Phasen-Zyklus der Gewalt. In der ersten Phase wird Spannung aufgebaut, in der zweiten kommt es zur Gewalttätigkeit des Mannes, worauf dann eine Phase der Reue und liebevollen Zuwendung folgt (Walker 1979). Dieser Drei-Phasen-Zyklus sollte aber keinesfalls auf alle Beziehungen, in denen Männer gewalttätig sind, übertragen werden. Die „gelegentliche Zuwendung" wurde bereits bei der Analyse des Musters der Gewalt erwähnt. Zu Beginn erzeugt diese Phase Hoffnung, im Verlauf der Gewalttätigkeiten wird jedoch die Zuwendung von den Frauen immer mehr verabscheut. Daher ist auch der von Walker gebrauchte Begriff der „Honey-moon"-Phase irreführend und entspricht in der Regel nicht den Erlebnissen der betroffenen Frauen (vgl. auch Kelly 1988).

VERHALTEN DER FRAUEN BEI GEWALT

GEGENWEHR

„Am Anfang, da hab i zruckgschnauzt, da war i frech. Dann hat er mi immer ghaut. Da hab i mir dacht: Halt, wann i immer mehr red, hab i immer mehr Hieb. Und dann bin i immer ruhiger wordn." (Herta)

Einige Frauen hatten sich zu Beginn der Beziehung gewehrt und verhielten sich später ruhig, da die Gegenwehr eine Eskalation der Gewalt zur Folge hatte.

„Ich laß mir jetzt nichts mehr gefallen, ich hau zurück ... oder geh und sperr mich im Zimmer ein, damit er mir nichts tun kann." (Veronika)

Eine zweite Gruppe wehrt sich erst später, als der Mann (in diesen Fällen alkoholabhängig) körperlich schwächer und nicht mehr so bedrohlich ist.

In wieder anderen Fällen berichten Frauen, die plötzlich und für den Mann überraschend zurückschlugen, von einer Verminderung der Gewalt. Dazu war aber ihre innere Überzeugung, eine eigentümliche Mischung zwischen „Grenzen setzen" und dem Gefühl, „nichts mehr zu verlieren zu haben", entscheidend.

„... Einmal, da hat er mi eingsperrt: Sieben Stund mit de kloan Kinder. Na, han i ma denkt: Und wenn i aussi geh, i woaß net, was i tua. Und nachan bin i wirklich, hat er mi aussilassn, nachan han i ihm so in Bauch einiboxt, daß er a Rippenprellung ghabt hat." (Irma)

SELBSTSCHUTZ

„Durch des, daß i im Berufsleben gstandn bin und voll beschäftigt war, bisch halt auf d Nacht oft amol total müd, durch des hats halt manchmal Situationen oder Tage gebn, wo i ebn nit mit eahm schlafn wollt. Und i hab gemerkt, er wird da bös mit mir ... also nachher is er immer brutaler wordn." (Irma)

„Hie und da hab i mi schlafend gestellt ... aus lauter Angst..aber meistens bin i im Jogginganzug im Wohnzimmer gesessen. Was mach i jetzt, wenn er durch die Tür einikommt und irgendwas macht, i hab mir schon Vorstellungen gemacht, daß i irgendwie rennen kann, daß i bereit bin." (Herta)

Das Hauptbestreben der Frauen ist im allgemeinen, sich selbst und ihre Kinder zu schützen. Sie haben große Angst vor Verletzungen oder Angst um ihr Leben und versuchen alles, um den Mann zu beruhigen. Dazu gehören Versprechungen aller Art, besonders liebevolles Verhalten und Versuche, sich vor ärgeren Verletzungen zu schützen. Manche Frauen laufen davon und kommen erst wieder, wenn der Mann sich beruhigt hat. Viele Frauen erzählen auch von „freiwilligem" Eingehen auf die sexuellen Forderungen des Mannes, um eine Eskalation der Gewalt zu verhindern.

ÜBERLEBENSSTRATEGIEN

„Mit der Zeit hab i ihn so beruhigt und hab eahm recht gebn und recht gebn, daß er halt a Ruh gibt ..." (Judith)

„Gesagt hab' ich manchmal schon was, aber hinuntergeschluckt auch viel." (Maria)

„Ich hab' ihm die letzte Chance gegeben und hab' ihn kirchlich geheiratet, um sein Vertrauen zu gewinnen, und hab' mir gedacht, jetzt kann er seine Gefühle zeigen." (Ulrike)

„Und ich hab das zweite Kind bekommen und hab mir gedacht, irgendwie kann es sich nur bessern mit dem zweiten Kind. Wir werden mehr zusammenwachsen." (Olga)

Die Beeinflussungsversuche von Frauen nennen wir Überlebensstrategien. Dieser Begriff kommt aus der amerikanischen Forschung und wurde unseres Wissens nach von Christina Thürmer-Rohr (1989) erstmals im Deutschen verwendet. Sie bezeichnet Frauen, die vergewaltigt wurden, nicht mehr als Opfer, sondern als Überlebende. Diese Begriffsunterscheidung zwischen Opfer und Überlebender ist unserer Ansicht nach wichtig, da mißhandelte Frauen nicht länger als passiv in ihrem Schicksal verharrende

Individuen betrachtet werden, sondern als Subjekte mit Handlungsspielraum, den sie auch zu ihrem Schutz und zu dem ihrer Kinder nützen.

In ihrem Versuch, gefährliche Situationen möglichst unbeschadet zu überstehen, entwickeln Frauen Aktivitäten, die dazu dienen, die Gewalt des Mannes zu verhindern oder zu verringern. In den Überlebensstrategien zeigt sich eine Bandbreite von Kreativität und dem Wunsch, sich nicht „brechen" zu lassen.

Grundsätzlich schätzen alle befragten Frauen, die Gewalt überlebt haben, ihren Mann richtig ein: Sie wehren sich entweder oder schützen sich, je nach Situation und Zustand des Mannes verschieden. Daß das Verhalten in der Gewaltsituation nicht unbedingt von der Persönlichkeit der Frau abhängig ist, zeigt das folgende Beispiel: Judith wehrt sich bei ihrem ersten Mann durch Zurückschlagen, er hat sie daraufhin nie mehr geschlagen. Bei einem späteren Freund, einem gefährlichen Gewalttäter, versucht sie hauptsächlich, sich zu schützen, und löst sich mit dieser Strategie erfolgreich aus der Beziehung.

Widerstand ist in Form von kleinen Listen (heimlich etwas Erwünschtes doch tun), sich wehren und aus der Situation weggehen möglich. Isolation und Kontrolle werden durch Kontakte zu Freundinnen und Arbeitskolleginnen durchbrochen, manchmal wird dem Mann mit Trennung gedroht. Die Frauen erhalten sich dadurch ein gewisses Selbstwertgefühl, bewahren ihre eigene Individualität vor der totalen Kontrolle.

Die Frauen, die sich gar nicht wehren, sind die am schwersten bedrohten und mißhandelten Frauen: *„Und nachan hab i halt irgendwann amol angefangen, Angst zu kriagn. Und nachan hab i echt alles tan, was er wollt. Der hat mi so weit ghabt, bis i echt alles tan hab"* (Irma). Gleichzeitig haben sie durch ihre totale Unterwerfung auch besonders viel an Selbstachtung eingebüßt.

Herman (1993) weist auf ähnliche Reaktionen bei vergewaltigten Frauen hin: „Frauen, die ruhig blieben, häufig aktiv handelten und sich nach besten Kräften wehrten, hatten nicht nur bessere Chancen, einen Vergewaltigungsversuch zu vereiteln, sondern litten auch weniger unter Symptomen schwerer psychischer Not, selbst wenn ihre Anstrengungen letztlich vergeblich waren. Dagegen mußten die Frauen, die vor Angst wie gelähmt waren und sich kampflos ergaben, nicht nur mit höherer Wahrscheinlichkeit die Vergewaltigung erdulden, sondern waren später auch stärker von selbstquälerischen Gedanken verfolgt und depressiv." (88). Die Autorin schreibt aber gleichzeitig auch: „Zwar haben sehr widerstandsfähige Menschen die besten Chancen, traumatische

Erfahrungen einigermaßen unversehrt zu überstehen, doch bietet keine persönliche Eigenschaft des Opfers allein zuverlässigen Schutz." (88)

Für die psychische Bewältigung von Gewalterlebnissen scheinen aktive Gegenstrategien, seien sie auch noch so gering, förderlicher zu sein.

FOLGEN DER GEWALT

„Auf Vergewaltigung steht lebenslänglich – für mich." (Stefan 1975, 40).

Bei der Darstellung der Folgen männlicher Gewaltausübung geht es uns vor allem darum, Verharmlosungen entgegenzuwirken.

Neben schweren Verletzungen, die teilweise entstellende Narben zur Folge haben, und Vergewaltigungen, die Schwangerschaften hervorrufen, wurde besonders den psychischen Langzeitfolgen der Opfer von Gewalt bisher zu wenig Aufmerksamkeit geschenkt. Jede Frau verarbeitet Gewalt auf andere Weise, für jede hat sie aber negative Auswirkungen. In der neuesten Forschung wird Gewalt als Trauma bezeichnet, das ebenso bewältigt werden muß wie Traumata nach Folter oder Krieg (Herman 1993). Diese klare Benennung ist angesichts vieler Versuche, Gewalt als Beziehungskonflikt darzustellen, notwendig. Gewalt innerhalb einer intimen Beziehung wird nach wie vor verharmlost. Dies entspricht den Verharmlosungstendenzen gewalttätiger Männer.

KÖRPERLICHE FOLGEN

Ist es übertrieben, im Zusammenhang mit Gewalt in Beziehungen Begriffe wie Folter, Trauma usw. zu verwenden, ist nicht Konflikt oder Streit angemessener? Unserer Erfahrung nach nicht. Obwohl nicht genau geklärt ist, was Schilderungen von Gewalt bewirken, (sie erzeugen zwar Betroffenheit, gleichzeitig aber auch Abgrenzung in den Fällen, in denen Gewalt nicht „so arg" wie die geschilderte ist), haben wir uns doch entschlossen, einige Berichte von Frauen wiederzugeben:

„Ich war ganz grün und blau, ich hab' fürchterlich ausgeschaut … er war ja ein Trumm von einem Mann, der hat mich niedergedrückt und geschlagen, da hab ich einen Rippenbruch gehabt, und dann hat er mich vergewaltigt, das war das Schlimmste, das wünsch ich keinem Menschen. Davon bin ich dann schwanger geworden." (Klara)

Diese Frau verliert wegen vieler Krankenstände, die von den Verletzungen herrühren, ihren Arbeitsplatz.

Unter den unmittelbaren Folgen der Verletzungen leiden die Frauen oft ihr ganzes Leben lang. Ihnen fehlen Zähne, ihre Knochen sind mehrfach gebrochen, Kiefer und Nasen sind bleibend verrenkt. Ihre Körper und ihre Gesichter sind von Narben entstellt. Frauen werden verbrannt, vergewaltigt, mit Messern attackiert und mit Peitschen geschlagen – nicht im Krieg, sondern innerhalb der Familie.

„Er is immer brutaler woarn, muaß i sagn...i woaß net, wie oft, daß i gweint han (Pause), wenn, wenn wir gschlafn ham miteinand. Hab gsagt: Du tuascht mir weh. Und, und i hab a bluatet;... der hat mir echt brutal wehtan. Der hat mi echt verletzt. Wo i – ja, die Narbn, de bleibn mir immer, net? Wo der Frauenarzt gsagt hat, vo wo i die Verletzungen hab, net? Was soll i da sagn? Kann a net sagn: ,Mein Mann is so brutal' oder irgendwas. Also, wenn i gweint hab', na hat er gsagt: ,Wieso tuast du so, wenn's dir eh gfallt?' Also mir san die Tränen obagrunnen ... i hab' echt betet, daß bald vorbei is...für mi war des brutal grausig; Horror, und – ja – für ihn is halt immer toller woarn... also er hat sich nachan so Sachn einfalln lassen, was ma wirklich in de Pornos sieht, und – brutal – er hat des ja tagtäglich, er hat keinen Tag auslassen, wo er net mit mir gschlafn hat ... i muaß heit sagn, i bin heit froh (Atemzug), bin wirklich froh, daß mei Mann (Seufzer) nia so lang braucht hat, daß er kemmen isch, also da bin i froh ... und er hat nacha Vaselin kaft extrig, daß er ja - er hat a, wie sagt ma heit, versuacht, Analverkehr zu erzwingen. Des hat er Gott sei Dank nie durchdersetzt, des hat er Gott sei Dank net gschafft." (Irma)

Doch nicht nur die von Irma geschilderte, mit brutaler Gewalt einhergehende Vergewaltigung hat körperliche und psychische Folgen, auch andere Formen sexueller Gewalt haben ähnliche Auswirkungen, obwohl sie allgemein und von den Frauen selbst gar nicht als sexuelle Gewalt bezeichnet werden: Dabei handelt es sich um ein „Kontinuum sexueller Gewalt", wie Kelly (1988) feststellte. Eigentlich wirkt auch das „freiwillige" Eingehen auf sexuelle Forderungen, um Gewalt zu verhindern oder um die Verzeihung zu bestätigen, wie Gewalt. Bei diesen Formen fällt jedoch sogar die Möglichkeit der klaren Benennung als Gewalt weg, die körperlichen Folgen derart „verdrängter" Gewalterlebnisse sind dann noch schwieriger bis zu ihrem Ursprung zu verfolgen.

PSYCHISCHE LANGZEITFOLGEN

„... Ich werde höchstwahrscheinlich noch lange keine Ruhe haben, ich meine, das ist das Schlimmste für mich, wir möchten endlich einmal in Ruhe leben ... Angst hab' ich direkt nicht, aber es ist einfach die Unruhe in mir... Überall mußt schauen, ob der Mensch wo steht, hinter mir, ist mir auch schon passiert, da bin ich so erschrocken ... und ich weich' allen Stellen aus, wo er oft war, und dann steht er hinter mir, ich meine, für mich ist das einfach ungut und belastend, so belastend, daß ich drei Kilo abgenommen hab' ... es ist eine Belastung, die mir niemand abnehmen kann ..."
(Berta)

Berta ist bereits seit fünf Jahren von ihrem Mann getrennt und muß noch immer mit der Bedrohung leben. Diese Unruhe hat natürlich vielfältige Auswirkungen auf ihr körperlich-seelisches Befinden.

Jeder Gewaltakt, erst recht aber wiederholte Gewalttaten und das bereits beschriebene „Muster" verschiedener Gewaltformen haben neben den körperlichen auch emotionale und psychische Folgen, von oft jahrelanger Dauer.

Bei dem Vergleich einer Gruppe von Frauen, die sexuelle Angriffe hinter sich hatten, und einer Kontrollgruppe hatten die betroffenen Frauen deutlich mehr Ängste und Depressionen, besonders, wenn die Gewalt häufiger vorkam (Thorne-Finch 1992).

Vor allem bei fortwährender sexueller Gewalt neigen Frauen zu selbstschädigenden Tendenzen, um sich selbst unattraktiv zu machen. Sie bekommen Eßstörungen, sie magern ab, entwickeln Minderwertigkeitsgefühle, Angst und Ekel vor Sexualität und jedem Körperkontakt. Sie werden mißtrauisch und schließen sich vor der Umwelt, die ihnen nicht hilft, ab.

Es kommt zu Gedächtnisverlust und Abgestumpftheit, beides wiederum besonders häufig bei Opfern sexueller Gewalt. Geringes Selbstbewußtsein und erhöhte Selbstbeschuldigung setzen vor allem dann ein, wenn die Angriffe über längere Zeit erfolgen.

Zusätzlich entwickeln viele Frauen schwere Schuldgefühle und Selbstzweifel, da der gewalttätige Mann ursprünglich frei gewählt wurde und vielleicht auch noch geliebt wird. Verschärft wird diese Situation durch Isolation und das Verschweigen der Gewalt („Schweigegebot"), das eine mißhandelte Frau in eine unheilvolle Komplizenschaft mit ihrem Mann führt.

Da die brutalsten Angriffe in der Regel spätabends oder nachts erfolgen, versuchen die Frauen, nicht einzuschlafen, um nicht im Schlaf überrascht zu werden. Daraus entwickeln sich Schlafstörungen. Es kommt immer wieder zu psychischen Zusammenbrüchen, weil es keinen Ort gibt, an dem die Frauen sich sicher fühlen und entspannt sein können. Im Extremfall kann es zu massiven psychischen Störungen kommen, zu psychotischen Reaktionen, schweren Depressionen oder zu Alkohol- und Tablettenabhängigkeit. In besonders ausweglosen Situationen entstehen nicht selten Selbstmord- oder Mordgedanken.

Herman (1993) listet in ihrem neuesten Buch folgende posttraumatische Störungen nach Gewalterlebnissen auf:

1. Übererregung: Dabei ist das Selbstschutzsystem in einem ständigen Alarmzustand, Entspannung ist so gut wie niemals möglich.

„Das geht nicht spurlos an dir vorüber, das prägt dich ... ich habe nächtelang nicht schlafen können, nächtelang nicht ..." (Berta)

2. Intrusion: Lange nachdem die Gefahr vorbei ist, drängen sich Erinnerungen an traumatische Erfahrungen auf, die jedoch nicht lebendig und mitteilbar sind, sondern wortlos und starr.

Franziska erinnert sich zum Beispiel häufig, wenn sie mit ihrem derzeitigen Freund schläft, an ihren früheren Mann, der sie regelmäßig brutal vergewaltigte. Diese Erinnerungen tauchen auf, ohne daß sie etwas dagegen tun kann.

3. Konstriktion: „Ist man absolut machtlos und jeder Widerstand zwecklos, bleibt möglicherweise nur die Kapitulation. Das Selbstverteidigungssystem bricht zusammen. Der oder die Ohnmächtige flieht nicht durch eine reale Handlung aus der betreffenden Situation, sondern durch eine Veränderung des Bewußtseinszustandes" (Herman 1993, 65). Durch die Vermeidung von gefährlichen Situationen kommt es zu einer immer größeren Einschränkung der Lebensmöglichkeiten und emotionellen Erstarrung. In Extremfällen wird durch diese Gleichgültigkeit sich selbst gegenüber die Schädigung durch den Täter fortgesetzt.

„... Gefügig hat er mi eigentlich nur machen können durch Alkohol, weil i dadurch hemmungsloser und gleichgültiger war, da wars ma eigentlich nacha gleich – da hab' i mir no denkt, des geht vorbei. Danach hats mir wieder so graust vor mir selber, geekelt, hab i mir denkt, mei, hast da mitgmacht, bin i halt rausgangen, hab' i wieder a Glasl Wein trunken." (Elisabeth)

4. Nichtzugehörigkeit: Langanhaltende traumatische Erfahrungen wirken sich nicht

nur auf die psychische Struktur aus, sondern auch auf Bindungen und Wertvorstel-lungen. Die Vorstellung von einer gerechten Welt geht verloren, es kommt zu einer Entfremdung gegenüber anderen Personen, vor allem, wenn sie nicht helfen.

5. Selbstzerstörung: Wird die Verbundenheit zerstört, verliert die Traumatisierte das fundamentale Selbstgefühl. Besonders durch körperliche Angriffe wird die Auto-nomie, die eigene Persönlichkeit verletzt. „Traumatische Ereignisse zerstören damit den Glauben, daß man in Beziehungen zu anderen ein eigenständiges Selbst be-wahren kann" (Herman 1993, 79). Selbstzerstörerisch wirken auch Schuld-, Scham- und Minderwertigkeitsgefühle der Opfer. Täter führen diese Gefühle bewußt herbei, indem sie Frauen bei Vergewaltigungen auffordern, selbst „aktiv" zu werden, „mit-zumachen". „Dem Täter geht es offensichtlich darum, das Opfer zu versklaven, und dieses Ziel erreicht er, indem er sämtliche Lebensbereiche des Opfers despotisch kontrolliert. Doch die Unterwerfung allein befriedigt ihn nur selten; anscheinend muß er aus psychischen Gründen seine Verbrechen rechtfertigen, und dazu braucht er die Zustimmung des Opfers. Deshalb verlangt er unablässig, daß das Opfer seine Ach-tung, Dankbarkeit oder sogar Liebe beteuert" (Herman 1993, 109). Dieser Verlust von Selbstachtung, weil Frauen Demütigungen und Gewalt ruhig und freundlich über sich ergehen lassen bzw. dem Mann danach ihre Liebe beteuern mußten, wird be-sonders schrecklich erlebt.

Psychische Langzeitfolgen entstehen vor allem durch die notwendigen Überle-bensstrategien in traumatischen Situationen. Warum leiden aber mißhandelte Frau-en unter unterschiedlich starken psychischen Folgen? „Ausschlaggebend für das Aus-maß der psychischen Schäden ist das traumatische Ereignis selbst. Individuelle Per-sönlichkeitsmerkmale haben angesichts überwältigender Ereignisse wenig Gewicht" (Herman 1993, 84). Besonders sexuelle Gewalt und Gewalt durch nahe Angehöri-ge, von denen eigentlich Liebe und Unterstützung erwartet werden, hat immer trau-matische Folgen. Welche Form die Störung annimmt, hängt jedoch mit individuellen Merkmalen zusammen. Die dominierende Symptomatik steht jeweils in einem engen Zusammenhang mit der Kindheitsgeschichte, mit emotionalen Konflikten und Anpassungsstrategien (vgl. Herman 1993). So ist es für Frauen, die bereits in der Kindheit traumatisiert wurden, sicher schwieriger, Gewalt zu erkennen, sich dagegen zu wehren und sie nicht mit der eigenen Persönlichkeit in Zusammenhang zu bringen.

Zwar hat jeder Mensch eine „Bruchgrenze", doch manche brechen früher als andere. „Besonders belastbare Menschen sind überdurchschnittlich kommunikativ, bewältigen Anforderungen reflektiert und aktiv und sind in hohem Maße davon überzeugt, daß sie ihr Schicksal meistern können. ... Überdurchschnittlich widerstandsfähige Menschen nutzen in Streßsituationen jede Gelegenheit, mit anderen gemeinsam sinnvoll zu handeln, während andere Menschen häufig wie gelähmt oder durch die Angst isoliert sind. Wer selbst in Extremsituationen soziale Bindungen aufrechterhalten und aktiv nach Lösungsstrategien suchen kann, scheint in gewissem Maße geschützt gegen die spätere Entwicklung eines posttraumatischen Syndroms" (Herman 1993, 87).

Auf der anderen Seite gibt es auch besonders verwundbare Menschen. So sind, wie bei allen Risikofaktoren, die Menschen, die geringe Ressourcen haben und besonders benachteiligt und isoliert sind, am gefährdetsten.

Häufig folgt noch eine sekundäre Traumatisierung durch die Gesellschaft: Wenn Frauen schwere psychische Folgekrankheiten entwickeln, kommt es später zu einer neuerlichen Viktimisierung. In ärztlichen Diagnosen wird viel zu wenig auf Gewalt als Ursache von psychischen Krankheiten eingegangen. Frauen haben die negativen Auswirkungen der Gewalt zu tragen, indem sie Obsorgeprozesse verlieren, nicht mehr arbeitsfähig oder von Obdachlosigkeit bedroht sind, weil sie vor Gewalt flüchten müssen und ihr Einkommen für eine Wohnung nicht ausreicht. Sie erhalten keine Therapie zur Bewältigung der Folgen von Gewalt und in den seltensten Fällen Schmerzensgeld oder sonstige Ausgleichszahlungen (vgl. auch das Kapitel „Gesellschaftliche Reaktionen").

KINDHEIT UND PERSÖNLICHKEITSENTWICKLUNG DER GEWALTTÄTIGEN MÄNNER

Die Analyse der Kindheit der männlichen Täter ist ein Versuch, Voraussetzungen zu finden, die in Zusammenhang mit anderen Faktoren – auch situativer oder gesellschaftlicher Art – männliche Gewaltausübung gegen Frauen in Paarbeziehungen begünstigen. Ein besonderes Phänomen in der Kindheit kann sicher nie alleinige Ursache für späteres Gewalthandeln sein – und darf auch nicht als Entschuldigung mißbraucht werden!

David Adams (1989) beschreibt die Falle der ausschließlich klinischen Erklärungs- und Behandlungsmodelle, die davon ausgehen, daß der Gewaltausübung in der Kindheit wurzelnde intrapsychische Probleme zugrundeliegen, die primär behandelt und beseitigt werden müssen. (Die Liste dieser Probleme ist mittlerweile schon enorm, es entsteht der Eindruck, daß letztlich „alles und nichts" der Gewalt zugrunde liegt ... Anm. d. A.) Adams kritisiert an diesem Ansatz, daß Gewalt implizit solange „gerechtfertigt" ist, bis diese Defizite aufgearbeitet sind, und daß damit die Verantwortung für die eigene Gewaltausübung vom Täter nicht übernommen wird. Außerdem hält Adams die Annahme, daß nach erfolgreicher Behandlung die Gewalt „von selbst" aufhört, für einen Mythos, wird doch der Nutzen von Gewalt und Kontrolle für den Täter außer acht gelassen.

In diesem Sinne möchten wir hier weder vereinfachte Kausalzusammenhänge noch „entschuldigende" Defizite aus der Kindheit aufzeigen.

Eine wichtige Funktion der Ergebnisse dieses Kapitels wird auch sein, mit verschiedenen Mythen zu brechen, die über in Paarbeziehungen gewalttätige Männer verbreitet sind. So weit sind sie nicht vom „normalen Mann" entfernt, so sehr unterscheidet sich ihre Kindheit und Jugend von der anderer Männer gar nicht. Sie sind nicht unbedingt die „bösen, asozialen Menschen am Rande der Gesellschaft"! In vielen Fällen ist es der Nachbar, der Arbeitskollege, der nette Kumpel aus dem Sportklub. Gewalt gegen Frauen in Paarbeziehungen ist leider kein Randgeschehen, diese Gewalt ist nicht immer „woanders"; sie ist eigentlich nicht zu übersehen ...

ÜBERSICHT DER ENTWICKLUNG IN KINDHEIT UND JUGEND

Christian wuchs mit seinen Eltern und zwei Brüdern auf einem Bauernhof auf und *„hat's eigentlich immer schön und gemütlich gehabt"*. Seine Beziehung zu den Eltern beschreibt er als gut, mit dem Vater konnte er besonders gut reden, die Mutter war ihm gegenüber weniger offen. Dafür war sie diejenige, die kindlichen Schmerz getröstet hat, der Vater verlangte eher männliche Härte. Mit den Brüdern gab es wenig Konflikte, einer wurde von der Mutter allerdings bevorzugt, berichtet Christian noch jetzt mit etwas Bitterkeit.

Die Eltern *„sind recht gut miteinander ausgekommen"*, Konflikte wurden allein geregelt. *„Wir haben etwas miteinander zu reden"*, hieß es dann, die Kinder wurden hinausgeschickt. In der Erziehung genügten meist Anweisungen und Ermahnungen, manchmal gab es Ohrfeigen oder Schläge vom Vater als Strafe. Streicheleinheiten waren selten, aber an Zuwendungen für braves Arbeiten in Form von Lob und Belohnungen kann sich Christian durchaus erinnern.Die Organisation des familiären Zusammenlebens scheint unspektakulär funktioniert zu haben, *„da haben wir immer zusammengeholfen"*.

Zur Ausbildung wurde er in eine landwirtschaftliche Schule geschickt, dann arbeitete er auch als Schlosser, aber sein Hauptinteresse galt immer der Landwirtschaft. Dadurch blieb er am elterlichen Hof und hat sich nie richtig von Vater und Mutter gelöst. Seine erste sexuelle Beziehung hatte Christian mit seiner jetzigen Frau, die er aufgrund einer ungeplanten Schwangerschaft auch heiratete.

Sigmund wuchs in einer Familie mit drei jüngeren Schwestern auf. Er berichtet von einer guten Beziehung – *„ein Superverhältnis"* – zu seiner Mutter, mit seinem Vater steht er heute noch *„auf Kriegsfuß, weil der wollt mir amal die Mutter anlangen"*. Aber nicht nur das. Sigmund meint, daß er *„die Wut an mir auslassen hat, weil mi die Mutter teilweise bevorzugt hat. ... Drum denk i mir ja, daß i teilweise durch des so aggressiv wordn bin."*

Zwischen den Eltern gab es viel Streit, was Sigmund als kleineres Kind nicht so mitgekriegt hat, später schon – auch Gewalt gegen seine Mutter.

Die Erziehung war streng. Sigmund bekam oft Schläge vom Vater und vom Onkel.

Der Vater *„is buckln gangen"* und traf alle Entscheidungen, die Mutter war Hausfrau und *„hat nur gsagt ja und amen, daß a Ruah is"*. Sigmund wollte zwar Bäcker werden, mußte aber auf Wunsch des Vaters Schlosser lernen. Als er mit 17 Jahren von daheim auszog, bekam er Hausverbot vom Vater. Die Beziehung zur Mutter blieb immer aufrecht, mit heimlichen gegenseitigen Besuchen und mütterlicher Versorgung.

Ingo war Einzelkind; der Vater war als Lastwagenfahrer wenig zu Hause, am Abend meist müde, *„der wollte auch nicht allzuviel von mir"*. Das Verhältnis zur Mutter beschreibt Ingo als *„durchaus gut"*, gleichzeitig *„schon eher eng"* – sie hat immer geschaut, wo er ist und was er tut – *„wie Mütter halt so sind"*.

Die Eltern *„haben sich eigentlich recht gut verstanden, glaube ich"*, meint Ingo. Auseinandersetzungen gab es schon, aber *„mein Papa hat meine Mama nie geschlagen"*. Allerdings *„so offen darüber geredet haben sie sicher nicht"*, irgendwann fand der Konflikt ein Ende. Das Familienleben war klar geregelt, *„die Mama war halt daheim und hat den Haushalt gemacht, der Papa ist Lkw gefahren – irgendwie eine ganz normale Familie"*.

Ingo kam nach der Hauptschule ins Gymnasium und studiert zur Zeit der Befragung noch. Den schulisch bedingten Ortswechsel sieht er als wichtig für seine Ablösung an. Die erste Liebe war und ist seine jetzige Freundin.

Gerhard wuchs ab dem dritten Lebensjahr faktisch ohne Vater auf; dieser zog (angeblich) aus beruflichen Gründen weg. Gerhard hatte Sehnsucht nach ihm. Die Mutter mußte viel arbeiten, meist war wenig Geld vorhanden, da der Vater unregelmäßig Alimente zahlte. Trotzdem meint Gerhard, er hätte *„ganz a schöne Kindheit ghabt, familiär nett ... so nett wie s ihr möglich war, hat sie s uns* (zwei Buben, zwei Mädchen, Anm. d. A.) *gmacht"*. Die Mutter – eine *„gstandene Frau"* – wird einerseits herzensgut, andererseits hart und fordernd geschildert. Ihre Erziehung war militärisch und karg, Schläge gab es *„ordentlich gsalzene"*, die ihr dann auch wieder leid getan haben. *„Da hast dich zeitweise net auskennt!"*

Gerhard machte – ungern – eine Lehre als Verkäufer und war nebenbei musikalisch engagiert. Er zog mit 17 Jahren von daheim aus, mit der Musikgruppe zigeunerte er durch die Gegend und hatte dadurch immer viele Kontakte und Frauenfreundschaften.

Mit diesen Beispielen werden die zum Teil sehr unterschiedlichen Familiensituationen und -beziehungen offensichtlich, ein einheitliches Bild von Kindheit und Jugend dieser Stichprobe gibt es nicht.

Ein Überblick über allgemeine Parameter aus Kindheit und Jugend der Befragten soll neben den Unterschiedlichkeiten auch einzelne Gemeinsamkeiten aufzeigen, die zwar nicht in allen, aber doch in den meisten Interviews als Tendenzen zu erkennen sind.

Eine auffallende Tendenz kennzeichnet die Männer in der Befragungssituation, nämlich „daß es für sie ungewöhnlich war, über sich zu reden" (Interpretationstag mit den InterviewerInnen). Das gilt in besonderem Maße für die Berichte aus der Kindheit, die vorwiegend Fakten und allgemeine Aussagen wie „normale Familie", „schöne Kindheit" oder „die Beziehung zur Mutter war übergeordnet" usw. enthalten. Die Qualität der Gefühlswelt von damals – und auch von jetzt – ist oft schwer zu erkennen.

FAMILIE, BEZIEHUNGEN, GRUNDSÄTZE, WERTE

Die Ursprungsfamilien der männlichen Täter weisen unterschiedliche soziale Hintergründe auf, sie bewegen sich nicht in Extremen, wie häufig angenommen wird. Lediglich die Herkunft aus dem ländlichen Raum überwiegt in unserer Untersuchungsgruppe leicht. Überraschend viele (62,5%) erinnern sich, daß *„ausreichend Geld vorhanden"* gewesen sei, was darauf schließen läßt, daß die Kindheit der Befragten nicht vorrangig von materiellen Entbehrungen und Einschränkungen geprägt war.

Die Familiensituation der 22 befragten Männer ist als weitgehend stabil zu bezeichnen, nur wenige (insgesamt 13,6%) hatten eine Veränderung der Bezugspersonen erlebt und sind vorwiegend bei den Eltern, den Großeltern oder der Mutter aufgewachsen. Keiner war mit mehreren Veränderungen, also wechselnden Bezugspersonen konfrontiert. Graphik 2 siehe nächste Seite

Graphik 2: Kindheitssituation Männer/aufgewachsen

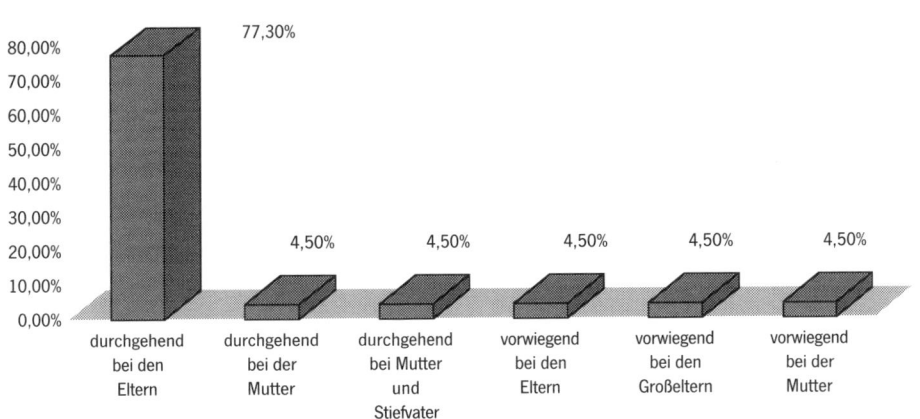

Trennungstraumata oder Verlustängste aufgrund instabiler Familienverhältnisse lassen sich bei dieser Stichprobe nicht feststellen. Auch andere traumatische Erlebnisse stehen nicht im Vordergrund der Berichte über die Kindheit. Die äußeren Voraussetzungen für eine stabile psychische Entwicklung sind also durchaus gegeben. Defizite und Persönlichkeitsstörungen aufgrund wechselnder Bezugspersonen oder einer „Heimkarriere", wie sie schon von Spitz (1967) beschrieben wurden, können demnach nicht Ursache für die Gewalttätigkeit dieser Männer sein, wie oft angenommen wird.

Allerdings wissen wir damit noch nichts über die Qualität der Familienbeziehungen, die letztlich für eine gesunde Psyche ausschlaggebend ist. Nicht nur Alice Miller (1979) betont die Wichtigkeit von genügend „affektiver Nahrung" in frühkindlichen Beziehungen. Sroufe/Waters (1977) sehen vor allem die Entwicklung sozialer Kompetenz durch emotionale Unsicherheiten in frühen Bindungen gefährdet, Richter (1972) und Pernhaupt (1984) heben die Bedeutung des allgemeinen Erziehungsklimas für die gesunde Entwicklung von Kindern hervor.

Die Qualität der Beziehungen zu den Eltern sind in den Items „vorrangiges Vaterbild bzw. Mutterbild" zusammengefaßt. Sie erfassen – wie der Titel sagt – nicht alle Facetten der Beziehung, sondern die in den Interviews vorwiegend vermittelten Tendenzen.

Die Väter mit wenig Interesse an ihren Söhnen, die vorrangig strengen und die, die sich durch positive emotionale Präsenz auszeichnen, halten sich in der Gesamtgruppe der Männer die Waage (siehe Graphik 2).

Die meisten befragten Männer beschreiben ihre Mutter als vorwiegend positiv emotional präsent, an zweiter Stelle stehen die Darstellungen eher strenger Mütter. (sieheTabelle 1).

Tabelle 1

	vorrangiges Vaterbild	vorrangiges Mutterbild
keines	4,5%	-
wenig Interesse	22,7%	9,1%
streng	22,7%	31,8%
pos. emot. Präsenz	22,7%	50,0%
neg. Präsenz durch Gewalt	13,6%	4,5%
verwöhnend	-	4,5%
ungenaue Angaben	13,6%	-

Die Präsenz der Väter wurde unabhängig von der Qualität der Beziehung aufgrund der Berichte der Interviewten eingeschätzt. Die „durchschnittliche Präsenz" bezieht sich auf die in unserem Lande übliche, sehr geringe Beteiligung der Väter an Erziehungs- und Versorgungsaufgaben. Laut einer Untersuchung von Kytir/Münz (1985) bewegt sich dieser Durchschnitt bei einigen Minuten pro Tag.

Graphik 3: Präsenz des Vaters

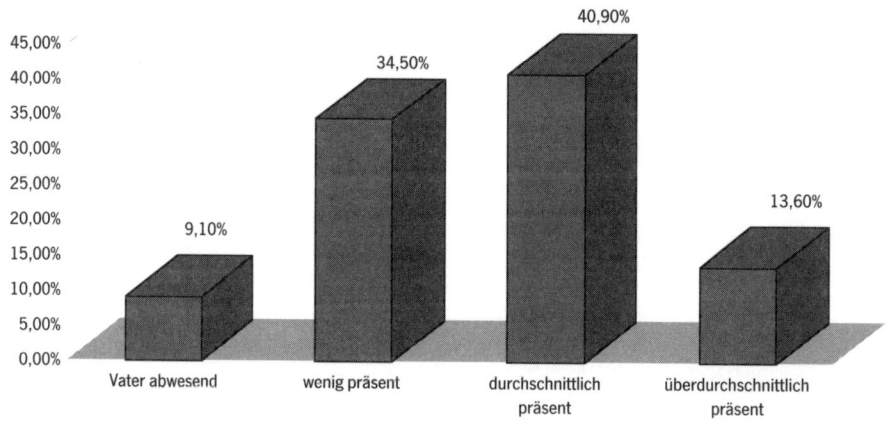

Insgesamt hatten 45,5% der befragten Männer keinen oder einen faktisch nicht präsenten Vater!

Die Organisation des Zusammenlebens entspricht durchgehend der klassischen Rollenverteilung. *„Eine ganz normale Familie"* ist das für Ingo, wenn die Frau zu Hause ist und der Mann arbeiten geht. Die Berufstätigkeit der Mutter wird nur von Manfred ausdrücklich erwähnt, weil *„dann der Vater für uns Kinder zuständig war".* Erwin zollt seiner Mutter Respekt, indem er sie *„a robuste Haut"* nennt, weil sie die Versorgung der sechs Stiefkinder, ihrer eigenen vier Kinder und die Arbeit in der Landwirtschaft geschafft hat. Ansonsten wird die Haushalts- und Versorgungsfunktion der Mutter in den Mittelpunkt gestellt, obwohl laut Angaben in den Fragebögen zirka vier Fünftel der Mütter – zumindest zeitweise – auch erwerbstätig waren.

Die tendenzielle Bewertung dieser unterschiedlichen Rollenverteilung läßt sich mit zwei Zitaten unmißverständlich darstellen. *„Der Vater is buckeln gangen"* – *„die Mutter hat gekocht und so, aber nicht gearbeitet..."* Indem die Tätigkeit im Reproduktionsbereich nicht als Arbeit wahrgenommen wird, wird sie nicht nur abgewertet, sondern als selbstverständliches Attribut der Weiblichkeit betrachtet. Veronika Bennholdt-Thomson (1983) spricht in diesem Zusammenhang von „gesellschaftlicher Zwangsarbeit", deren Kennzeichen das kosten- und bedingungslose „Für-andere-zur-Verfügung-stehen" darstellt. Darüber hinaus wird dadurch der Frau die ganze Verantwortung für Schwierigkeiten im Familienbereich zugeschoben, der Mann fühlt sich nicht zuständig (Lau/Boss/Stender 1979).

Über die Beziehung zwischen den Eltern wird – wenn überhaupt – sehr oberflächlich berichtet. Hier scheint die Wahrnehmung ausgesetzt zu haben, die Beziehung der Eltern ist für die meisten tabu, besonders für diejenigen, die ihre ganze Kindheit offensichtlich verherrlicht darstellen.

Die Frage nach der Konfliktlösung ist bei einigen Interviewten direkt auf Erstaunen gestoßen, ihre Ratlosigkeit war groß. Konflikte – *„des ham die Eltern alloan gregelt",* aber wie, ist offenbar heute noch ein Geheimnis. Von *„Diskussionen"* über *„sich aus dem Weg gehen",* bis zu *„schreien"* und *„keppeln"* werden Schlagworte genannt, eine nähere Erläuterung des „WIE" bleibt bei allen aus. Gegenüber diesen Phrasen scheinen die berichteten gewalttätigen „Lösungen" direkt klar und eindeutig, so makaber das klingen mag. Auch Eltern-Kind-Konflikte gab es angeblich gar nicht – oder der schwächere Konfliktpartner *„hat a Flums kriagt, a teuflische",* und damit war der Konflikt „geregelt".

So ist es auch nicht verwunderlich, wenn das allgemeine Erziehungsklima von fast der Hälfte der Befragten als einschränkend beschrieben wird. Nur ein knappes Viertel erlebte die Erziehung unterstützend, ein gutes Viertel berichtet von einem stark wechselnden Erziehungsklima, das größtenteils auf unterschiedliche Haltungen der Eltern zurückzuführen ist.

Das Erziehungsklima wurde dann als „unterstützend" kategorisiert, wenn nicht nur Strenge, Gehorsam und Strafen thematisiert wurden, sondern auch Lob, Beziehungsangebote und Kommunikation. Diese 22,7% haben vor allem im Vergleich zu den anderen eine unterstützende Erziehung genossen. Ganz allgemein vermitteln die Interviews – aus heutiger Sicht – eher repressive Erziehungsstile, dem Erziehungsbegriff dieser Zeit entsprechend. (Gewalt in der Erziehung wird in einem eigenen Kapitel behandelt.)

Die in der Familie vermittelten Werte und Wichtigkeiten fürs Leben kreisen vorrangig und vor allem in stark patriarchalisch strukturierten Familien um Arbeit, Leistung und Zielstrebigkeit. *„Lern und tu und tu und tu.... bei denen hätt's nix anders geben als lernen"*, berichtet Sigmund. Die Methoden der Vermittlung waren zwar unterschiedlich – bei Christian gab es einen Schilling für gute Arbeit, Erwin erzählt, *„wenn ana nix tan hat, der is verachtet wordn"* – , der Auftrag an das Kind war letztlich bei allen klar und eindeutig und ging hauptsächlich vom Vater aus.

Andere Wichtigkeiten betreffen eher plakativ moralische Werte wie Ehrlichkeit, Bescheidenheit, Korrektheit, Sparsamkeit – sie entstammen vorwiegend dem mütterlichen Repertoire. Wenig konkrete Aufträge wie „aus den Kindern soll was werden" oder „ein guter Junge, ein guter Mensch zu sein" werden ebenso berichtet wie ganz spezifische Wertvermittlungen, z.B. „man darf nicht stehlen", „zuerst sparen, dann kaufen" oder sich von Drogen fernzuhalten. Eine einzige Antwort auf diese Frage betrifft die Beziehungsebene: „Zusammenhalt in der Familie", wobei aber die Funktionalität der bäuerlichen Familie im Vordergrund steht.

PUBERTÄT UND ADOLESZENZ

Bei den Berichten über Berufswahl und -ausbildung fällt auf, daß viele der Interviewten letztlich etwas anderes machten, als sie eigentlich wollten, oder sich eher unhinterfragt für das Nächstliegende entschieden. Unterstützung von den Eltern hatten die wenigsten. Wo sich der Vater in die Berufswahl einmischte, verwehrte er dem

Sohn dessen Berufswunsch. Von den fünf Männern, die ein Hochschulstudium begannen, brachen drei ab (versagten also), einer schloß das Studium ab, einer studiert noch.

Die Peers: Männliche Arbeitskollegen, Freizeitcliquen und Brüder waren – wie allgemein üblich – für die meisten Männer in einer bestimmten Phase der Pubertät oder Jugend die wichtigsten Sozialkontakte. Nur zwei erzählen von Kontaktschwierigkeiten, beide blicken auch auf eine isolierte Kindheit zurück. Norbert konnte einfach nicht mitreden, fühlte sich ständig als Außenseiter; Bernhard kam eher mit der lockeren Art, den Konkurrenzkämpfen und den Raufereien nicht zurecht.

Andere kämpften offenbar eifrig mit, Hierarchie *(„da habn wir zwei Bosse ghabt, zwei ältere, die habn immer die Streitereien geregelt")*, Konkurrenz *(„wir vier Lehrbubn haben uns gegenseitig ausgspielt, eine Art Konkurrenzbeziehung")* und männerbündlerische Kameradschaft (Dorfmusik, Hitlerjugend usw.) waren großgeschrieben. Körperliche Gewalt zwischen den Peers wird entweder als übliche Rauferei dargestellt, *„wie es unter 16-, 17-, 18jährigen Buben halt der Fall ist, daß man sich hin und wieder einmal verhaut..."*, oder als notwendiges Übel, um sich zu wehren bzw. als verdiente Strafe: *„...und am nächsten Tag kriagt er von de oan zwoa* (den Bossen, Anm. d. A.) *die Hieb, was eam zuastehn."*

Erste Kontaktaufnahmen zu Frauen werden nur von zwei Männern als wirklich problematisch beschrieben; sie hatten große Hemmungen, wußten nicht, was reden, oder getrauten sich nicht, Mädchen zum Tanzen aufzufordern. Wieder sind es die beiden, die schon ihre Kindheit als sehr isoliert beschrieben haben.

Andere berichten, daß sie anfangs etwas schüchtern waren, was sie aber nicht als unüberwindbares Problem darstellen. Wieder andere finden, sie hätten nie Probleme mit Frauen gehabt – wohl eine mit Vorsicht zu genießende Aussage.

Über Sexualität und erste intime Beziehungen zu Frauen wird im allgemeinen ungern gesprochen. Sicher kein Hinweis auf freizügige Thematisierung von Sexualität in den Familien. Die vorhandenen Angaben bestätigen diese allgemeine Vermutung: Nur ein Interviewter gibt an, von den Eltern aufgeklärt worden zu sein. Bei 31,8% war Sexualität ein völliges Tabu, wie und wann der Betreffende aufgeklärt wurde, bleibt unklar. 18,2% wurden von Geschwistern oder Freunden aufgeklärt, unter ihnen war Sexualität immerhin ein Thema. Von den restlichen 45,5% wissen wir leider nichts Genaueres.

Das Tabu der Sexualität äußerte sich auf verschiedene Weise. Entweder war

Sexualität in der Familie nicht existent und wurde totgeschwiegen *("außer was halt im Stall anglaufn isch...",* Christian), oder Sexualität wurde auf bestimmte Moralvorstellungen reduziert, wie zum Beispiel: *"Geschlechtsverkehr hat man nur, wenn man das Mädchen heiratet"* (Josef).

Fast alle hatten vor der das Interview betreffenden Beziehung schon intime Frauenbeziehungen, die meisten erzählen von einer "großen Liebe" aus der Jugend, die aus verschiedenen Gründen nicht gehalten hat. Holger Eichs Lieblingsthese (in: Fröschl/Löw 1992), daß Frauenhaß seinen Ursprung auch in enttäuschten ersten Liebesbeziehungen während der Pubertät haben kann, ist sicher nicht von der Hand zu weisen. Auf der anderen Seite sind das Erfahrungen, die fast jeder junge Mensch macht, ist doch die Pubertät und Jugend eine Zeit des Suchens, Ausprobierens und sich Orientierens, die auch Frustrationen und Enttäuschungen mit sich bringt. Eine lineare Kausalität ist nicht anzunehmen, mögliche Zusammenhänge mit bestimmten Defiziten aus der Kindheit, vor allem den "gesunden Narzißmus", die männliche Identitätsentwicklung und das Selbstwertgefühl betreffend, sind in Betracht zu ziehen.

Andere erzählen eher nüchtern über ihre ersten Frauenbeziehungen, wie über irgendein Puzzlestück ihres Lebens, das seinen Platz hat und abgehakt ist.Vor allem Ludwigs Bericht klingt eher nach einem erfüllten Auftrag als nach Verliebtheit: *"... und dann hat man gesagt, so, jetzt wirst du bald ein Mann... dann hat es eben geheißen, man muß sich eine Freundin suchen."*

Einstellungen zu Frauen *"hat's, glaub i, gar keine gebn",* wurden also offenbar nicht besprochen, aber *"Weiberleit a bisserl angstänkert"* haben sie doch. Sigmund bezeichnet die Einstellung seiner Clique als "ganz locker", es sei über alles geredet worden, und was einer mit einer Frau tut, "des is uninteressant, des geht koan was an". Einstellungen und Beziehungen zu Frauen sind in diesen Männerkreisen kein ernsthaftes Thema, außer des allgemeinen Geplänkels, Geblödels und Geprahles. Frauen sind "Privatsache" jedes einzelnen, hier hört die Kameradschaft auf, hier bleibt der Mann auf sich gestellt – und hat dafür auch alle Rechte!

Vorstellungen und Träume aus der Jugendzeit werden wenige berichtet. Zwei Themen halten sich in etwa die Waage:

1) Beruf und Familie aufbauen, ganz traditionelle Wünsche

2) Träume, das große Glück zu machen, ins Ausland zu gehen, zu reisen

Letztere werden eher von den Männern geäußert, die zu Hause unglücklich und eingeengt waren. Erwin kommentiert sehr zutreffend: *„Es kommt ja meistens anders, wie man sich des vorgestellt hat..."*

GEWALTERFAHRUNGEN IN DER KINDHEIT

Von massiven Gewalterfahrungen (Prügel mit Gegenständen und/oder Häufungen von verschiedenen Gewaltformen) in der Kindheit berichten gleich viele Männer wie von einer Erziehung ohne körperliche Gewalt. Bei zwei Männern wird zwar keine gegen sie gerichtete Gewalt erwähnt, aber das Thema so marginal besprochen, daß wir von ihnen eigentlich zu wenige Angaben haben, um sie mitberücksichtigen zu können. Bei den restlichen Befragten wird von vereinzelten oder weniger massiven Gewalterfahrungen wie der *„üblichen Watschn"*, auch *„Schlägen mit der Hand"*, unklaren Drohgebärden oder eher unklarer psychischer Gewalt berichtet, die aber zum Großteil nicht als Gewalt deklariert sind oder erst bei genauem Nachfragen überhaupt zur Sprache kamen.

Graphik 4: Gewalterfahrungen in der Kindheit

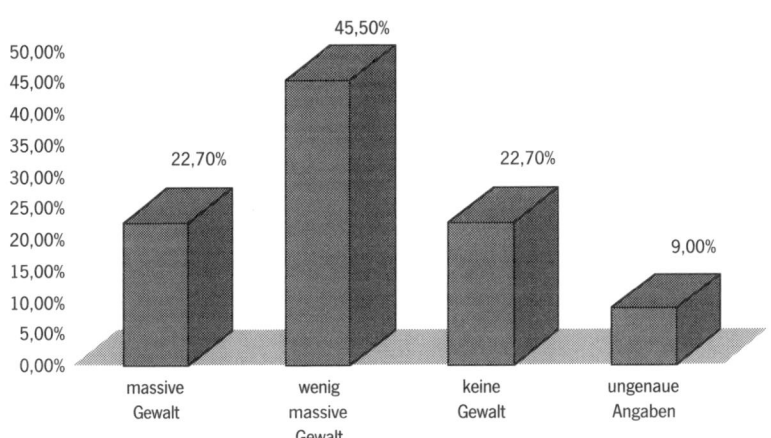

Insgesamt wurde über mehr Gewalthandlungen von Vätern als von Müttern berichtet, fast doppelt so viele Mütter wie Väter hatten keine Gewalt ausgeübt. Interessant ist, da die geringe Präsenz des Vaters nur von einem Mann als „starke emotionale Vernachlässigung" dargestellt wurde, der Rest hat dies offenbar als

Normalzustand akzeptieren gelernt und auch keine anderen Erwartungen mehr gehabt. Wenn die Beziehung zur Mutter zu wünschen übrig ließ, haben die Betroffenen hingegen viel sensibler reagiert.

Selbst wenn in den Interviews nicht pauschal nach „Gewalterfahrungen" gefragt wurde (das Gespräch wurde über Erziehung und Strafen eingeleitet), bleibt die Frage offen, was die Betreffenden als Gewalt oder als körperliche Strafe bezeichnen oder was sie als solche wahrgenommen haben.

Die Tiefeninterviews brachten einige Male Gewalterfahrungen zutage, die vorerst nicht genannt wurden (und vermutlich auch in einer Fragebogenerhebung untergegangen wären). Manfred beteuert zum Beispiel, sein Bruder und er seien ohne körperliche Strafen erzogen worden, später erzählt er aber, sein Vater habe die Angewohnheit gehabt, *„wenn wir wieder schlimm waren, also das muß ich schon sagen, daß er eine Rute abgebrochen hat und uns nachgelaufen ist mit der Rute – er hat eh nicht stark hingehaut..."* (Manfred)

Die Einteilung der Interviewten in die drei Gruppen
- keine Gewalterfahrungen
- wenig massive Gewalterfahrungen
- massive Gewalterfahrungen

basiert auf mehreren Informationsebenen:

a) Arten der Gewalt, die von den Interviewten berichtet wurden (aber nicht unbedingt als solche bezeichnet wurden). Die Zuordnung in die folgenden Kategorien wurde von uns vorgenommen.

Gewalterfahrungen durch den Vater oder die Mutter
   1 keine
   2 leichte Klapse, Ohrfeigen
   3 Schlagen mit der Hand
   4 Prügeln mit Gegenständen
   5 andere schmerzhafte Züchtigungen
   6 starke physische Vernachlässigung
   7 starke psychische Vernachlässigung
   8 Drohungen, Feindseligkeit
   9 starke emotionale Erpressung
   10 sexuelle Gewalt

Psychische Gewalt, ein noch heiklerer Begriff als die körperliche Gewalt, sowie Vernachlässigung wurden nicht bei jeder Klage oder jedem erwähnten Konflikt angekreuzt. Die geringe Präsenz der Väter wurde nur dann als starke psychische Vernachlässigung angekreuzt, wenn der Betreffende solch ein Empfinden auch geäußert hat.

b) Bezeichnung dieser Erfahrungen durch den Interviewten selbst
   (Gewalt oder Strafe oder Erziehungsmaßnahme usw.)
c) Ausmaß der genannten Gewalterfahrungen
   (Häufigkeit und Kombinationen)
d) Erstinterpretationen der Interviewerinnen

KEINE EIGENEN GEWALTERFAHRUNGEN ODER „GEWALTFREIE" KINDHEIT

Obwohl eine gewisse Skepsis bezüglich der „gewaltlosen" Erziehung dieser Männer angebracht ist, gibt es keinen handfesten Grund, sie ihnen abzusprechen. Skepsis ist deshalb angebracht, weil speziell in dieser Gruppe die Informationen eher knapp und die Aussagen allgemein gehalten sind. Auf der anderen Seite sind es nicht unbedingt jene, die ihre Kindheit offensichtlich verherrlichen und verzerrt sehen.

Die nicht oder wenig präsenten Väter werden zum Beispiel sehr realistisch geschildert (80%). Daß sie keine körperlichen Strafen austeilten, ist offenbar nicht so sehr auf die liebende Haltung der Väter zurückzuführen, sondern eher auf Interesselosigkeit (60%) oder Abwesenheit. Die Mütter werden oft als streng beschrieben (60%), erst in zweiter Linie als positiv emotional präsent (40%).

Kein Befragter dieser Gruppe berichtet von beobachteter Gewalt gegen die Mutter.

Der Beginn der Paarbeziehungen dieser Männer ist durchwegs harmonisch, die begangenen Mißhandlungen sind nach eigenen Angaben nicht besonders häufig. (Die allgemeine Verharmlosungstendenz der Täter läßt uns diese Angaben jedoch mit Vorsicht betrachten ...) Bei Josef enden diese gelegentlichen Mißhandlungen allerdings mit einem Tötungsdelikt. Bei den anderen ist das Ausmaß der angewandten Gewalt vergleichsweise gering, alle berichten von körperlicher Mißhandlung ohne Verletzung, einer von extremer Einschränkung der persönlichen Freiheit seiner Frau.

Die Männer ohne eigene Gewalterfahrungen sind auch nicht die typischen „Verlierer", die ihre Frau/Freundin mißhandeln, um das eigene Versagen zu kompensieren, auch ist keiner als allgemein gewalttätig zu bezeichnen (vgl. Kapitel „Kontexte der Gewalt").

In dieser Gruppe müssen eindeutig andere Faktoren für die Gewaltanwendung gesucht werden – sofern man sie nicht skeptisch in die Gruppe der extremen „Bagatellisierer" und „Harmonisierer" einordnet, die Gewalt in der Kindheit nicht wahrgenommen bzw. verdrängt haben.

WENIG MASSIVE GEWALTERFAHRUNG ODER „WER SEIN KIND LIEBT, SCHLÄGT ES"

Wenig massive Gewalterfahrungen (eine etwas komplizierte Umschreibung in Ermangelung eines geeigneten Begriffs) betreffen in erster Linie körperliche Strafen wie „Ohrfeigen", „Klapse" und gelegentliche „Schläge mit der Hand". Auch Drohungen und emotionale Erpressung werden von drei Männern genannt. Keiner der Befragten stellt jedoch die Gewalthandlungen in den Mittelpunkt der Beschreibungen seiner Eltern, nur zwei erwähnen Gewalt überhaupt in diesem Zusammenhang. Daniel entschuldigt die väterlichen Watschn sofort: *„Nachträglich hab i mir sagn miaßn, er hat recht ghabt."* Nur Otto kommentiert: *„Das hat meine Beziehung zu meinem Vater trotz der vielen schönen Dinge, die auch da waren, stark gefärbt."*

Körperliche Strafen als Erziehungsmaßnahme werden in dieser Gruppe vorwiegend akzeptiert, als berechtigt befunden *(„hat mir nicht geschadet")* und nicht als Gewalt bezeichnet. Für Christian war Gewalt etwa, *„wenn so auf dem Schulweg drei, viere auf di losgehn"*, aber nicht die Strafen.

Diese Gruppe beschreibt ihre Väter vorwiegend als positiv emotional präsent (44,4%), in zweiter Linie als streng (33,3)%. Die Väter waren zu gleichen Teilen wenig, durchschnittlich und überdurchschnittlich präsent. Auch bei den Müttern überwog die positive emotionale Präsenz (60%), gefolgt von der Strenge (30%).

Nur ein Mann dieser Gruppe berichtet, Zeuge von Gewalt gegen die Mutter gewesen zu sein.

Ein Erlebnis sexueller Gewalt wird wenig konkret beschrieben, es geht eher um die *„Katastrophe"*, die der sexuelle Mißbrauch des Pfarrers an mehreren Ministranten im ganzen Ort ausgelöst hat. *„... isch halt a bißl dramatisiert gwordn ... dazumal hat s bald ausgschaut, als wenn mir Buam schuld gwesn warn, daß der Pfarrer des ..."* (Anton)

Zwei Drittel der Befragten erleben einen harmonischen Beginn ihrer Paarbeziehung, ein Drittel schildert schon den Beginn der Beziehung als konfliktreich. Die Häufigkeit der Mißhandlungen wird von den Männern dieser Gruppe etwas höher angegeben. Sie haben die meisten verschiedenen Arten von Gewalt angewandt, auch häufig extreme Beschimpfungen und Drohungen, körperliche Gewalt ohne, mit leichten und mit schweren Verletzungen, sexuelle Gewalt (1x berichtet) und Tötung (1x).

Die Kontexte der Gewaltanwendung sind in dieser Gruppe hauptsächlich „Trennungsabsichten der Frau" und „Alltagskonflikte".

Männer, die wenig massive Gewalt erlebt haben, sind gleichzeitig jene, die sie nicht als Gewalt bezeichnen, welche die Legitimation der Gewalt bestimmter Personen in bestimmten Situationen kritiklos übernommen haben. Nach Straus et al. (1980) wäre das die dritte Lektion, die Kinder durch physische Bestrafung ins Erwachsenenleben übernehmen.

1. Lektion: Menschen, die dich lieben, sind gegen dich gewalttätig.

2. Lektion: Es ist moralisch richtig, Gewalt gegen Familienmitglieder auszuüben.

3. Lektion: Wenn alles andere nicht nützt, ist der Gebrauch von Gewalt entschuldbar.

Die Männer dieser Gruppe tendieren auch dazu, ihre Kindheit zu verherrlichen, das Bild ihrer Eltern, vor allem das des Vaters, zu verzerren. Christian zum Beispiel beschreibt ausführlich eine Familienidylle, in anderem Zusammenhang erwähnt er fast beiläufig die Angst, die er als Kind vor Schlägen hatte.

Kritiklose Übernahme der Strukturen, mangelnde Ablösung vom Elternhaus (z.T. im Elternhaus wohnhaft) und ein starker, oft überdurchschnittlich präsenter Vater tragen offenbar zur Internalisierung der „berechtigten" Gewaltausübung bei.

MASSIVE GEWALTERFAHRUNGEN

Dieser Gruppe wurden jene Männer zugeordnet, die sehr häufig geschlagen, vor allem auch mit Gegenständen geprügelt wurden oder sehr vielen verschiedenen Arten von Gewalt ausgesetzt waren.

Ludwig erzählt, daß *„mein Vater mich immer gehaut hat, mit einem Zeitungsspanner fest verprügelt, wenn irgendwas war"*. Bei Erwin *„hat's die Rutn gebn"*, die Schläge von Gerhards Mutter waren *„scho ordentlich gsalzen"*, und Sigmund erzählt (übrigens lachend!): *„Zu zwoat haben's mi gschlagn, der Onkel und der Vater, der Onkel hat mi ghalten und der Vater hat mi gschlagn."*

Die Gewalttätigkeit der Eltern nimmt in diesen Berichten viel mehr Raum ein, sie wird auch als solche bezeichnet (*„die Mutter war gewalttätig"*, Gerhard) und von niemandem wirklich entschuldigt. Die erlittene Demütigung, die noch bestehende Kränkung und Wut kommt – wenn auch nicht immer direkt – deutlich zum Ausdruck.

„Es war schon irgendwie was Brutales", bezeichnet Norbert vorsichtig die Prügel mit Pracker und Kochlöffel, die er als Fünfjähriger eingesteckt hat, Wut ist bei ihm nicht spürbar. Anders Gerhard: *„De Sau, de hat mir mittn in die Pappn einiknallt, aber ohne schaugn, wo sie hinschlagt."* Sigmund hat nach den Schlägen eher gelacht als geweint, *„des hat der Zorn scho net zuaglassn... i bin aufgstandn und hab sie* (Vater und Onkel, Anm. d. A.) *ausglacht"* – er lacht noch heute darüber!

Gründe für die Prügel waren offenbar weniger einsichtig als bei der mittleren Gruppe, die Unberechenbarkeit der Gewalttätigkeiten wird betont.

„Da hast nie gwußt, wie du dran bist", erinnert sich Erwin. *„Da hasch di zeitweise nit auskennt"*, weil es Gerhards Mutter danach gleich wieder leid getan hat. Ludwig hat seine Prügel mit dem Zeitungsspanner immer bezogen, *„wenn irgendwas war, wenn das Tischtennisspielen zu laut war, egal wer es war, hat er mich gehaut"*.

Die Väter dieser Gruppe waren zu 60% durchschnittlich präsent und werden sehr unterschiedlich beschrieben – nur nicht positiv emotional präsent. Auch die vorrangigen Mütterbilder sind sehr unterschiedlich, aber von 40% werden die Mütter doch durch positive emotionale Präsenz gekennzeichnet.

Die Männer mit massiven Gewalterfahrungen waren auch zu 60% Zeugen von Gewalt gegen ihre Mutter.

Sexuelle Gewalt mußte ein Befragter dieser Gruppe mit elf Jahren erfahren, wobei hier die Ungewißheit, was eigentlich geschehen ist, und der Auftrag der Geheimhaltung als Hauptbelastungen dargestellt werden. Der Mißbrauch wurde von einer Tante begangen und wird als einmalige Vergewaltigung bezeichnet; Genaueres läßt Sigmund den Interviewer nicht wissen.

75% der Interviewten dieser Gruppe stellen schon den Beginn ihrer Partnerschaft als konfliktreich dar, nur 25% als harmonisch und schön.Es ist die einzige Gruppe, in der auch „sehr häufige" Mißhandlungen zugegeben werden, die Arten der berichteten Gewalt umfassen auch psychische, körperliche Gewalt mit und ohne Verletzungen sowie zwei Tötungsdelikte.

In dieser Gruppe sind alle fünf Gewaltkontexte (vgl. Kapitel „Kontexte der Gewalt") gleichermaßen vertreten.

Massive Gewalterfahrungen, bei den meisten gekoppelt mit der Beobachtung von

Gewalt gegen die Mutter, werden zwar nicht geleugnet oder bagatellisiert, dafür aber die Gefühle der Demütigung, Angst und Verzweiflung. Die darf es offenbar nicht geben, also ist „Mann-Sein nur über die Entwicklung vom Opfer zum Täter möglich" (Interpretationstag).

Die Unberechenbarkeit der elterlichen Reaktionen und das ständig wechselnde Erziehungsklima erschüttern den Glauben an eine positive Beziehung und geben der Entwicklung von Beziehungsfähigkeit keinen Raum, auch wenn nicht beide Eltern gewalttätig waren.

ZUR BEOBACHTETEN GEWALT GEGEN DIE MUTTER

Norbert beschreibt im Interview, daß die Eltern eine eher unglückliche Beziehung hatten, daß der Vater eher im Wirtshaus als zu Hause war und es deswegen immer wieder Streit gab.

Interviewer: „Hat sie (die Mutter, Anm. d. A.) nie in Erwägung gezogen, sich scheiden zu lassen?"

Norbert: *„O ja, schon auch, der Vater hat sie ja auch einmal geschlagen, ziemlich hart hergenommen hat er sie, ein bißchen verletzt ab und zu. Da haben sie gerauft, kann man sagen. Das hat mir wahnsinnig weh getan immer – damals."*

Interviewer: „Und was ist damals genau geschehen?"

Norbert: *„Naja, ein bißl hingehaut hat er halt und so zurechtgewiesen halt, ich weiß auch nicht mehr so genau."*

Interviewer: „Für mich ist da schon ein Unterschied zwischen ‚so zurechtgewiesen' und ‚geschlagen' ..."

Norbert: *„Ja schon, verletzt hat er sie ein bißchen ..."*

Interviewer: „Haben Sie das damals miterlebt, diesen Streit?"

Norbert: *„Ja."*

Interviewer: „Wie war das denn für Sie?"

Norbert: *„Ich hab damals gedacht, er will sie umbringen, die Mutter, ich hab gesagt, ‚tu's nicht!' - er hat gesagt, ich mach ihr nichts, ich tu nur raufen ein bißchen. Ich war damals noch klein."*

Norbert klammert sich heute noch an die Aussage des Vaters, er würde nur ein bißchen raufen, obwohl er ganz genau weiß, daß dem nicht so war. Er ist auch sehr bemüht, den Vorfall als einmalig darzustellen, aber ganz gelingt es ihm nicht *("ein bißchen verletzt ab und zu", "hat mir wahnsinnig weh getan immer – damals")*.

Die Erinnerung an beobachtete Gewalt des Vaters/Stiefvaters gegen die Mutter scheint noch einmal diffiziler als die selbst erlebte Gewalt. Wohl nicht von ungefähr gibt es zu dieser Frage von 27% der Interviewten keine Angaben. 50% geben an, keine Gewalttätigkeiten gegen die Mutter gesehen zu haben, 23% erinnern sich an solche Szenen.

Die Bedrohung der Hauptbezugsperson, die die Mutter weitgehend ist, stellt immer auch für Kinder eine existentielle Bedrohung dar. Und zwar in besonderem Maße, wenn die massive Gewalttätigkeit eines Vaters auch die Kinder betrifft. Die in diesem Fall entstehende Dynamik wird im Kapitel über die Familienstruktur beschrieben.

Alle durch Gewaltausübung negativ präsenten Väter haben auch Gewalt gegen ihre Frauen ausgeübt. Aber kein positiv emotional präsenter Vater wurde als gewalttätig gegenüber seiner Frau wahrgenommen. Die Frage bleibt offen, ob wirklich keiner gewalttätig war. Wenn "wenig massive Gewalt" als Erziehungsmittel zum Leben des Kindes gehört und als "berechtigte und normale Verhaltensweise" gesehen wird, ist zumindest nicht auszuschließen, daß gelegentliche Gewalt gegen die Mutter als solche nicht wahrgenommen wurde. Das gehörte eben zur "rechtmäßigen Gewalt" des Familienoberhauptes, ein Recht, das vom Sohn übernommen wurde.

Auch die Idealisierung der Eltern, vor allem der Väter, läßt es – bewußt oder unbewußt – nicht zu, von beobachteter Gewalt gegen die Mutter zu berichten.

ZUSAMMENFASSUNG UND INTERPRETATION

Der Schluß, daß Männer, die Gewalt gegen ihre Frauen ausüben, alle in der Kindheit massiv geschlagen worden sind, läßt sich nach diesen Ergebnissen nicht ziehen. Viele Studien, die einen primären Kausalzusammenhang zwischen Gewalterlebnissen in der Kindheit und späterer Gewalttätigkeit finden (vgl. Brisson 1981, Gelles 1976, Mc Coord 1988 u.a.), bleiben in der Betrachtung des Gewaltausmaßes und der Art späterer Gewaltausübung zu undifferenziert. Auch wenn die meisten Männer unserer Untersuchungsgruppe (insgesamt an die 70%) körperliche Strafen erfahren haben, so muß man davon ausgehen, daß die Generation der jetzt Erwachsenen zum Großteil so erzogen worden ist (vgl. auch Honig 1986) –

demnach müßten fast alle Männer Gewalt in ihren Paarbeziehungen anwenden.

Übrigens wendet auch heute noch ein Drittel der österreichischen Eltern nach eigenen Angaben körperliche Gewalt wie eine Tracht Prügel oder Schläge mit Gegenständen als Erziehungsmittel an, etwa weitere 60% bekennen sich zu Klapsen und Ohrfeigen (Wimmer-Puchinger 1991).

Damit soll aber nicht gesagt sein, daß Gewalterfahrungen in der Kindheit keine Rolle spielen! Um Gewaltausübung als latente Möglichkeit des Verhaltensrepertoires zu kennen, bedarf es keiner besonderen eigenen Erfahrungen. Hans hat zwar selbst keine Gewalt erlebt; er gibt an, das einzige Kind in der Familie gewesen zu sein, das nie geschlagen wurde – die Möglichkeit, wie die Geschwister geschlagen zu werden, muß aber als ständige Drohung präsent gewesen sein!

Beobachtungen von Gewalt werden überdies auch außerhalb der Familie gemacht, Gewalt als Durchsetzungsstrategie vor allem von Männern kann keinem Kind verborgen bleiben. „Daß manche Männer keine Gewalt erfahren haben, kann nur bedingt möglich sein, denn die Entwicklung zum Mann bedeutet, einige Stationen mit ausgesprochener Gewalt zu durchlaufen...", sagt Peter Wanke, Mitarbeiter des Wiener Teams, am Interpretationstag. Er meint damit sowohl die Gewalt der Normen, die einen Heranwachsenden zwingen, innerlich zu verhärten und rigid zu werden, als auch „Stationen" wie Ausbildungsstätten, das Bundesheer und Freizeitclubs, die von Gewalt geprägt sind.

Diesem Bild entsprechen die Berichte der Befragten über ihre Jugendzeit. Da geht es nicht mehr um Schläge von den Eltern, aber Gewalt und Gewaltstrukturen gehören mehr oder weniger direkt „dazu". Schlägereien unter Jugendlichen, das Austeilen von Fausthieben, *„wenn di halt oaner pflanzt hat"*, Konflikte, die man „unter sich ausmacht", werden ebenso erwähnt wie organisierte Gewalt in faschistoid anmutenden Cliquen mit Bossen, die alles auf ihre Art „regeln" *(„der war scho fertig, der Typ, der is scho erledigt")*. Unabhängig davon, wieviel Gewalterfahrungen einer macht, wieviel Gewalt er selbst ausübt, ob er mitmacht oder bei Schlägereien das Weite sucht: Gewalt als mögliche Durchsetzungsstrategie prägt das soziale Umfeld männlicher Jugendlicher. Kontext und Ausmaß dieser so „normal" scheinenden Erfahrungen *(„wie es unter Sechzehn-, Siebzehn-, Achtzehnjährigen halt der Fall ist")* hat auf spätere Anwendung von Gewalt anscheinend doch mehr Einfluß als allgemein angenommen wird. In diese Richtung gehen auch die Ergebnisse einer Untersuchung, die der erlebten, beobachteten oder angewandten Gewalt in der Jugend größeren

Einfluß auf künftiges gewalttätiges Verhalten zuschreibt als den Erlebnissen in früher Kindheit (Rouse 1988).

Trotzdem können, wie schon gesagt, Gewalterfahrungen in der Kindheit nicht als einziger Faktor, der spätere Gewaltausübung in Paarbeziehungen direkt verursacht, angesehen werden. Auch wenn es in jeder unserer drei „Gewalterfahrungsgruppen" zumindest einen Mörder gibt, so zeichnet sich doch eine leichte Tendenz ab, „daß das ‚Mehr oder Weniger' an Gewalt in der Kindheit mit ausschlaggebend ist für das ‚Mehr oder Weniger' an Gewaltausübung." (Interpretationstag mit den Interviewerinnen)

FAMILIENSTRUKTUR – DIE POSITION DER VÄTER UND IHRE FOLGEN

Die Auffälligkeit, daß 45,5% aller Befragten sowie 80% der Männer ohne eigene Gewalterfahrungen ihre Väter als nicht oder wenig präsent beschrieben, ließ uns die Position der Väter und die damit zusammenhängende Familienstruktur genauer untersuchen, mit der Hoffnung, auf neue Erklärungen und Zusammenhänge zu stoßen.

Bei näherer Analyse konnten diesbezüglich vier verschiedene Gruppen bestimmt werden, deren gemeinsame Hauptmerkmale in folgenden Kurzformeln beschrieben sind:

1. Vater nicht oder wenig präsent   8
2. Vater vorrangig gewalttätig   4
3. extrem patriarchale Familienstruktur   7
4. Vater überdurchschnittlich präsent   3

Die Orientierung der Familienstruktur an der Position des Vaters erfolgte aus verschiedenen Gründen. Erstens sehen wir es als Faktum in unserer Gesellschaft, daß die Position des Vaters im allgemeinen die ist, an der sich die anderen Familienmitglieder orientieren müssen. Erstaunlicherweise wird dieser Einfluß auf die Sozialisation der Kinder weitgehend übersehen. In vielen Studien scheint nur die Mutter als Erziehende auf, ihr wird auch die Hauptverantwortung für Probleme in der Entwicklung der Kinder zugeschoben. Das ist ein zweiter Grund für die Fokussierung der Position des Vaters in den Familien unserer Untersuchungsgruppe. Ein dritter Grund ist der theoretische Ansatz (z.B. Toby 1974), daß die Gewalttätigkeit gegenüber Frauen mit einer gestörten Identitätsentwicklung zusammenhängt, daß ihr unbewußte

Zweifel an der eigenen Männlichkeit zugrundeliegen. Zweifel dieser Art oder Kränkungen durch die Interesselosigkeit der Väter wurden in einigen Interviews auch klar geäußert. Die besonderen Bedingungen der einzelnen Familienkonstellationen für die männliche Identitätsentwicklung nehmen eine zentrale Stellung in der Auswertung ein.

VATER UNBEKANNT ODER NIE ZU HAUSE

Tabelle 2

	vorrangiges Vaterbild	vorrangiges Mutterbild
keines (Vater abwesend)	16,7%	–
wenig Interesse	83,3%	12,5%
streng	–	37,5%
pos. emot. Präsenz	–	25%
neg. Präsenz durch Gewalt	–	12,5%
verwöhnend	–	12,5%

Die beiden genannten Vaterbilder charakterisieren diese Familienkonstellation ohne Ausnahme. Das vorrangige Mutterbild wird interessanterweise viel unterschiedlicher beschrieben. Diese Verteilung weist nicht darauf hin, daß die Beziehung zur Mutter in dieser Familienkonstellation einen speziellen Faktor darstellt. Auch die besonders enge Bindung an die Mutter, als deren Folge latente kindliche Aggression sich auf alle Frauen übertragen könnte (vgl. Mitscherlich, 1985), steht bei dieser Gruppe nicht offensichtlich im Vordergrund.

80% waren keine Zeugen von Gewalt an der Mutter, 20% haben Gewalthandlungen ihres Vaters gegenüber der Mutter erlebt. (Graphik 5: siehe nächste Seite)

Graphik 5: Gewalterfahrungen in der Kindheit

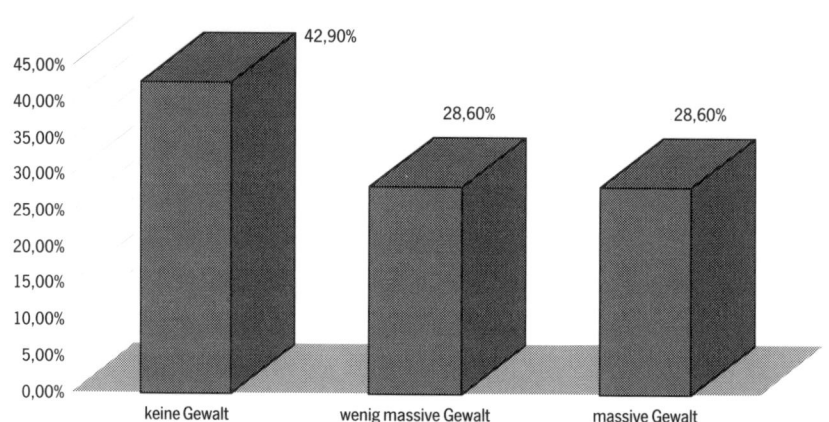

Die eigenen Gewalterfahrungen sind unterschiedlich. In dieser Gruppe überwiegen die Gewalterfahrungen durch die Mutter, vor allem die massiven und die psychischen. Interessanterweise schildert nur Norbert die mangelnde Anwesenheit des Vaters als starke psychische Vernachlässigung: *„Ich hab geglaubt, wir sind ihm nichts wert".*

Josef – ein Portrait

Als Halbwaise aufgewachsen, den Vater mit zweieinhalb Jahren einmal gesehen, als seine Kompanie durch den Heimatort mußte: *„...einen Moment, den ich nie vergiß, ich habe eine blaue Zipfelmütze gehabt, und die habe ich aufgehalten, und da hat mir mein Vater so Zuckerln, in Papier eingewickelte Zuckerln, reingegeben..."* Der Vater ist verunglückt.

Interviewer: „Wie war das, so ohne Vater aufzuwachsen?"

Josef (seufzt): *„Wie soll ich sagen – ich habe eigentlich eine schöne Jugend gehabt an und für sich, ich habe zwei Großelternpaare gehabt, und die Mutter hat zwei Brüder gehabt .... kann nicht klagen."*

Josef wurde als Kind zur TBC-Vorbeugung des öfteren auf Erholung geschickt, *„natürlich gegen meinen Willen"*, sagt er, fügt aber sofort hinzu: *„...ich bin nicht so an der Mutter gehängt, ich war kein Mama-Sohn in dem Sinn, aber ich bin mehr an meinen Freunden dort gehängt und an der Gegend – wir haben damals Baumhütten gebaut... es war herrlich!"* Mädchen als Spielkameradinnen gab es in seiner Umgebung keine, trotzdem bestand unter den Buben die Meinung, *„irgendwas mit den Frauen paßt da nicht, stimmt da nicht, weil die Mütter – von den anderen auch –, die waren halt nicht sehr begeistert von unserem Urwaldleben."*

Josef ging ins Gymnsium, wollte dann in der Oberstufe auf eigenen Wunsch in ein Internat, *„weil ich gewußt habe, sonst wird es nichts... allein zu Hause sitzen und lernen, nicht, das hat mir nicht gefallen."* Auch dort waren ihm Sozialkontakte wichtig, *„im Heim zum Beispiel war ich eine Bezugsperson für sehr viele, ich war dort in einer Burschenschaft auch integriert, und vor allem jüngere Schüler, die von älteren terrorisiert worden sind, die sind immer zu mir gekommen ... ich habe dort ein paarmal eingegriffen, hart ... ich war schon einer der Stärksten..."*.

Interviewer: „Was hat Sie dazu bewogen, sich so für die Schwächeren einzusetzen?"

Josef: *„Das ist bei mir immer schon, das ist mitgewachsen, das dürfte in meinmer Familie liegen. Mein Großvater war ein großer Idealist, mein Vater, die ganze Familie."*

Josef erzählt äußerst wenig von seiner Mutter, die Bedeutung ihrer Person scheint – außer in wenigen Passagen – für ihn marginal gewesen zu sein. Lediglich in bezug auf Mädchenfreundschaften erwähnt Josef die mütterliche Erziehung ausführlicher. Sie bestand in der Ermahnung, ohne Heiratsabsichten einem Mädchen sexuell nicht näherzutreten bzw. *„daß man eigentlich mehr Achtung vor dem, vor der Frau, vor dem anderen haben sollte."* Dieses „andere" kennenzulernen, fiel ihm – oberflächlich gesehen – nicht schwer: *„... ich habe da eigentlich keine Kontaktschwierigkeiten gehabt ... ich hab mir schon Mädchen angeschaut ... und dann habe ich gemerkt, wir passen nicht zusammen, und da habe ich mich wieder verabschiedet und umgekehrt."* Josef war in dieser Beziehung „sehr vorsichtig" und hatte ganz bestimmte Vorstellungen, welche Eigenschaften einer Frau *„für meine Begriffe geeignet sind."* Josef erzählt nie von Interesse oder Bemühungen, ein Mädchen, eine Frau zu verstehen, ihr Wesen kennenzulernen, zu erfahren, was sie für Vorstellungen hat. Das weibliche Pendant für seine Lebenspläne mußte nur möglichst optimal in seine fixen Vorstellungen hineinpassen. Auch wenn Josef meint: *„Ja, ich hab gewußt, ich bin zu heikel, ich muß irgendwo Abstriche machen..."*, so war seine Kompromißbereitschaft in der Partnerschaft doch zu gering – seine Frau wollte sich scheiden lassen. Josef brachte seine Frau im Zuge der Scheidung um.

Auch wenn die mangelnde Präsenz der Väter oft andere Ursachen hat (Trennung, Interesselosigkeit, berufsbedingte Abwesenheit usw.), so scheint ihre Auswirkung in

Zusammenhang mit bestimmten anderen Faktoren zu ähnlichen Verhaltensmustern in späteren Beziehungen zu Frauen zu führen.

Die Väter, die es nicht gibt oder die sich hauptsächlich durch ihre Abwesenheit auszeichnen, bieten dem heranwachsenden Sohn eine „besondere Projektionsfläche für seine Phantasien, Wünsche und Vorstellungen, was Mann-Sein bedeutet" (Interpretationstag). Was fehlt, ist das Erleben eines „menschlichen" Mannes, der nicht nur aus stereotypen Attributen besteht, sondern auch fühlt, seine Schwächen hat und mit anderen Menschen in Beziehung tritt. Die in unserer Gesellschaft gängigen Rollenstereotype ersetzen weitgehend die eigene Bildung der männlichen Identität in Auseinandersetzung mit einer gleichgeschlechtlichen Bezugsperson. Dadurch kann der Entwicklungsschritt, die eigene Kerngeschlechtsidentität auch getrennt von stereotypen Rollenbildern zu sichern, nicht oder nur mangelhaft stattfinden. Die Geschlechtsrollenidentität bleibt – wie in den ersten Entwicklungsstufen (Kohlberg 1974) – an bestimmte äußere Korrelate gebunden. Identifikationsfiguren wie Film- oder Musikidole dienen zur Orientierung – wieder fehlt eine Auseinandersetzung mit diesen stereotypen Leitbildern –, und Männlichkeitsideale der pubertären oder jugendlichen Freundeskreise gewinnen an überdurchschnittlicher Bedeutung. Ein Interviewer spricht in diesem Zusammenhang von der „gewaltigen" Dynamik in Männergruppen, deren Druck und Abwertung gegenüber Männern, die „anders" sind, als die starren Stereotype es verlangen, durchaus als Gewalt bezeichnet werden kann.

Die Unsicherheit bezüglich der eigenen männlichen Identität muß hier in Zusammenhang mit den gesellschaftlichen Normen und Wertigkeiten von „männlich" und „weiblich" gesehen werden. Sogenannte weibliche Anteile haben im gängigen Männlichkeitsbild keinen Platz, verunsichern und müssen abgespalten werden (vgl. Brückner 1983). Die Angst, durch die mütterlich dominierte Erziehung nicht männlich genug zu sein, wird von einigen interviewten Männern klar geäußert. *„Ich bin weibisch erzogen worden", „... bin an der Mutter hängengeblieben", „war immer von Frauen umgeben", „hatte kein männliches Vorbild".* Hier stellt sich die Frage, inwieweit die objektiven Tatsachen und inwieweit das subjektive Erleben des Mangels an männlichem Vorbild das zentrale Thema darstellt. De facto wuchsen nur zwei Männer ohne Vater auf, wobei einer von ihnen engen Kontakt mit Großeltern und zwei Onkeln hatte, also sehr wohl männliche Identifikationsfiguren vorhanden waren. Die Vermutung liegt nahe, daß die Reaktion des sozialen Umfeldes auf die Situation die Verunsicherung in der Identitätsentwicklung verstärkt bzw. die Entwicklung von überzeichnet männlichen Verhaltensweisen fördert. In der Familie von Josef war offenbar das tragische Schicksal des Vaters und die einmalige Begegnung mit ihm als Soldaten ständig präsent, machte ihn zum unerreichbaren Helden und ließ die drei anderen Männer als Vaterersatz nicht gelten. Das Manko, diesen Vater, der auch als sozial engagiert beschrieben wird, nicht gekannt zu haben, stand zu sehr im Vordergrund.

Nicht nur die realen Möglichkeiten, Objekte für die Entwicklung des männlichen Selbst zu finden, sondern auch die Vermittlung der Bedeutung eines Vaterobjektes und des familiären Settings durch die Umgebung könnte die Entwicklung der Geschlechtsidentität beeinflussen. Heiliger (1991) verweist in diesem Zusammenhang auf die Stigmatisierung von Familien alleinerziehender Mütter, die sich auf die Kinder überträgt und ihre Entwicklung beeinträchtigt. Dem Jungen wird vermittelt, er kann gar kein richtiger Mann werden, wenn er keinen Vater hat; was bleibt ihm also übrig, als extrem „männliche" Verhaltensweisen zu entwickeln und alles „Weibliche" möglichst schnell abzulegen! Gerhard beschreibt das Regiment seiner Mutter als *„militärisch"*, gleichzeitig beklagt er, *„weibisch"* erzogen worden zu sein. Wieviel davon mag wohl auf die Stigmatisierung alleinerziehender Mütter zurückgehen?

Unter diesem Druck ist es auch nicht verwunderlich, wenn Mütter selbst, aus Angst, einen „Muttersohn" zu produzieren, von ihren Söhnen extrem stereotype Männlichkeit erwarten und sich selbst eher streng geben. (Vgl. den relativ großen Anteil von strengen Müttern in dieser Gruppe der Männer!) Daß diese Überlegungen nicht nur für Familien alleinerziehender Mütter, sondern auch für die mit wenig präsenten Vätern gelten können, scheint plausibel. Eine Studie von Brandwein u.a. (1974, in Heiliger 1991) unterstützt diese Annahme; sie fand, daß Vaterabwesenheit ähnliche Wirkungen zur Folge hat wie geringe Vateranwesenheit.

Ein weiterer Faktor könnte eine gewisse Abgeschlossenheit und Isolation der Familie sein. Außer Josef gibt niemand andere wichtige Bezugspersonen außer der Mutter an. Die Möglichkeit, etwaige Defizite woanders aufzuholen, ist offenbar nicht gegeben.

Das läßt wiederum vermuten, daß den gleichgeschlechtlichen Kontakten in Pubertät und Jugend viel Bedeutung beigemessen wird. Fast durchgehend wird von Burschencliquen berichtet, die stereotype männliche Rollenbilder vermitteln – und fordern, will man dabei sein (Über- und Unterordnung, Stärke, Mann = Beschützer der Schwachen, Raufereien, Konkurrenzbeziehungen, Durchsetzen der eigenen Interessen mit Gewalt, Alkoholexzesse usw.). Burschencliquen sind zwar etwas Normales in der männlichen

Sozialisation, es ist aber anzunehmen, daß sie bei Verunsicherungen hinsichtlich der männlichen Identititätsentwicklung einen extrem hohen Stellenwert einnehmen. So können Peers in der wichtigen Phase der pubertären Nachsozialisation (vgl. Erdheim 1984), anstatt ein kohärentes Selbstbild zu fördern und zu stabilisieren, die jungen Männer dazu bringen, kompensatorisch Verhaltensweisen anzunehmen, die als besonders männlich gelten.

Wir möchten in diesem Zusammenhang auf die Theorie der symbolischen Selbstergänzung (Wicklund/Gollwitzer 1982, 1985, 1986) verweisen, wonach Personen, die eigene Erwartungen an eine zentrale Selbstdefinition nicht erfüllen, mangelnde Attribute für diese Selbstdefinition durch alternative Symbole auszugleichen versuchen. Da die Selbstdefinition sich an anderen orientieren muß, wird die Art der „symbolischen Selbstergänzung" von diesen anderen – in unserem Fall den Peers – mitbestimmt werden. Die von den befragten Männern beschriebenen Burschencliquen, die zumeist ein stereotypes, von Gewalt und Dominanz geprägtes Männerbild vermitteln, ermöglichen den verunsicherten Jugendlichen mittels „besonders männlicher" Verhaltensweisen eine anerkannte Selbstdefinition.

Außerdem ist anzunehmen, daß die bestehende Unsicherheit, was „Mann-Sein" nun ist, und die Angst, nicht männlich genug oder zu „weibisch erzogen" worden zu sein, zu einem Konflikt führt, der sich vor allem auf die gesellschaftlichen Rollenklischees und ihre Bewertungen bezieht. Die kindliche Abhängigkeit von der Mutter wird im Zuge dieses Konflikts zum überzeichneten Angst- und Aggressionspotential, da die vorrangige Bindung an das geringer bewertete Weibliche mit der männlichen Position unvereinbar ist. „Der kleine Junge ist einer Macht ausgeliefert, die gleichzeitig keine Macht sein darf" (Schmidbauer 1991, 263). Das Weibliche in und um diesen Typ Mann muß also bekämpft, abgespalten, unterdrückt werden, um – subjektiv gesehen – als Mann bestehen zu können.

Theorien, die die Wurzel zu Frauenhaß und Gewalt vor allem in ungelöster Abhängigkeit von der übermächtig erlebten Mutter sehen (vgl. Mitscherlich 1985), sollten auch aus dieser Perspektive betrachtet werden. Es muß nicht unbedingt um reale, überdimensionale Abhängigkeiten gehen – die Berichte der Männer dieser Gruppe über die Beziehung zu ihren Müttern unterstützen diese Überlegung.

DER GEWALTTÄTIGE VATER

Auch in dieser Gruppe fehlte eine positive Vaterbeziehung, allerdings aus einem anderen Grund, nämlich aufgrund der Gewalttätigkeit des Vaters. Seine Präsenz wird von allen Männern als durchschnittlich beschrieben, die Beziehung war nicht aufgrund seiner mangelnden Anwesenheit problematisch.

Tabelle 3

	vorrangiges Vaterbild	vorrangiges Mutterbild
streng	25%	–
neg. Präsenz durch Gewalt	75%	–
pos. emot. Präsenz	–	100%

Alle negativ gezeichneten Vaterbilder stammen aus dieser Gruppe. Die Mütter hingegen werden von allen Männern als „positiv emotional präsent" dargestellt.

Ebenso waren alle Männer dieser Gruppe Zeugen von Gewalt gegen ihre Mütter. Sie geben diesen Beobachtungen mindestens denselben Stellenwert wie ihren eigenen Gewalterfahrungen. Außer Karl berichten alle, auch selbst den Gewalttätigkeiten des Vaters ausgesetzt gewesen zu sein. Diese eigenen Gewalterfahrungen waren bei zwei Männern massiv, bei einem weniger massiv. Karl erzählt nicht direkt von eigenen Gewalterfahrungen, er sagt aber auch nicht das Gegenteil; es ist eher anzunehmen, daß auch er mißhandelt wurde („*Mein Stiefvater war weniger gut ..., ein bißchen wild, unkontrolliert")*. Es haben ausschließlich die Väter massive Gewalt ausgeübt, ein einziger berichtet von „*leichten Klapsen"* seiner Mutter.

Die Kindheit von Sigmund ist schon in kurzen Abrissen bekannt (siehe Seite 54). „*Sicher, i hab a vül Schläg kriagt, dahoam, zumindest vom Vater...*". Auch der Onkel war beteiligt, er hat den Buben gehalten, während der Vater zugeschlagen hat. Der Zorn des Buben hat keine Tränen zugelassen, „*der hat schon zvül Schläg kriagt, der Zorn..."*

Interviewer: „Haben Sie mit Ihrer Mutter über das geredet?"

Sigmund: „*Ja, die Mutter hat selber gsagt, sie sollen aufhörn, des is a Witz, was die aufführn."*

Sigmund steht mit dem Vater endgültig auf Kriegsfuß, seit dieser seine Mutter geschlagen hat. *„Also, zur Mutter hab i heit no a guate Beziehung.... I hab zur Mama gsagt, wenn was is, ruaf mi an oder kimm aufa zu mia, i hab no Platz in meina Wohnung."*

Karl hat seinen Vater nie gekannt. *„Ich bin bei meiner Mutter und dem Stiefvater aufgewachsen... von der mütterlichen Seite her bin ich schon sehr verwöhnt worden. Da war nichts auszusetzen. ... Sie war ein wunderbarer Mensch! Mein Stiefvater war weniger gut, vielleicht ein bißchen wild, unkontrolliert, aber nicht unmenschlich, das nicht."*

Allerdings mußte seine Mutter „viele Hiebe" von ihrem Mann einstecken, meist wegen Kleinigkeiten, wegen Geld und unter Alkoholeinfluß. Beide – Mutter wie Stiefvater – hatten Alkoholprobleme. *„Wie ich so 18 war, hat sie sich dann getrennt, weil da hat es dann schon mit mir Wickel gegeben ... weil ich schon sehr wütend auf ihn war. Früher konnte ich ja nichts gegen ihn tun, aber mit diesem Alter hab' ich dann natürlich schon versucht, meine Mutter zu beschützen."*

Hier ist die Problematik der fehlenden positiven Vaterbeziehung gekoppelt mit eigener Gewalterfahrung und Beobachtung von Gewalt gegen die Mutter. Da die Gewaltausübung in diesen Fällen nur vom Vater ausgeht, ergibt sich eine Solidarisierung von Mutter und Sohn. Das durch die gemeinsame Angst besonders enge Verhältnis konzentriert die emotionalen Bedürfnisse des Sohnes auf die Mutter und umgekehrt. Der gewalttätige Vater und Ehemann festigt die symbiotische Beziehung der beiden, macht sich selbst unmöglich als positive Identifikationsfigur für seinen Sohn und wird auch primär von diesem abgelehnt.

Am Beispiel von Sigmund und Karl möchten wir zwei unterschiedliche Schwerpunkte der Identitätsentwicklung in dieser Familienkonstellation aufzeigen.

Die Geschichte von Sigmund bewegt sich am klarsten im klassischen Muster des Kreislaufs der Gewalt. Seine Schilderungen der Mißhandlungen spiegeln die erlebte Demütigung und die daraus resultierende Wut am stärksten wider. Die Interviewerin (Margret Aull) schreibt in ihrer Erstinterpretation:

„Sigmund wiederholt blind seine als Kind und Jugendlicher erlebten Gewalterfahrungen von den Männern der Familie (Vater und Onkel). Er scheint der Prototyp eines gewalttätigen Mannes, der erlebte Demütigung, Ohnmacht, Verzweiflung, Schmerz usw. durch Identifikation mit dem Aggressor bewältigt." Gewalt und Mann-Sein gehören nach seiner Erfahrung zusammen, eine andere Möglichkeit der Identifikation hatte er nicht. Obwohl er den Vater wegen seiner Gewalttätigkeit ihm und der Mutter gegenüber verurteilt, bleibt er im klassischen Sinn im Kreislauf der Gewalt gefangen. „Zuschlagen, Treten, Zerstören auf der Handlungsebene – von der inneren Wahrnehmung her kennt er Wut, Ärger, Zorn. Schon als Kind hat ihm der Zorn geholfen, nicht zu weinen, dem gewalttätigen Vater gegenüber keine Schwäche zu zeigen. Gefühle wie Enttäuschung, Verletztheit, Angst, Schmerz scheinen abgeschnitten, um die darf er nicht wissen! Tauchen solche Gefühle, die mit Schwäche und Hilflosigkeit zu tun haben könnten, auf, muß er sie massiv abwehren, unterdrücken, indem er den ‚Feind‘ außen zusammenschlägt, vernichtet" (Aull, Erstinterpretation).

Seine Entwicklung stößt nicht nur auf die Schwierigkeit, keine positive männliche Identifikationsmöglichkeit gehabt zu haben, er muß zusätzlich einen bedrohlichen Teil von sich unterdrücken, vornehmlich jenen Teil, der Beziehung und Nähe zulassen könnte und sollte.

„Letztlich kann sich Sigmund jedoch selber nicht als ‚ganzes‘ Subjekt wahrnehmen, begreifen, – darf sehr vieles von seinem inneren Erlebnisraum nicht wissen und kann deshalb auch kaum tatsächlich in Beziehung treten, schon gar nicht zum anderen Geschlecht, das all das als Zuschreibung verkörpert, wovor er sich schützen muß" (Aull, Erstinterpretation).

Die positiv beschriebene Beziehung zur Mutter kann diesem inneren Kampf nicht abhelfen, nicht zuletzt aufgrund ihrer für das Kind enttäuschenden Unfähigkeit, ihn zu schützen. Sie hat zwar *„gesagt, sie solln aufhören, des is a Witz, was die aufführn"*, aber genützt hat das auch nichts. Als Jugendlicher schafft er die Distanzierung vom Vater erst, als der ihm *„die Mutter anlangt"*, nun schützt er sie aber seinerseits nicht, sondern zieht aus. Sigmund betont , daß er noch immer eine gute Beziehung zur Mutter hat – die „Opfer-Ebene" aus alten Zeiten verbindet. Sein Schritt auf die „Täter-Ebene" wird von der enttäuschten Wut auf die unfähige Mutter ebenso genährt wie vom unterdrückten Haß auf die Tante, die ihn – nach seiner Schilderung – als Elfjährigen vergewaltigt hat. Das gebotene Stillschweigen bewahrt er bis zu einer seiner ersten Frauenbeziehungen, die unterdrückten Gefühle schüren den Frauenhaß.

Karl stellt die enge emotionale Beziehung zur Mutter *(„Sie war ein wunderbarer Mensch")* und die massive Gewalt seines Stiefvaters gegen die Mutter in den Mittelpunkt seiner Schilderung. Gewalt gegen ihn selbst ist kein Thema, obwohl es schwer vorstellbar ist, daß er in diesen Verhältnissen (Alkoholprobleme beider Eltern) nichts abgekriegt hat. Die Interpretation des Interviewers (Holger Eich) hakt bei seiner Unfähigkeit, die geliebte Mutter zu schützen, ein. Sie „scheint ihn in eine spezifische Loyalität gedrängt zu haben: man darf (er darf) Mutter nicht angreifen, nicht in Frage stellen – er darf den Haß, den er gegen die Mutter haben mag/haben wird (spätestens im ödipalen Konflikt, den weder er noch seine Mutter überwinden), nicht spüren oder zeigen. Das produziert eine symbiotische Abhängigkeit und einen latenten Frauenhaß. Mutter zu kritisieren würde heißen: wie Stiefvater sein, ‚abartig und tierisch'. – Wie sollte er aber als Mann sein?" (Eich, Erstinterpretation)

Die beschriebene Abhängigkeit von der kontrollierenden Mutter, daraus resultierender Frauenhaß, gleichzeitige Erwartungen an Frauen, mütterliche Funktionen zu übernehmen (vor allem klare Strukturen vorzugeben), die dann doch nie mit der Mutter konkurrieren können, sind eingebettet in das einzige gelernte Beziehungsmuster zwischen Mann und Frau: Hierarchie und Gewalt. Die Mutter hat vorgelebt, was eine „wunderbare" Frau in einer Ehe alles erduldet: Sie hat *viele Hiebe vom Stiefvater bekommen, aber sie hat ihn kein einziges Mal deswegen angezeigt. ... Sie hat ihn halt wahnsinnig geliebt und es eben deshalb geschluckt.* "

Dementsprechend sehnt er sich „nach einer Freundin, die die positiven Aspekte seiner Mutter aufweist. ...Sein Ideal einer Beziehung schildert er implizit; denn die ersten drei bis vier Monate seiner Beziehung beschreibt er als glücklich: Seine Frau war ‚sehr gut angepaßt, keine Probleme, hat mir gefolgt' – sie bemüht sich um ihn" (Eich, Erstinterpretation).

In beiden Fällen ist es den Männern nicht möglich, aus dem Kreislauf der Gewalt auszutreten; zu viele problematische Faktoren, wenn auch mit unterschiedlicher Gewichtung, spielen zusammen.

1. (Massive) Gewalt nur durch den Vater:

Es fehlt eine positive männliche Identifikationsfigur, der Vater wird weitgehend abgelehnt, und doch dient er letztlich als Modell für die Identitätsentwicklung (auch in Ermangelung einer anderen männlichen Bezugsperson).

2. Zeuge von Gewalt gegen die Mutter:

Abgesehen vom negativen Modell einer Paarbeziehung führt die ständige massive Abwertung der Mutter zu einer generellen Abwertung alles „Weiblichen", das für den Sohn letztlich Schwäche, Abhängigkeit und Unfähigkeit bedeutet.

3. Ungelöste Abhängigkeit von der Mutter:

Die durch die Gewalt des Vaters/Ehemannes besonders enge emotionale Bindung von Mutter und Sohn läßt besondere Konflikte – und damit latente Aggressionen – in Zusammenhang mit der Ablösung entstehen, die in Ermangelung einer positiv besetzten dritten Person oft ungelöst bleiben.

4. Liebe und Frauenideal:

Die wichtige emotionale Rolle, welche die Mutter in dieser „gewaltigen" Kindheit spielt, läßt in den Männern ein Frauenideal entstehen, das letztlich dieselbe Szenerie heraufbeschwört: Eine liebende Frau duldet, fügt sich und hat ewig Verständnis für den Mann. Es wird kein Zufall sein, daß alle Männer mit gewalttätigen Vätern von Anfang an starke Konflikte in ihrer Paarbeziehung hatten. (Die Tendenz ist statistisch signifikant.)

Ein Interview, das mit einem in der Kindheit massiv mißhandelten Mann geführt wurde, zeigt folgende möglichen Unterschiede, die dazu beigetragen haben könnten, daß er weder gegen Frau noch Kind gewalttätig ist:

- Die Gewalt ging nicht vorrangig vom Vater aus, der Vater wurde nicht primär abgelehnt und konnte seine positive Rolle in der Identitätsentwicklung erfüllen.

- Die Mutter wurde vom Vater nicht mißhandelt, das Beziehungsmodell war also ein anderes. „Weiblich" konnte anders bewertet werden.

- Trotz der Gewaltausübung hatte die Mutter in ihrer Rolle auch eine positive, nährende und versorgende Seite, der sich der Sohn sicher sein konnte und die bis zu einem gewissen Grad die Verarbeitung der Gewalterlebnisse ermöglicht hat.

- Die Jugendkontakte waren nicht von Cliquen mit extrem männlichen Rollenstereotypen bestimmt, eher im Gegenteil.

Für die Männer der Familienkonstellation „Vater vorrangig gewalttätig" ist die Verarbeitung der Gewalterfahrungen innerhalb der Beziehung zum Vater unmöglich, es gibt keine nährende, versorgende Seite des Vaters. Um diese Beziehung zu überstehen, muß der Bub hart werden, Schmerz abspalten – und werden wie der Vater, denn werden wie die Mutter ist noch viel gefährlicher!

Gerhard, jener Mann mit massiven Gewalterfahrungen durch die Mutter, hatte – im Vergleich zur oben erwähnten Geschichte – einen nicht vorhandenen Vater, seine Identitätsentwicklung verlief zusätzlich problematisch. Unter diesen Bedingungen (gekoppelt mit anderen wie Bildung, allgemeine Lebenssituation, Jugendcliquen usw.) war eine positive Bewältigung der erlebten Gewalt nicht möglich, auch wenn Gerhard ebenfalls eine versorgende Seite der Mutter erlebt hat.

DIE „GEWALT" DES PATRIARCHEN

Die Männer dieser Gruppe berichten von einem streng hierarchischen, patriarchalen Familienmuster. Sie kommen - in unserer Stichprobe - vorwiegend aus dem ländlichen Raum.

Graphik 6: Präsenz des Vaters

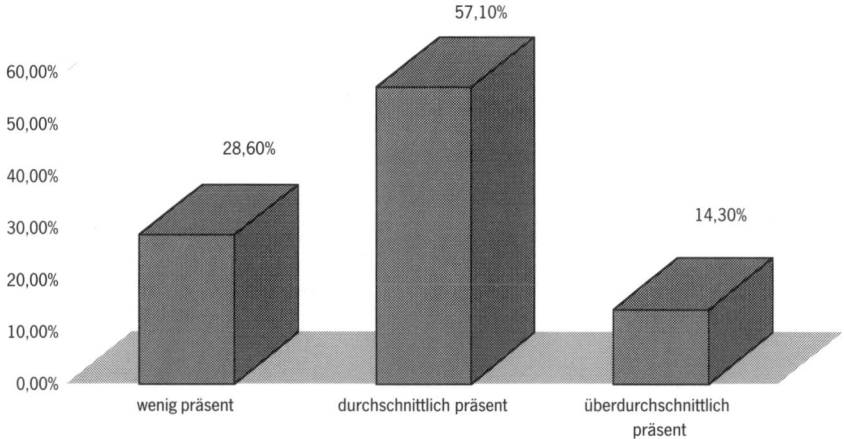

Kein Vater und keine Mutter wurde vorwiegend gewalttätig erlebt. Das allgemeine Erziehungsklima war aber im Vergleich zur Gesamtgruppe überdurchschnittlich einschränkend (71,4%).

Graphik 7: Gewalterfahrungen in der Kindheit

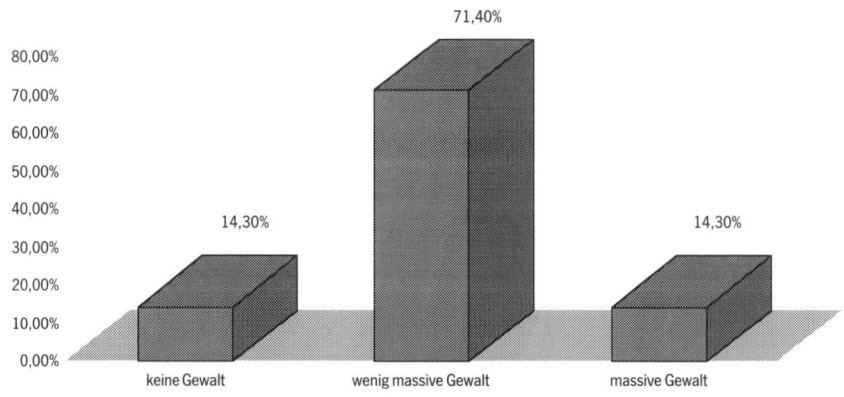

In dieser Gruppe waren körperliche Strafen wie „Tachteln" oder vereinzelte Schläge mit der Hand verbreitet. Im allgemeinen waren die Väter die Vollstrecker der körperlichen Strafen, die Mütter nur vereinzelt. Drohungen und starke emotionale Erpressung wurden von zwei Vätern zusätzlich eingesetzt. Die erlebte Gewalt wird im allgemeinen als legitime Erziehungsmaßnahme dargestellt.

Keiner gibt an, Gewaltausübung des Vaters gegen die Mutter wahrgenommen zu haben.

Aus dieser Gruppe kommen alle Männer, die noch im Elternhaus wohnen, die die Struktur des Elternhauses auf allen Ebenen unverändert übernommen haben.

Franz war Einzelkind auf einem kleinen Bauernhof, *„als zehnjähriger Bua han i garbeitet als wie a siebzehn-, achtzehnjähriger Bua..."*, mit 16 hat er die Landwirtschaft allein übernommen. Die bessere Beziehung hatte er zur Mutter, der Papa war strenger, aber *„des brauchts a"*. Schläge? – Ja, minimal. Franz kann sich aber nicht erinnern, daß er darüber zornig oder traurig gewesen wäre.

Die Eltern *„sind eigentlich ganz guat mitnander auskommen"*. Wenn es Streit gegeben hat, *„da isch's vorbei nachand, ... a Stund redt ma nit und na redt ma wieder..."*

Franz hat in seinem Leben nur zwei Jahre nicht mit seinen Eltern unter einem Dach gelebt; *„I glaub es isch nit oa Tag gwesen, wo i nit bei die Eltern gwesen bin"* in dieser Zeit. Mann-Sein heißt, wie der Papa sein, viel arbeiten und schaffen. – Der Gefängnispsychologe betont im Interview, daß Franz von seinem Vater sehr abhängig ist. Er hat ihn offenbar sehr dominierend erlebt, der Vater ist auch jetzt in den Gesprächen sozusagen immer „präsent". Die Mutter sei bisher kaum Thema gewesen.

Für das Frauenbild von Franz ist die Mutter das einzige Vorbild. Diesem entspricht seine Ehefrau nicht: *„Da bin i a bißl skeptisch gwesen, der Haushalt is nit so gwesn wie bei meiner Mutter."* Aber nicht nur das, die Frau übt ihren erlernten Beruf aus, möchte Freizeitaktivitäten, möchte nicht nur für die Landwirtschaft leben, die unter dem Arbeitseifer von Franz immer größer wird. Als sie das erste Mal von Scheidung spricht, versteht er ihr Problem absolut nicht, für ihn ist die Arbeit das Wichtigste. Als dann der erste Brief vom Anwalt kommt, ist Franz wie vor den Kopf gestoßen – *„I war no nia so fertig als wia da"*. Er spricht aber mit niemandem darüber, weder mit der Ehefrau (*„Streit tan i a bissl ausweichn"*) noch mit seinen Eltern (*„Bei uns in der Verwandtschaft hat's überhaupt no nia ka Scheidung gebn..."*). Zwei Tage danach *„na bin i ebn in Stall außi und vom Stall halt eina und hab ihr mitm Messer in Hals einigstochn"*.

Die Beschreibungen der Familien vermitteln ein ziemlich einheitliches Bild von ungebrochener Hierarchie und traditionellen Rollenverteilungen. Der Vater hatte eindeutig das Sagen, seine Autorität steht noch immer unangefochten da. In dieser Gruppe wird nie Kritik an den Vätern geübt! (An den Müttern teilweise schon.) Auch wenn körperliche Gewalt gegen die Mütter nie beobachtet wurde, so war ihre unbedingte Unterordnung Bestandteil des Systems.

Franz verfällt in „Ratlosigkeit, Enttäuschung, Ohnmacht und Zorn, als seine Frau tatsächlich mit der ‚gültigen Ordnung' bricht: Sie will wieder in den Beruf, will gemeinsame Freizeit, Vergnügungen – sie will sich nicht nur Geboten von Arbeit, Mühen, Schaffen und Verzicht unterwerfen, stellt eigene Ansprüche – und das als Frau! Seine Enttäuschung, daß sie nicht bereit ist, ihn so weiterzuversorgen wie die Mutter, ist groß" (Aull, Erstinterpretation).

Die vorrangig vermittelten Werte wie „Leistung, Arbeit, etwas schaffen" stehen klar über allen anderen. Beziehungen und Gefühlen wird lediglich Raum für den nötigen Familienzusammenhalt gegeben. Es ist auffallend, daß in dieser Gruppe die Sprachlosigkeit über die eigene Kindheit und über Gefühle noch größer ist als sonst bei den Tätern. Einige berichten auch, daß in der Familie nicht viel geredet wurde. Konfliktbearbeitung kennen sie nicht, die Eltern haben Konflikte allein geregelt, für die Kinder gab's *„wenig Widerreden"*. Ein einziger berichtet, der Vater hätte diesbezüglich gemeint, *„des kann man si wieder ausredn"* (Christian).

Die extrem anmutende Verhärtung dieser Persönlichkeiten kann nicht nur an den leistungsorientierten Wertigkeiten der Familie liegen. Die durchwegs streng geschlechtsspezifische Rollen- und Funktionsteilung überläßt die Versorgung der Kinder – insbesondere der Kleinkinder – ausschließlich der Mutter. Die Mitarbeit der Kinder vor allem in landwirtschaftlichen Betrieben wird jedoch sehr früh gefordert; fast alle Männer berichten von verantwortungsvollen Aufgaben, die sie schon im Schulalter oder früher erfüllen mußten. Relativ übergangslos muß der Bub die mütterliche Obhut verlassen und Funktionen der Männerwelt übernehmen, der Wechsel vom Kleinkind zum „arbeitenden, kleinen Mann" erfolgt abrupt, eine traumatische Unterbrechung der wichtigen Identifikationslinie in der kindlichen Entwicklung. Die Folgen dieser „gewaltsamen Entidentifizierung" von der Mutter (vgl. Mitscherlich 1985) für die Gefühlswelt des Buben beschreibt Christian sehr plastisch auf die Frage nach seinen Ängsten als Kind: *„Angst? Na, gfürchtet han i mi bis fünf oder sechs, aber nachher isch die Angst und Fürchterei vorbei gwesn."* (Christian)

Der ungebrochene patriarchale Anspruch und sein Ordnungssystem beschränkt sich nicht auf die Familie. „...Es ist die Ordnung im Dorf, seiner Welt; dies kommt zum Ausdruck, als er die Reaktion der Dorfbewohner auf seine Tat schildert: Eigentlich wird die Frau verurteilt, wenn sie sich ‚so' aufführt, ist sie schuld, daß es soweit gekommen ist" (Aull, Erstinterpretation.)

Individualität, Auseinandersetzung und eigene Entscheidungsfähigkeit sind nicht gefragt und dementsprechend wenig ausgebildet. „Eine Welt, in der das einzelne Subjekt kaum von Bedeutung ist; es ist nicht wichtig, was er fühlt, sich wünscht, wovor er Angst hat, was er plant – es war immer so, und so hat es zu sein, dies alles sehr überwacht vom dominanten, den ländlich-patriarchalen Strukturen verhafteten Vater." (Aull, Erstinterpretation.)

Die Abhängigkeit dieser Männer bezieht sich vorrangig auf die übermittelte Ordnung und die von den Eltern übernommenen Werte, an denen nicht gerüttelt werden darf. Die Vorstellung von einer Ehefrau wird nicht selten mit „wie die Mama" charakterisiert.

Die Persönlichkeiten sind eher rigide. Der eingeschränkte Lebensraum, wenige Außenkontakte, das einschränkende Erziehungsklima sind wohl hauptverantwortlich dafür. Abweichungen werden nicht geduldet und demnach bestraft – nach internalisiertem Muster der Schläge, „die nicht geschadet haben". Die traditionelle Hierarchie gibt dem Familienoberhaupt die „Gewalt", zu befehlen und zu strafen. *„Herr im Haus bin allwei no i ... Anschaffn tuat no der, ders Geld heimbringt!"* (Christian)

Dementsprechend gibt es in dieser Gruppe auch den höchsten Anteil an psychischer Gewalt, aber kein Tötungsdelikt. Die Gewalthandlungen im Kontext „Alltagskonflikte" überwiegen mit 57,1%.

Hier erhebt sich die Frage, ob nicht sehr wohl auch körperliche Gewalt gegen die Mutter stattgefunden hat, diese Szenen aber verdrängt worden sind – oder wirklich nicht vor den Kindern stattgefunden haben.

Die zweite Reaktion auf Abweichungen von der starren Ordnung scheint eher panisch als bestrafend. Bei diesen Männern wird die Abweichung vom traditionellen System (z.B. Scheidung) zur existentiellen Bedrohung. Demzufolge erfolgt auch die Schuldzuschreibung: Der Täter sieht sich als Opfer, dem das eigentliche Unrecht widerfahren ist. „Hierher gehört auch seine Empörung, dafür im Gefängnis sitzen zu müssen, die Empörung darüber, daß in unserer Gesellschaft Frauen diesbezüglich so viel Unterstützung erfahren!" (Aull, Erstinterpretation Erwin)

DIE „ÜBERDURCHSCHNITTLICH" PRÄSENTEN VÄTER

Die in dieser Gruppe zusammengefaßten Fallbeispiele sind in unserer Untersuchungsgruppe eher marginal und haben außer den in der Erziehung überdurchschnittlich engagierten Vätern nicht viel gemeinsam. Sie wirft die meisten Fragen auf und läßt sich am wenigsten mit Rollenklischees, fehlender männlicher Identifikation und Zirkel der Gewalt erklären.

Wir sehen uns nicht in der Lage, anhand des vorhandenen Materials dieser drei ungleichen Falldarstellungen weitere Analysen der Familienstruktur vorzunehmen. Vereinzelte Auffälligkeiten wie „Abhängigkeit von der väterlichen Führung", „rigide Moralvorstellungen in der Familie," „stark tabuisierte Sexualität", „fehlende Entscheidungs- und Beurteilungsinstanz" u.ä. könnten Hinweise auf Konflikte von Über-Ich und Triebimpulsen sein. Diese Ebene scheint uns aber zu spekulativ.

Somit lassen wir die gewalttätigen Männer mit überdurchschnittlich präsenten Vätern als Typisierung der Familienkonstellation mit vielen offenen Fragezeichen stehen und empfehlen, in weiteren Untersuchungen dieser Gruppe vermehrtes Augenmerk zu schenken.

EXKURS: SELBSTWERT UND GEWALT

Es soll hier nicht der vielzitierte niedrige Selbstwert von gewalttätigen Männern erneut und so undifferenziert wie meistens behandelt werden. Es gehört schon fast zu den „Binsenweisheiten" in diesem Themenbereich, daß ein Mann, der zu Gewalt in intimen Beziehungen greift, auch mit seinem Selbstwertgefühl Probleme haben muß. Über den Zusammenhang zwischen dem Ausmaß dieses Problems und der Tendenz, Gewalt auszuüben, gibt es erwartungsgemäß wenig zufriedenstellende Ergebnisse. Eine Weiterverfolgung dieses eindimensionalen Kausalzusammenhanges halten wir auch nicht für sinnvoll; es wird ihn in dieser Einfachheit nicht geben. (Abgesehen von der Schwierigkeit, das Selbstwertgefühl zu messen.)

Unser Versuch, den Selbstwert in ein Erklärungsmodell für Männergewalt gegen die Ehefrau/Freundin/Lebensgefährtin einzubeziehen, basiert auf Erkenntnissen einer in Holland durchgeführten Studie, die unter anderem die Reaktion von Männern auf die Tatsache untersucht, da sich ihre Frauen von ihnen trennten (Van Stolk/Wouters 1987).

In Zusammenhang mit den traditionellen Erwartungsmustern der „harmonischen Ungleichheit" in einer Intimbeziehung stellen Van Stolk/Wouters fest, daß auf Trennungsabsichten von seiten der Frauen nur von einem geringen Prozentsatz der Männer mit „Entgegenkommen" reagiert wird, d.h. mit einer Bereitschaft zu echter Auseinandersetzung und Verhandlung. Der weitaus größere Teil reagiert mit massiver Angst, und zwar

1. Angst vor Gesichtsverlust (an der Umgebung orientiert)

2. Angst vor Verlust von Sinn und Wert (an Materiellem orientiert)

3. Angst vor Verlassenwerden und Verwahrlosung (an der eigenen Person orientiert)

Interessant ist, daß in dieser Untersuchung Gewalthandlungen nur in Zusammenhang mit dem dritten Punkt beschrieben werden, und dann auch eher als Grund für die Trennung und nicht als Folge der Trennung. Wieso haben diese Männer nicht zu massiver Gewalt gegriffen, als es zur Trennung kam, wo das grundlegende Erwartungsmuster und die Art der Ängste aus unserer „Täterstichprobe" doch durchaus bekannt sind? Aufgrund der Ergebnisse unserer Interviews scheint die Beschränkung der drei genannten Ängste auf die Trennungssituation unrealistisch. Vielmehr muß man davon ausgehen, daß sie ganz allgemein die Interaktionen und Beziehungen eines Menschen prägen können.

Bei näherer Betrachtung unserer Täterstichprobe unter diesem Gesichtspunkt stellt sich heraus, daß immer mindestens zwei von den obengenannten Ängsten auftreten; und immer ist Angst vor Gesichtsverlust dabei!

Das verwundert nicht, orientiert sich doch Gesichtsverlust bzw. die „Wahrung des Gesichts" an Wertvorstellungen der Umgebung, die nicht selten Klischees und Rollenstereotype betreffen. Speziell die Männer unserer Stichprobe, die in ihrer männlichen Identität verunsichert sind bzw. sich stark an den Werten der Umgebung orientieren, sind von dieser Angst stark betroffen – insbesondere was ihre Männlichkeit und ihre Beziehung zu Frauen betrifft. Ihr Selbstwertgefühl ist offenbar zuwenig in der eigenen Person verankert, es wird vorrangig aus äußeren Gegebenheiten bezogen.

Van Stolk/Wouters sprechen in ihrer Darstellung über die verlassenen Männer immer wieder von deren Selbstwert, der Voraussetzung dafür ist, den Trennungsabsichten der Frauen „entgegenkommend" zu begegnen. „Es war offensichtlich, daß sie aus ihrem Selbstbewußtsein eine gewisse Kraft und Flexibilität gegenüber ihrer Frau ableiteten." Männer, die in einer „etwas rigide anmutenden Weise von sich selbst überzeugt" (Van Stolk/Wouters, 246) sind, erleben zwar Gesichtsverlust, ihr relativ starkes Selbstwertgefühl bleibt davon aber unberührt; sie weigern sich, Konzessionen zu machen, und beginnen bald, eine neue Zukunft zu planen. Die Männer mit massiven Ängsten vor dem Verlassenwerden werden als die mit eigentlich geringem Selbstwert beschrieben; es sind vorwiegend die „Verlierer" im Leben.

Die Beschreibung der beiden letzten Gruppen paßt durchaus auch auf unsere Täterstichprobe: Die einen haben von Haus aus geringes Selbstwertgefühl, die anderen sind zwar in irgendeiner Weise von sich selbst überzeugt, aber beziehen aus diesem Selbstbewußtsein nicht die Stärke, sich auch auf andere Personen, auf ihre Partnerin oder auch auf eine neue Situation einzustellen. Attribute wie gesicherte Existenz, soziale Anerkennung, materielle Werte, gewünschte Lebensform usw. sind zwar weitgehend vorhanden – und doch scheint es kein „echtes" Selbstwertgefühl zu sein. Was ist das für ein Selbstwert, wenn ein Mann den möglichen Verlust seines Hauses als Vernichtung seiner Person erlebt?

Unsere weitere Analyse bezieht sich auf die zentrale Frage, woraus die Männer unserer Stichprobe hauptsächlich ihren Selbstwert beziehen und wie er in Zusammenhang steht mit den von Van Stolk/Wouters zitierten drei Ängsten, ihrer Lebenssituation und unseren Kategorien des Gewaltkontextes.

Selbstwert durch Bauen und Schaffen

Selbstwert wird im wahrsten Sinn des Wortes aufgebaut. Er wird bezogen aus dem, was der Mann schafft, baut und sichtbar macht. Das heißt, der Selbstwert ist auch abhängig davon und droht in nichts zu zerfallen, wenn das sichtbar Geschaffene verlorengeht oder verlorenzugehen droht. In diesem Fall, zum Beispiel aufgrund einer Scheidung, werden vor allem Angst vor Verlust von Sinn und Wert sowie Angst vor Gesichtsverlust virulent.

Als plastisches Beispiel sei hier Peter erwähnt, der eindringlich schildert, wie unverständlich ihm der Trennungswunsch seiner Frau sei, wie gern er die Familie wieder zusammenführen würde – aber auf die Schlußfrage, was er sich für die Zukunft wünsche, antwortet er spontan: *„... daß dem Haus nichts passiert!"*

Zwei der vier Männer, die dieser Gruppe zugeordnet werden können, haben ihre Frauen im Zuge der Scheidungsstreitigkeiten um ihr Haus getötet, einer reagierte auf die Trennungsabsicht der Frau mit einer Morddrohung (die er allerdings bestreitet).

Keiner der Männer zeichnet ein positives Vaterbild. Der Vater war entweder nicht oder kaum vorhanden, oder er war gewalttätig. Die vorwiegend positiv präsenten Mütter gaben offenbar Halt genug, daß aus den Buben „was geworden ist". Die soziale Situation ist am Nettoeinkommen gemessen durchschnittlich bis gut, alle haben einen respektablen Beruf – und ein Haus!

Die Ehe war Teil des Lebensplanes oder wurde aufgrund einer ungeplanten Schwangerschaft geschlossen. Die rigiden Vorstellungen führten in allen Ehen zu immer wiederkehrenden Problemen der gemeinsamen Lebensplanung und -gestaltung. Der vorwiegende Kontext der Gewalt ist eine Trennungsabsicht der Frau.

SELBSTWERT DURCH BEZIEHUNG

Selbstwert wird bezogen aus der ständigen Reflexion, Zuneigung und Bewunderung einer anderen Person, vornehmlich der Frau. In diesem Fall ist der Selbstwert abhängig vom Vorhandensein eines solchen Menschen und der Art seiner/ihrer Interaktion, steht also auf „wackligen Beinen" und ist mit ständiger Unsicherheit verbunden. Die Angst vor dem Verlassenwerden ist immer präsent, jede noch so kleine Verunsicherung läßt sie eskalieren und damit auch die Angst vor dem Gesichtsverlust, denn Angst vor dem Verlassenwerden paßt nicht ins männliche Rollenbild. (Gesichtsverlust vor anderen – und vor allem vor sich selbst!) Hier muß es gar nicht um reale Trennung gehen, eine banale Änderung im Verhalten der Frau kann die Verlustangst schon massiv steigern. Erwin erklärt seine Gewalttaten zum Beispiel damit, daß seine Freundin beruflich sehr angespannt war und sich zu wenig um ihn gekümmert hat.

Die Gruppe dieser Männer hatte durchschnittlich oder überdurchschnittlich präsente Väter, diese waren positiv emotional präsent oder streng; ebenso die Mütter. In der Kindheit gab es keinerlei finanzielle Sorgen, 60% haben eine höhere Ausbildung.

Keiner mußte wegen einer ungeplanten Schwangerschaft heiraten, die meisten berichten von anfänglicher Beziehungsidylle. Die ersten Mißhandlungen wurden von 80% aus Eifersucht begangen, auch die immer wiederkehrenden Konflikte der Beziehung betreffen vor allem Eifersuchtsprobleme.

Die „einmaligen" oder seltenen Gewaltausbrüche reichen von einer Ohrfeige bis hin zum Mord. Die Kontexte der Mißhandlung sind vorrangig „Eifersucht", an zweiter Stelle „Trennung".

Auffallend bei dieser Gruppe ist impulsives, unkontrolliertes Verhalten in Zusammenhang mit geringer Frustrationstoleranz in der Paarbeziehung. Kindliche Beziehungswünsche wechseln mit autoritärem Verhalten ab. Die Frau wird in narzißtischer Besetzung für die emotionale Versorgung benutzt, sie soll die Mama sein, die ihren Liebling ständig bewundert und bestätigt.

SELBSTWERT DURCH KONTROLLE

Selbstwert wird aufgebaut durch überkompensiert männliches Verhalten von Dominanz, Kontrolle und Gewalt. Die Männer dieser Gruppe sind meist soziale Versager, sie brauchen für ihr Überleben eine „Versorgungsinstanz", sind entweder existentiell abhängig von der Frau oder leiden unter ihrem eigenen niedrigen sozialen Status.

Dadurch ist Gesichtsverlust automatisch gegeben, sie haben nichts, was sie als Mann „darstellen" könnten, außerdem sitzt ihnen die Angst vor weiterem Abstieg, vor Verwahrlosung im Nacken. Gewalt und Kontrolle geben das Gefühl, „obenauf zu sein", kreieren das Trugbild, etwas darzustellen.

Anders als bei den vorher beschriebenen Gruppen steigert eine Trennungsabsicht der Frau das gewalttätige Verhalten nicht unbedingt. Diese Männer reagieren eher mit zerknirschten Versprechungen, Drohungen beziehen sich eher auf Selbstmord; die Trennungsabsicht der Frau bedroht nicht primär den Selbstwert, sondern ganz real die physische Existenz, die es in erster Linie zu sichern gilt.

Interesselose Eltern oder die Kombination „gewalttätiger Vater/verwöhnende Mutter", wenig Geld und wenig Perspektiven in der Kindheit prägen das Leben dieser Männer. Bildung wie Einkommen sind niedrig, eine Frau zu finden ist Lebensnotwendigkeit.

Die Mißhandlungen sind nicht sehr häufig, eher kontinuierlich, und nicht extrem. Drohungen gehören zur Machtdemonstration, körperliche Mißhandlungen mit Verletzungen „passieren" öfter im Suff. In dieser Gruppe hat keiner seine „Lebenserhalterin" getötet. Kontext der Gewalt ist bei allen „Kompensation".

Die Gewalttaten sind willkürlich und unberechenbar, sie werden eingesetzt, wenn sich das Gefühl von Macht und „obenauf sein" wieder einmal einstellen soll. Die Frau hat oft Blitzableiterfunktion, wenn sonst was schiefgegangen ist. Sein „Selbstwertgefühl" steigt mit ihrer Demütigung.

SELBSTWERT DURCH (PATRIARCHALE) ORDNUNG

Selbstwert wird bezogen aus der traditionell überlieferten Position als „Familienoberhaupt", übernommen aus dem extrem patriarchalen Familiensystem mit starren Regeln und rigiden Lebensvorstellungen für alle Mitglieder. Der Wert liegt nicht in der eigenen Person, sondern die Person übernimmt den Wert der ihr zugedachten Position.Wird diese Position, und damit ihr Wert, durch Abweichungen von der überlieferten Ordnung ins Wanken gebracht, so tritt Angst vor Gesichtsverlust und Angst vor Verlust von Wert und Ordnung auf.

Es ist nicht verwunderlich, daß die Gruppe fast genau der aus extrem patriarchaler Familienstruktur stammenden entspricht (vgl. Kapitel „Kindheit und Persönlichkeitsentwicklung" ab S. 54). Die Väter waren meist durchschnittlich und positiv emotional präsent oder auch streng, die Mütter vorwiegend positiv emotional präsent.

Finanzielle Sorgen kannten nur wenige, Ausbildungen wurden solid beendet, aber ohne Höhenflüge (keine höhere Schule). Dementsprechend gutsituiert sind auch die meisten als Erwachsene, mit einer Ausnahme liegen alle – nach eigenen Angaben – über 15.000 Schilling Nettoeinkommen.

Mehr als die Hälfte „mußte" wegen einer ungeplanten Schwangerschaft heiraten; erste Mißhandlungen wurden hauptsächlich wegen Alltagskonflikten begangen. Verschiedenste Alltagskonflikte begleiten auch alle diese Ehen weiter.

Die Mißhandlungen, die von dieser Gruppe begangen werden, sind kontinuierlich, meist häufig. Neben Beschimpfungen und Drohungen kommt es vor allem zu körperlichen Mißhandlungen ohne Verletzung – aber nicht nur. Die Kontexte der Gewalt sind fast ausnahmslos „Alltagskonflikte", nur einmal ist „Trennung" Auslöser für massive Gewalt, nämlich für einen Mordversuch.

Rigide Persönlichkeiten, die Werte und Ordnung ohne Hinterfragen übernommen haben, verteidigen ihre „Gott-Vater-Position" mit Gewalt und sehen diese als durchaus gerechtfertigt an. Die Frau ist Rädchen im System, der ihr zugeordnete Platz darf nicht verlassen werden, sonst wird sie gewaltsam in die Schranken gewiesen. Die aufsteigenden Ängste des Patriarchen entziehen sich seiner Wahrnehmung, die ihm „zugestandene Verfügungsgewalt" erklärt (fast) alle seine Handlungen.

ZUSAMMENFASSUNG

Bis auf drei lassen sich alle Männer unserer Stichprobe den soeben erläuterten „Selbstwertgruppen" zuordnen, sie sind in sich erstaunlich kohärent.

Der klassisch niedrige Selbstwert, der aus sozialer Schwäche resultiert und von dem so oft in Zusammenhang mit Gewalt gegen Frauen gesprochen wird, zeigt sich eigentlich nur in der Gruppe „Selbstwert durch Kontrolle". Diese Männer müssen

Macht und Gewalt demonstrieren, um überhaupt zu einem Gefühl ihrer selbst zu kommen! Sie tun es vornehmlich in ihrer Paarbeziehung, weil erstens aufgrund der schwächeren Position der Frauen die Chance dafür besteht, und weil es zweitens nicht zu verkraften ist, einer Frau unterlegen zu sein. Ihr gegenüber muß die „übliche" Hierarchie, die positiv bewertet ist, immer wieder hergestellt werden.

Alle anderen kennen ein positives Selbstwertgefühl auch unabhängig von eigenen Gewalttaten. Gewalt wird dann angewandt, wenn dieser Selbstwert ins Wanken gerät und massive Ängste auftreten: Angst vor Gesichtsverlust, Angst vor Verlust von Sinn, Wert und Ordnung und/oder vor Verlassenwerden bzw. Verwahrlosung.

Dieses „ins Wanken Geraten" wird offenbar zur existentiellen Bedrohung, denn – so ist unsere Schlußfolgerung – der Selbstwert der gewalttätigen Männer hängt hauptsächlich an „einem einzigen Anker", der nicht ins Selbst integriert ist. Droht sich dieser Anker zu lösen, so bleibt nichts mehr übrig, was der eigenen Person Wert und Existenzberechtigung verleiht. Und das muß mit allen Mitteln verhindert werden!

Hier schließt sich der Kreis zu den Ergebnissen des Geschlechtsrollentests, der die Stichprobe der gewalttätigen Männer vorwiegend als „undifferenzierte Individuen" darstellt, als Personen, die sich sowohl auf der Männlichkeits- als auch auf der Weiblichkeitsskala relativ niedrige Werte in der Selbstbeurteilung zuschreiben.

Der Geschlechtsrollentest BSRI wurde 1974 von Bem entwickelt und 1978 von Schneider-Düker auf den deutschsprachigen Raum übertragen. Bem betrachtet Maskulinität und Femininität als zwei unabhängige psychische Dimensionen, die beide gleichermaßen zur Beschreibung einer Person herangezogen werden können. Sie geht davon aus, daß ein Selbstkonzept, welches einseitig und in hohem Maße an ein Geschlechtsrollen-Stereotyp gebunden ist, eine Einschränkung der Persönlichkeit bedeutet. Ein gesundes Selbstkonzept müßte demnach sowohl maskuline als auch feminine Komponenten enthalten. Der Gedanke ist nicht grundlegend neu, man denke an Alfred Adlers „Animus und Anima".

Allerdings setzt dieses Modell die Gleichwertigkeit von männlichen und weiblichen Eigenschaften voraus, die in unserer Gesellschaft nicht gegeben ist. So mußte Silbermayr (1988) in seiner Untersuchung feststellen, „daß die Identifikation mit maskulinen Eigenschaften für Männer den wesentlichen Faktor für männliches Selbstbewußtsein darstellt. Unabhängig vom Grad der Identifikation mit Femininität ist die Übereinstimmung mit dem persönlichen Männlichkeitsideal ausschlaggebend für eine subjektiv gelungene Realitätsbewältigung" (222).

Die Männer der Stichprobe unserer Untersuchung schreiben sich nur in geringem Maße erwünschte maskuline Eigenschaften zu, was den schon dargestellten Problemen in der Identitätsentwicklung durchaus entspricht. Die Männlichkeitsideale wiederum sind größtenteils von extrem stereotypen Bildern geprägt, es besteht also eine Dissonanz zwischen den internalisierten Geschlechtsrollenforderungen der Umwelt und der tatsächlichen psychischen Struktur.

Diese Verunsicherung bezüglich des Wertes der eigenen männlichen Identität bleibt inneres Konfliktpotential. Mitscherlich (1963) sieht ein starkes Klammern an das Geschlechtsrollenideal zur Erlangung von Identität nur in Zusammenhang mit massiver Verdrängungsarbeit. Die an die Oberfläche des Bewußtseins drängenden psychischen Inhalte verursachen Angst und Abwehr.

Verwundert es also, wenn die Männer unserer Stichprobe massive Ängste entwickeln, wenn die „Konstruktion ihres Selbstwertes" ins Wanken gerät?

Dieser Aufbau eines bestimmten Lebensarrangements, das eine positive Bewertung der eigenen Person ermöglicht, hängt von Ressourcen verschiedenster Art ab und von dem, was das soziale Umfeld für wichtig hält. Das rigide Klammern an die meist stereotypen Vorstellungen von Beziehungen, Lebensplänen oder Hierarchien ist offenbar Ausdruck einer Unsicherheit, die bezüglich der eigenen Person und ihrem Wert besteht. Doch vergessen wir nicht, daß diese Unsicherheit auch Produkt der starren männlichen Rollenanforderungen und der Geschlechterhierarchie in unserer Gesellschaft ist!

ASPEKTE DER KINDHEIT
UND PERSÖNLICHKEITSENTWICKLUNG
DER FRAUEN

Unsere Erwartungen, in der Kindheit von Frauen, die Opfer von Gewalthandlungen in ihrer Paarbeziehung wurden, aufschlußreiche Zusammenhänge zu finden, bezogen sich in erster Linie auf jene Faktoren, welche die Reaktionen auf das gewalttätige Verhalten bestimmen und es möglich oder unmöglich machen, sich aus einer Gewaltbeziehung zu befreien. Familiensituation, Selbstwertgefühl, Abhängigkeit und Unabhängigkeit sind solche Faktoren, die inzwischen allgemein bekannt sind.

Die weitverbreitete Meinung, daß Frauen „sich die gewalttätigen Männer aussuchen" und demnach an den Gewalthandlungen „beteiligt" sind, haben wir hingegen von vornherein ausgeschlossen. Wir gehen davon aus, daß es keine spezielle Paardynamik gibt, die zwangsläufig zu Gewalthandlungen führen muß.

Selbst die vielzitierten „wiederholten Inszenierungen aus der Kindheit" sind sicher nicht unter dem Aspekt zu betrachten, daß Frauen Gewaltsituationen suchen – und somit implizit wollen oder brauchen! (Vgl. den oftmals zitierten Kommentar: „Die braucht das wahrscheinlich...") Wir betrachten diese Art von Erklärungen als Versuch, die Täter von der Verantwortung für ihre Gewalthandlungen zu entbinden, Ursache und Wirkung zu verdrehen und bestehende Gewaltverhältnisse aufrechtzuerhalten.

ÜBERSICHT DER ENTWICKLUNG IN KINDHEIT UND JUGEND

Irmas Kindheit war von massiver Gewalt des Vaters geprägt, der sie im Vergleich zu den Geschwistern besonders oft und hart mißhandelte. *„.... I woaß net, i war halt imma der Prügelding irgendwie ... hab des a nia verstandn, nie! Er hat a nie, hat mi a nie irgendwas erklärn lassn; er hat oanfach drauflosgschlagn."* Die Mutter wollte ihr oft helfen, *„aber nachan hat sie s ebn a no kriagt."* Das Motto der ebenfalls mißhandelten Mutter: *„Durchbeißen und über Nacht vergessen."*

Irma floh mit 17 Jahren dieses Zuhause und zog zu ihrem Freund. *„I hab gar net amol so die Absicht ghabt zu heiratn oder sonst irgendwas. I hab mi guat vastandn mit ihm und hab eigentlich nur des oane Ziel ghabt: wegkemmen vo dahoam. Und alloan hab i ma des net zutraut."* Er bemühte sich um sie. Aufgrund ihrer mangelnden Lebenserfahrung – so Irma heute – hatte er von Anfang an die Oberhand: *„Der hat mi biagn und brechn kennen, wie er welln hat."*

Roswitha wuchs bis zum Schulanfang bei ihren Großeltern auf, von wo sie nicht wegwollte. Nur langsam fand sie sich in ihrem neuen Zuhause bei den Eltern zurecht. Trostreich waren häufige Besuche bei den Großeltern. Von der Mutter fühlte sich Roswitha nicht geliebt, sie war streng und unberechenbar. *„Die ersten Schläge, die i dann kriagt hab, die warn von der Mama."* Den Vater hat sie immer vergöttert, *„weil mit dem Vater hab i mi wahnsinnig gut verstanden..."* Ihm zuliebe hat sie gelernt, stark und tüchtig zu sein. Die Faszination ihres ersten Mannes: Wie der Papa! *„... so wie er mich gestreichelt hat. Und es war für mich eine wahnsinnige Geborgenheit da. Da war er so irgendwie – meinem Papa war er da gleich!"* Aber leider nur darin.

Susanne war ein langersehntes Wunschkind ihrer Eltern. Der Vater war *„liebevoll und gutmütig"*, besonders bei Problemen *„einer, der mich dann in den Arm genommen hat, und wir haben drüber sprechen können, und er hat mich gestreichelt."* Die Beziehung zur Mutter war zwar *„gut, aber sie war eben, sie war keine herzliche Frau. Sie hat viel für mich getan ... aber sie war nie herzlich."* Zu Hause gab es schon manchmal Streit, aber *„es hat nie Gewalt gegeben... Auch ich habe zu Hause nie Schläge bekommen, nie!"* Susanne beschreibt ihr Elternhaus als sehr anregend und offen, es konnte über alles gesprochen werden, es gab wenig Verbote, auch als Jugendliche und im Kontakt mit Buben hat sie *„immer Freiheit gehabt"*.

Herta wird auch von der Interviewerin als emotional vernachlässigt beschrieben, eine Frau, die von den Eltern keine Zuneigung erlebt hat. *„Wenn ich gewußt hätte, was du mir noch für Schwierigkeiten machen würdest, hätte ich dich abgetrieben"*, lautete eine Äußerung ihrer Mutter. Nach der Trennung der Eltern wurde sie mit sechs Jahren in ein Heim abgeschoben. Bis dahin hatte sie schreckliche Szenen miterlebt. *„Mein Vater hat auch getrunken .... hat die Mama gschlagn, gwürgt und lauter so Sachen."* Mit 15 Jahren wurde sie von der Mutter in eine Lehre gesteckt, *„dort wollt i net bleiben, bin einfach abghaut."* Herta suchte ihren Vater und wohnte ein Jahr bei ihm. Als er eines Tages – ohne ihr Wissen – delogiert wurde, stand sie ohne Hab und Gut auf der Straße. *„Na, dann hab i zum Stangln angfangen. Arbeiten mit – na,* *wie sagt man – mit Quartier. Da hab i mi so durchgschlagn.“* Herta ist wiederum sich selbst überlassen.

Judith wiederum erzählt von überfürsorglichen Eltern, welche die Kinder nicht viel Verantwortung übernehmen ließen. *„Meine Eltern, die können das nämlich, daß sie wen zu Tode lieben“*, meint sie in Zusammenhang mit dem Selbstmord ihrer Zwillingsschwester, der sie als 21jährige sehr belastet hat. Der dominante Elternteil war offenbar die Mutter, der Vater nimmt in ihren Erzählungen kaum Raum ein. Versuche, sich der mütterlichen Überstülpung zu entziehen, äußerten sich immer stärker in widerspenstigem und unangepaßtem Verhalten, auch was die Berufswahl und die Lebensform (Lebensgemeinschaft) betraf. Doch letztlich siegte der Druck der familiären Tradition – Judith heiratet.

Die Skizzierung unterschiedlichster Kindheitserfahrungen ließe sich noch lange fortsetzen. Auch bei den Frauen sticht kein einheitliches Muster „Kindheit“ ins Auge. Die nachfolgende Übersicht soll Ebenen von Unterschiedlichkeiten und gemeinsamen Tendenzen herausstreichen.

FAMILIE, BEZIEHUNGEN, GRUNDSÄTZE, WERTE

Der soziale Hintergrund der Ursprungsfamilien der Frauen dieser Stichprobe weist keine extreme Einseitigkeit auf. Allerdings überwiegt die ländliche Herkunft (nicht die bäuerliche) leicht, demzufolge sind auch kinderreiche Familien (mehr als fünf Kinder) überdurchschnittlich vertreten.

Das wiederum erklärt, daß in der überwiegenden Zahl der Ursprungsfamilien der Frauen (insgesamt 60,7%) die finanziellen Mittel knapp waren; die materiellen Ressourcen zur Förderung der Kinder/Töchter sind zu einem großen Teil als unzureichend einzuschätzen. Trotzdem spiegelt das im Vergleich zu ihren Müttern höhere Bildungsniveau der Töchter die allgemein steigende bildungspolitische Entwicklung wider.

69,9% der 30 befragten Frauen hatten in ihrer Kindheit eine stabile Familiensituation, eine Veränderung fand bei 20% der Frauen statt, sie wuchsen vorwiegend bei den Eltern, einem Eltern- und einem Stiefelternteil oder der Mutter auf. Zwei und mehr Veränderungen wurden von 10% der Befragten berichtet, ihr Bezugssystem war also wechselnd.

Graphik 8: Kindheitssituation Frauen/aufgewachsen

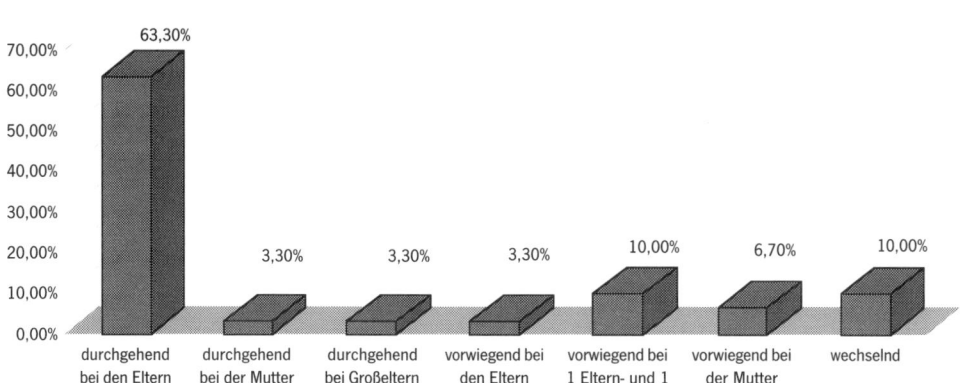

Auch wenn der Prozentsatz der stabilen Familiensituationen im Vergleich zur Stichprobe der Männer etwas geringer ist und eine kleine Gruppe in sehr instabilen Verhältnissen aufgewachsener, sogenannter „abgeschobener" Mädchen identifizierbar ist, lassen sich aus diesen Zahlen keine Schlüsse auf Zusammenhänge mit sozialer oder emotionaler Verwahrlosung ziehen.

Graphik 9: Präsenz des Vaters

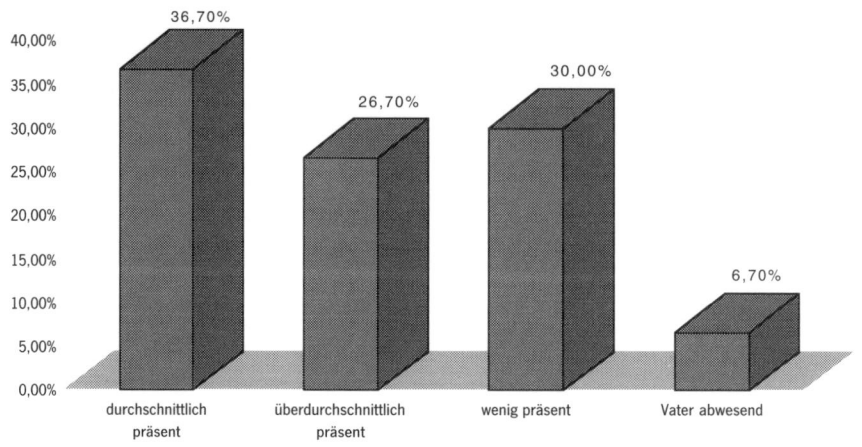

Überraschend ist der vergleichsweise hohe Anteil der überdurchschnittlich präsenten Väter von 26,7%. Dieses Ergebnis mufl allerdings genauer betrachtet werden, denn nur die Hälfte wird auch als positiv präsent beschrieben, ein Viertel als vorrangig negativ aufgrund von Gewaltausübung. Es reicht also nicht, mehr Einbindung der Väter in die Erziehungstätigkeit zu fordern, die Qualität dieser Tätigkeit muß im Vordergrund stehen. Ein Mitarbeiter der Wiener Männerberatung äußerte dazu, daß er nach seiner Beratungserfahrung vielen Kindern eine größere Erziehungsbeteiligung ihrer Väter nicht unbedingt wünschen würde ...

Im Gegensatz zu den allgemeinen Vorstellungen (und auch anderen Studien) ist das vorrangige Vaterbild, das die Frauen unserer Stichprobe zeichnen, nicht das des gewaltausübenden Vaters, sondern das des positiv emotional präsenten Vaters! Erst in zweiter Linie wird das Vaterbild vorrangig durch Gewaltausübung gekennzeicnet,an dritter Stelle wird der ständige Wechsel zwischen positiv emotionaler Zuwendung und Gewaltausübung betont (siehe Tabelle 4).

Demgegenüber stehen weit weniger klar ausgeprägte Tendenzen des vorrangigen Mutterbildes. Auffallend – im Vergleich zu den Vätern oder auch zu den Ergebnissen der befragten Männer – ist der relativ niedrige Anteil von „liebenden" Müttern (knapp mehr als 1/4) und der relativ hohe Prozentsatz (fast 1/4) von Müttern mit wenig Interesse an ihren Töchtern (siehe Abb. 3).

Auch der Anteil von Elternpaaren, die beide vorwiegend in positiv emotionaler Zuwendung erlebt wurden (16,7%), ist als gering zu bezeichnen.

Tabelle 4

	Vorrangiges Mutterbild	Vorrangiges Vaterbild
keines	3,3%	3,3%
wenig Interesse	23,3%	10,0%
streng	3,3%	3,3%
pos. emot. Präsenz	26,7%	36,7%
neg. Präsenz durch Gewalt	3,3%	23,3%
wechselnd zw. pos. u. neg.	16,7%	13,3%
sonstiges	13,3%	—
ungenaue Angaben	10,0%	10,0%

Die Organisation des Zusammenlebens in den Familien war fast ausschliefllich durch traditionelle Rollenverteilung geprägt. Nur zwei Frauen berichten, daß ihre Väter sich auch im Haushalt betätigten (einer davon war durch seine Behinderung ans Haus gefesselt). Zusätzlich erwerbstätige Mütter werden auch als solche dargestellt (im Gegensatz zu den Männern, die vor allem die Versorgungsfunktionen der Mütter beschreiben), ihre Mehrfachbelastung wird nicht extra kommentiert. Abwertungen der „Nur-Hausfrauen-Tätigkeiten" äußern sich eher implizit in der Begriffswahl *(„Vater hat gearbeitet, Mutter war zu Hause")* und werden selten, aber vereinzelt doch auch klar formuliert (*„Der Vater hat die Tätigkeit der Mutter eher abgewertet")*.

Entscheidungen wurden vorwiegend vom Vater getroffen *(„Was er gesagt hat, ist gemacht worden")*, vor allem die wichtigen. Nur eine Frau hat die Mutter als Entscheidungsinstanz erlebt.

Wie bei den Männern muß davon ausgegangen werden, daß die geschlechtsspezifische Arbeits- und Funktionsteilung sowie deren Bewertungen im Sozialisationsprozeß der Frauen verinnerlicht wurden.

Die Beziehung zwischen den Eltern wird nur von einem Fünftel der Frauen ausdrücklich als „gute Beziehung" beschrieben, wobei sich diese Bewertung vor allem auf *„wenig Streit, keine Gewalt und kein Alkoholproblem"* bezieht. Eine einzige Frau erinnert sich im Interview: *„... Mei, dann hat er sie immer so lieb gestreichelt, die Mama..."*, eine zweite erzählt, daß die Eltern viel gelacht hätten miteinander. Andere geben überhaupt keine Bewertung ab, sondern beschreiben die Beziehung ihrer Eltern nur mit *„wenig Streit"*, *„ruhige Beziehung"* oder *„haben sich aneinander gewöhnt"* usw.

Die weitaus größte Gruppe berichtet von einer problematischen Beziehung ihrer Eltern, ein Drittel der befragten Frauen hat auch Gewalttätigkeiten des Vaters gegen die Mutter miterlebt.

Dementsprechend dürftig sind die Modelle der Konfliktlösung, mit denen die Befragten in ihrem Elternhaus konfrontiert wurden. Außer der gewaltsamen Unterdrückung der Frau werden nur die Möglichkeiten *„weglaufen"* oder *„sich aus dem Weg gehen"* genannt – alles letztlich keine Konfliktlösungen. Eine Frau gibt an, gelernt zu haben, daß Sex ein Mittel der Versöhnung ist.

Das allgemeine Erziehungsklima wird nur von 16,7% der Befragten eher unterstützend beschrieben, von 30% eher einschränkend. 23,3% berichten von einem Erziehungsklima, das sehr unbeständig war, einmal liebevoll und unterstützend, dann wieder sehr einschränkend und autoritär. (Von 30% haben wir zu ungenaue Angaben.)

Vom Elternhaus vermittelte Werte und Wichtigkeiten fürs Leben werden nur vereinzelt geschildert, sie betreffen vor allem Funktionen für die Familie *("Die Frau gehört ins Haus", "...muß sich alles gefallen lassen"* sowie *"funktionieren"* als oberstes Gebot) oder „Anleitungen zum Ertragen" (Verständnis haben, reinbeißen, wegstecken, vergessen und der Glaube, daß es wieder besser wird). Andere waren eher davon geleitet, was sie nicht tun sollen oder sind, einer besonders heimtückischen Art, weibliche Werte zu vermitteln, die letztlich auf einem „Nicht-Sein" basieren. *("Mädchen brauchen nichts lernen", "nicht schwanger werden", "nicht so eine große Familie haben"* usw.)

Als Illustration der besonders subtil wirkenden „So-nicht"- Zuschreibungen in der geschlechtsspezifischen Erziehung, deren Auswirkungen unserer Ansicht nach weit unterschätzt werden, möchten wir in diesem Zusammenhang kommentarlos zwei Aufsätze von Volksschulkindern abdrucken, die sich vorstellen, wie es wäre, wenn sie das jeweils andere Geschlecht hätten (Erziehung und Unterricht 7/8/91, 576).

PUBERTÄT UND ADOLESZENZ

Die Zeit der Pubertät und Loslösung von zu Hause verlief den Interviews nach sehr unterschiedlich. Berufswahl und Ausbildung stehen vor allem dann im Mittelpunkt der Berichte, wenn der eigene Wunsch mit dem der Eltern nicht übereinstimmte. Das war aber nur bei einigen der Frauen der Fall. Die Ausbildung dürfte im allgemeinen kein zentrales Thema und nicht von besonderer Bedeutung gewesen sein. Die Mädchen fügten sich großteils in elterliche Vorstellungen, einige wohnten zu Hause, andere verließen aufgrund der Ausbildung oder der für sie bestimmten Arbeit das Elternhaus.

Die Ablösung vom Elternhaus verlief ebenfalls auf unterschiedliche Weise. Ein einheitliches Bild gibt es nicht: Einige berichten von Konflikten mit den Eltern, sie fühlten sich sehr eingeengt; andere meinen, sie hätten relativ viele Freiheiten gehabt, die Eltern wären offen gewesen. Wieder andere berichten nur das Faktum ihres Ausziehens von zu Hause ohne Erläuterung der sich ändernden familiären und außerfamiliären Beziehungen.

Wenn ich ein Bub wäre...

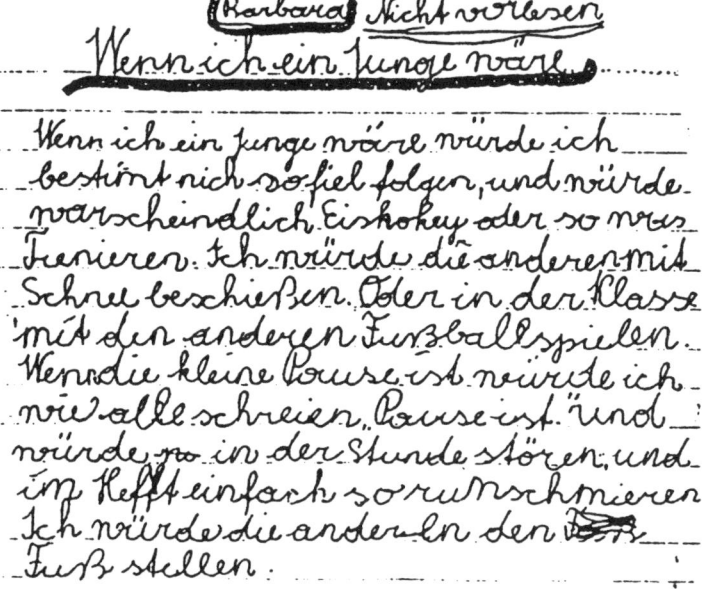

Wenn ich ein Mädchen wäre...

Eine Einbettung in Cliquen oder Freundeskreise, die Orientierungshilfen und emotionalen Halt in der Ablösungsphase bieten könnten, gibt es bei den Frauen faktisch nicht. Im Zentrum der Sozialkontakte steht weiterhin die Familie, entweder die Ursprungsfamilie oder eine zukünftige eigene. 36,7% der Frauen sind aufgrund einer Paarbeziehung aus dem Elternhaus ausgezogen. Die eher eingeschränkten Entwicklungsmöglichkeiten der Frauen in ihrer Jugend entsprechen durchaus dem Diktat der weiblichen Sozialisation, die nach Brückner (1988) durch spezifische Begrenzungen der Selbstentfaltung und der Erziehung zu Verbundenheit mit anderen gekennzeichnet ist.

Über Sexualität und erste Beziehungen zu Männern wird von den Frauen im allgemeinen etwas leichter als von den Männern gesprochen. Auch der Prozentsatz der Aufklärung ist – wohl aufgrund der „Schwangerschaftsgefahr" – etwas höher als bei den befragten Männern: 13,3% wurden von den Eltern aufgeklärt, 23,3% von Geschwistern oder Freundinnen, 3,3% von Heimerzieherinnen. Aber auch in der Frauenstichprobe gibt es 26,7%, bei denen Sexualität völlig tabu war, und von 33,3% wissen wir nichts Genaues.

Erste Beziehungen zu Burschen haben sehr zaghaft (oder gar nicht) stattgefunden und waren stark von der restriktiven Sexualerziehung geprägt. Elisabeth wurde z.B. von ihrem ersten Kuß mit 15 Jahren einen Monat lang gequält, *„weil i mir denkt hab, kriag i jetzt a Kind, oder kriag i koans?"* Roswitha ist mit Schlägen bedroht worden, wenn sie sich mit Burschen einläßt oder gar ein uneheliches Kind nach Hause bringt. Waltraud wurde der Umgang mit ihrem ersten Freund verboten, worauf dieser Selbstmord beging – ein traumatischer Schock für die Fünfzehnjährige!

Die wenigen Frauen (ein Fünftel der Befragten), die schon vor der beschriebenen Gewaltbeziehung intime Männerbeziehungen hatten, machten wiederum sehr unterschiedliche Erfahrungen, auch im sexuellen Bereich (von *„hat mir getaugt"* bis *„war unangenehm und schmerzlich"*).

Sexuelle Gewalt prägte bei vier Frauen die ersten Erfahrungen mit dem anderen Geschlecht – und somit auch das weitere Leben.

Vorstellungen und Träume vom eigenen Leben werden selten erzählt, viele Mädchen hatten einfach keine. Die wenigen geäußerten Vorstellungen betreffen fast ausschließlich Berufs- und Arbeitswünsche (die dann meist nicht in Erfüllung gingen), vereinzelt werden familiäre Vorstellungen genannt, zum Beispiel „eine große Familie haben."

Das Problem der befragten Frauen ist also nicht, unrealistische, überhöhte Vorstellungen von Leben, Familie und Liebe zu haben, sondern eher, keine Vorstellungen davon entwickelt zu haben. Damit wird eine aktive Lebensgestaltung äußerst schwierig, die Anpassung an die Lebenspläne und Wünsche anderer scheint vorgezeichnet.

GEWALTERFAHRUNGEN IN DER KINDHEIT

Massive Gewalterfahrungen beziehen sich auf Prügel mit Gegenständen und/oder Häufungen von verschiedenen Gewaltformen, auch sexueller Gewalt. An diesen Gewalthandlungen waren immer die Väter beteiligt, die Mütter nur teilweise und weniger massiv.

Gewalterfahrungen, die sich im Rahmen der „üblichen Watschn" oder vereinzelten Bestrafung durch Schläge mit der Hand bewegten, wurden – auch von den Betroffenen – als weniger massiv gewertet. Hier haben entweder beide Eltern oder hat hauptsächlich die Mutter körperlich gestraft.

„Keine Gewalt" bezieht sich nur auf die gegen die Mädchen gerichteten Gewalthandlungen in der Kindheit, nicht auch auf beobachtete Gewalt.

Die Einteilung in die drei schon genannten Gruppen erfolgte in gleicher Weise wie bei den befragten Männern (vgl. Kapitel Kindheit und Persönlichkeitsentwicklung der gewalttätigen Männer).

Graphik 10: Gewalterfahrungen in der Kindheit

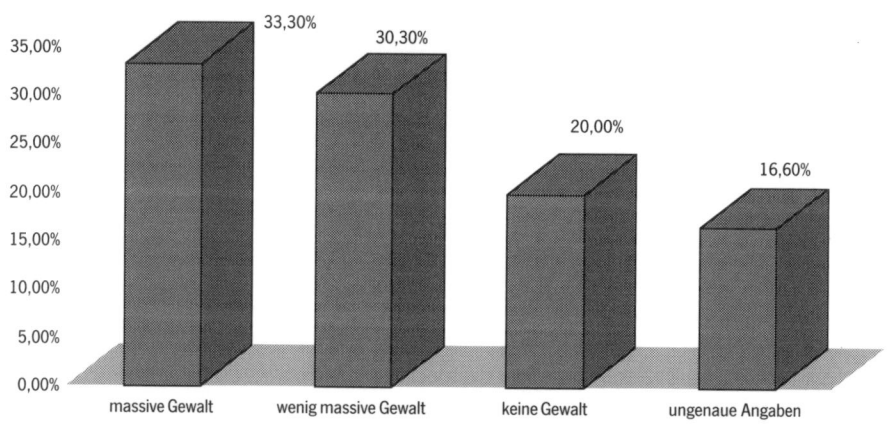

Zeuginnen von Gewalt gegen die Mutter wurden insgesamt zehn Frauen, also 33,3%, davon waren jedoch zwei ausdrücklich nicht direkt davon betroffen.

Gewalterfahrungen in Kindheit und Jugend werden von den Frauen im allgemeinen differenzierter geschildert als von den befragten Männern. Psychische Gewalt wird eher als solche dargestellt, wobei auch hier das Phänomen zum Tragen kommt, daß die Sensibilität gegenüber der von den Müttern ausgehenden Gewalt viel größer ist. Eine verständliche Tendenz, sind doch der gesellschaftliche Auftrag und demnach die emotionalen Erwartungen an eine Mutter andere als an den Vater.

MASSIVE GEWALTERFAHRUNGEN

Massive Gewalterfahrungen der Frauen betreffen nicht nur besonders arge Prügel und Züchtigungen, sondern bei vielen eine massive Häufung von verschiedenen Gewaltformen. Immer haben die Väter zumindest einen Teil der Gewalthandlungen begangen, 30% der Mütter haben keine Gewalt ausgeübt.

Besonders hoch ist der Anteil der Zeuginnen von Gewalt gegen die Mutter in dieser Gruppe, nämlich 70% (7 von 10!). Diese Tendenz ist statistisch signifikant. Zusätzliche psychische Gewalt wird ebenfalls von 70% dieser Frauen angeführt. Auch alle Erfahrungen sexueller Gewalt in der Familie (zweimal durch den Vater, einmal durch den Bruder) sind von Frauen gemacht worden, die massiver körperlicher Gewalt ausgesetzt waren.

Das vorrangige Vaterbild ist zu 40% negativ aufgrund von Gewaltausübung beschrieben, zu 30% wechselnd zwischen positiver Zuwendung und Gewalt. (Die 20% vorrangig positiv emotional präsenten Väter sind die in Erinnerung der „Heimkinder".)

Aber auch nur wenige Mütter waren positiv emotional präsent (20%), gleich viele werden als wechselnd zwischen positiver und negativer Zuwendung sowie als interesselos beschrieben.

Der Auszug aus dem Elternhaus erfolgte bei der Hälfte der Befragten in Zusammenhang mit einer Paarbeziehung!

In die gleiche Richtung, nämlich auf „Flucht aus dem Elternhaus" weist das jugendliche Alter der Frauen zu Beginn der Paarbeziehung: 80% der Frauen mit massiven Gewalterfahrungen waren zu diesem Zeitpunkt zwischen 15 und 19 Jahren!

Dieses Phänomen ist vergleichbar mit dem von Steinert/Straub (1988) geprägten Begriff „Rettungsankersyndrom", womit die unreflektierte Bereitschaft, sich von einem anderen Mann aus einer Gewaltbeziehung „befreien" zu lassen, gemeint ist. Die Falle dabei ist, daß das eigene Schicksal sozusagen wieder in die Hände eines als mächtiger erlebten Menschen gelegt wird und keine eigenständige Bewältigung der Situation erfolgt. Die Abhängigkeit der Frau bleibt bestehen. 75% aller Paarbeziehungen, in denen Frauen schon von Anfang an mißhandelt wurden, betreffen die Gruppe mit massiven Gewalterfahrungen in der Kindheit.

Was bei näherer Betrachtung nicht zu übersehen ist, sind die auffallenden Häufungen von verschiedenen Gewalterfahrungen:
- massive körperliche Gewalt (häufige Schläge und Prügel mit Gegenständen)
- psychische Gewalt (Drohungen, Feindseligkeit usw.)
- Beobachtung von Gewalt an der Mutter
- sexuelle Gewalt

Alle Väter sind Hauptakteure der Gewalthandlungen gewesen, 70% der Mütter haben zwar weniger massiv, aber auch Gewalt ausgeübt. Positive emotionale Beziehungen konnten faktisch nicht erlebt werden. In dieser Gruppe zieht sich das Muster der „permanenten Grenzverletzungen" (Aykler, Erstinterpretation) durch. Sowohl das Männerbild als auch das Modell für eine Paarbeziehung sind vorwiegend von Gewalt geprägt, Nähe bedeutet Gewalt und Grenzverletzung, andere Erfahrungen konnten in der Kindheit nicht gemacht werden. Auch die Beziehung zur Mutter stellte nur selten einen Ausgleich dar, war keine Möglichkeit, Nähe und Emotionalität zu erfahren.

Nicht nur, daß sich unter solchen Bedingungen keine Vorstellung von Liebe und Nähe ohne Grenzverletzungen entwickeln kann, auch der implizite Schluß, „wenn ich immer nur sehe, daß ich nicht geliebt worden bin, dann bin ich nicht liebenswert" (Interpretationstag), wird jede neue Beziehung prägen. Hier schließt sich der Kreis zur eigenen Schuldzuweisung an den Mißhandlungen, zum Hinnehmen von Gewalt als „dazugehörend" zu einer Beziehung (vgl. die drei Lektionen physischer Bestrafung von White/Straus 1981).

Allerdings wird Gewalt nicht immer und nicht in allen Formen und Ausprägungen hingenommen! Immerhin haben sich fast alle befragten Frauen dieser Gruppe von ihrem ehelichen Gewalttäter getrennt oder haben Maßnahmen ergriffen, die den Mann veranlaßten, seine Gewalttätigkeiten (zumindest bis zum Zeitpunkt der Befragung) einzustellen. Frauen mit massiven Gewalterfahrungen sind Gewalt gegenüber nicht unbedingt toleranter als andere, im Gegenteil, Rechtfertigungen der Gewalthandlungen sind von dieser Gruppe der Frauen nicht zu hören! Pagelow (1977) findet sogar in ihrer Untersuchung, „daß Frauen, die als Kinder sehr gewalttätig behandelt wurden, am häufigsten nach der ersten Mißhandlung die Ehe verlassen" (zit. nach Brückner 1983, 33).

Wo Gewalt beginnt, ist für Frauen, die ihr Leben lang nur Grenzverletzungen erlebt haben, besonders schwierig zu erkennen.(75% aller berichteten Mißhandlungen schon zu Beziehungsbeginn kommen aus dieser Gruppe!) Was eine positive Beziehung ausmacht, auch wenn die innere Gewißheit „so nicht" besteht, ist offenbar dem Versuchs-Irrtums-Lernprozeß unterworfen, insbesondere mit dem Modell einer Paarbeziehung, in der auch männliche Gewalt vorgeherrscht hat. „...und han i ma denkt, daß der des alles tuan derf.... I hab des ja net gwißt, daß was anders a gibt, net!" erkennt Irma rückblickend.

Doch nicht nur die Unsicherheit, was in Paarbeziehungen üblich ist und was nicht, sondern auch der vergleichsweise geringere Gewaltpegel in den beschriebenen Anfängen der Paarbeziehungen lassen die Illusion von „Gewaltfreiheit" entstehen. Unter Betrachtung all dieser Zusammenhänge scheint es plausibel, daß für die Gruppe dieser Frauen ein frühes Erkennen von Gewaltstrukturen und Gewalthandlungen in einer Paarbeziehung fast unmöglich ist.

Massive Mißhandlungen aller Art in der Kindheit (vor allem durch den Vater), gekoppelt mit Beobachtung von Gewalt gegen die Mutter und massiven emotionalen Defiziten von beiden Eltern, erhöhen, trotz Ablehnung von Gewalt das Risiko, Gewalttätigkeit in ihren Anfängen nicht zu erkennen und somit in eine Gewaltbeziehung zu „rutschen". Die erwähnte Ablehnung der Gewalt kann als Grundlage für eine spätere Entscheidung zur Veränderung der Situation betrachtet werden.

WENIG MASSIVE GEWALTERFAHRUNGEN

Die Frauen dieser Gruppe berichten vorwiegend von körperlichen Strafen wie Ohrfeigen, leichten Klapsen und/oder gelegentlichen Schlägen mit der Hand. Sie werden auch hier zum Teil als gerechtfertigte Erziehungsmaßnahmen und nicht als Gewalt dargestellt, zum Teil wird aber die Kränkung durch die Schläge (vor allem der Mutter) sehr wohl geäußert. Eine Frau beschreibt die gegen sie gerichtete Gewalt als rein psychisch (Drohungen und starke emotionale Erpressung) - abgesehen vom Miterleben der väterlichen Gewalthandlungen gegen die Mutter.

In dieser Gruppe überwiegen die Gewalthandlungen der Mütter (50% auch Schläge mit der Hand). Nur 14,3% der Väter haben mit Schlägen gestraft, 42,9% der Väter haben keine Gewalt angewandt.

Gleich viele Väter werden auch als positiv emotional präsent beschrieben. Die meisten Mütter zeigten wenig Interesse oder wurden wechselnd zwischen positiver und negativer Zuwendung erlebt.

Tabelle 5

	Vorrangiges Mutterbild	Vorrangiges Vaterbild
pos. emotionale Präsenz	12,5%	42,9%
wechselnd zw. pos. und neg. Zuwendung	25%	14,3%
wenig Interesse	37,5%	14,3%
streng	–	14,3%
neg.Präsenz durch Gewalt	–	14,3%
sonstiges	25%	–

Eine Frau aus dieser Gruppe berichtet von sexueller Gewalt, die ihr in ihrer Jugend zugefügt wurde, der Vergewaltiger war aber kein Familienmitglied, sondern ein Fremder.

88,9% hatten keine Gewalthandlungen gegen ihre Mutter beobachtet.

Die Anfänge der Paarbeziehungen waren zum Großteil harmonisch, keine Frau wurde schon zu Beginn der Beziehung mißhandelt!

Alle Frauen dieser Gruppe haben die Gewaltbeziehung durch Trennung beendet, die Mißhandlungsdauer war aber sehr unterschiedlich – einige haben für diese Entscheidung auch länger als zehn Jahre gebraucht.

Für die Stichprobe der Frauen mit wenig massiven Gewalterfahrungen spielen sexuelle Gewalt und beobachtete Gewalt gegen die Mutter weitgehend keine Rolle. Die eigenen Mißhandlungserfahrungen entsprechen den großteils verbreiteten Erziehungsmethoden (vgl. Wimmer-Puchinger 1991), körperliche Strafen – vor allem vom idealisierten Vater – werden eher als „berechtigt" empfunden. Daß Gewalt auch mit „Liebe" assoziiert ist, haben alle mit Ohrfeigen und Schlägen „erzogenen" Frauen gelernt.

Die vorwiegend von den Müttern ausgehende Erziehungsgewalt, häufig gekoppelt mit Lieblosigkeit und Interesselosigkeit, scheint die emotionale Entwicklung der meisten Frauen dieser Gruppe zusätzlich beeinträchtigt zu haben.

Auch wenn fast die Hälfte der Väter als positiv präsent beschrieben wird, so haben Väter in den durchwegs traditionellen Familiensystemen nicht die Funktion der primären Bezugspersonen, rein von ihrer zeitlichen Präsenz her gesehen nicht. Ihre Wichtigkeit für die Entwicklung der Persönlichkeit sei unbestritten, das Problem der Idealisierung der Väter – in einigen Interviews sehr deutlich – muß aber auch erkannt werden: Die Entwicklung eines positiven weiblichen Selbstgefühls, die durch den mangelnden emotionalen Halt bei der Mutter problematisch verläuft, bleibt gekoppelt an den liebevolleren Vater. Der Wert der eigenen Person wird erst durch ihn – später durch den Mann – richtig spürbar. Die Abgrenzung zum idealisierten Männerbild fällt schwer.

Allerdings zeigt die hundertprozentige Trennungsbereitschaft der betreffenden Frauen, daß es sich nicht um „gebrochene" Persönlichkeiten handelt. Ist der idealisierte Partner demaskiert, so haben sie genügend Kraft und Durchsetzungsvermögen, die Mißhandlungsbeziehung zu beenden – wenn auch mit unterschiedlich langer Duldung der Mißhandlungen.

KEINE EIGENE MISSHANDLUNGSERFAHRUNG

„Keine eigene Mißhandlungserfahrung" bezieht sich in dieser Gruppe lediglich auf die direkt gegen die Befragten gerichtete Gewalt; immerhin 33,3% waren Zeuginnen von Gewalthandlungen gegen ihre Mutter.

Die Mehrheit dieser Gruppe (66,7%) schildert einen positiv präsenten Vater, nur eine Frau betont das negative Vaterbild aufgrund seiner Gewalttätigkeit gegen die Mutter.

Auch das vorrangige Mutterbild wird hauptsächlich mit positiver emotionaler Präsenz beschrieben (66,7%), zu 33,3% mit wenig Interesse.

Der Beginn der beschriebenen Gewaltbeziehung war bei den Frauen ohne gegen sie gerichtete Gewalterfahrungen in der Kindheit erstaunlicherweise sehr unterschiedlich (vgl. Männer: nur harmonisch). 50% geben zwar an, der Beginn sei harmonisch verlaufen, aber 33,3% berichten von Konflikten seit Beginn der Beziehung, 16,7% sogar schon von Mißhandlungen!

Noch überraschender ist die offenbar geringe Trennungsbereitschaft dieser Gruppe: Nur in 1/3 der Fälle ist die Mißhandlung beendet durch Trennung. Nur 11,8% aller durch Trennung beendeten Gewaltsituationen stammen aus dieser Gruppe!

Die Frauen ohne eigene Mißhandlungserfahrungen in der Kindheit stellen uns vor einige Rätsel. Abgesehen von dem Drittel „Zeuginnen von Gewalt an der Mutter" sollte es – laut Literatur – in dieser Gruppe keine besonderen „Risikofaktoren" geben. Und trotzdem sind alle Opfer von Gewalthandlungen in ihrer Paarbeziehung geworden. Hat eine Beziehung schon mit Mißhandlungen begonnen, ist die Dauer der Mißhandlungen nicht kürzer als bei anderen Frauen.

Im Gegenteil, zwei Drittel dieser Gruppe leben noch in der Mißhandlungsbeziehung, die eine Hälfte mit (vorläufig) beendeter Gewalt, die andere Hälfte bei aktueller Gewalt.

Alle Frauen, die noch mit einem gewalttätigen Mann zusammenleben, stammen aus dieser Gruppe!

Es entsteht der Eindruck, daß die in ihrer Kindheit nicht mißhandelten Frauen von Gewalthandlungen eines Mannes überrumpelt werden, das Geschehene nicht glauben wollen, die Tragweite nicht abschätzen können (Beginn der Beziehung schon mit Mißhandlungen). Sie weisen sich auch nicht – wie man annehmen könnte – aus durch besonders schnelle Beendigung der Gewaltbeziehung.

Für die Zeuginnen von Gewalt gegen die Mutter ist dieses Phänomen erklärbar: Sie haben das gewalthafte Beziehungsmuster für Paarbeziehungen verinnerlicht, identifizieren sich mit der weiblichen Opferrolle, die „Erdulden von Gewalt, keine Grenzen setzen" bedeutet. Sie nützen ihre psychischen Ressourcen vor allem dafür, die Beziehung trotz der Gewalthandlungen des Mannes aufrechtzuerhalten, so wie sie es immer gesehen haben.

Der Faktor „beobachtete Gewalt gegen die Mutter" reicht aber nicht aus, dieses Dulden der Gewalt des Partners zu erklären. Zumindest für die anderen Frauen dieser Gruppe muß es andere Gründe geben, ein spezifisches gemeinsames Muster ist jedoch nicht erkennbar.

ZUSAMMENFASSUNG

Gewalterfahrungen in der Kindheit müssen vor dem Hintergrund einer allgemeinen Verbreitung von Gewalt in der Erziehung der heute Erwachsenen betrachtet werden. Insofern deutet die Analyse der Gewalterfahrungen der Frauen auf keine linearen Zusammenhänge mit späteren Gewalterfahrungen in einer Paarbeziehung und deren Bewältigung hin.

Wie schon im entsprechenden Kapitel über die Männer angesprochen, kann allerdings nicht davon ausgegangen werden, daß erlebte und beobachtete Gewalt keinen Einfluß auf die Persönlichkeitsentwicklung und das spätere Leben hat. Die Tatsache allein, daß in der Kindheit Gewalt erlebt oder eben nicht erlebt wurde, scheint jedoch für die Bewältigung von erlittener Gewalt in Paarbeziehungen nicht relevant zu sein. Diese Schlußfolgerung deckt sich mit den Ausführungen Honigs (1986), der in diesem Zusammenhang zusätzliche Faktoren, welche die selbsterlebte Gewalt in der Kindheit beeinflussen, für ausschlaggebend hält. Einen solchen Risikofaktor stellt zum Beispiel beobachtete Gewalt gegen die Mutter dar.

Das Erkennen von beginnender männlicher Gewalt ist für Frauen mit massiven Gewalterfahrungen in der Kindheit, meist kombiniert mit beobachteter Gewalt gegen die Mutter, besonders schwierig.

Einerseits führt das breite Spektrum von keinen bis zu massiven Gewalterfahrungen in der Kindheit zur Versuchung, diesen Faktor als zu unbedeutend einzuschätzen, andererseits besteht die Gefahr, aus dem relativ hohen Prozentsatz von massiven Gewalterfahrungen (35,7%) auf zu bedeutende Zusammenhänge zu schließen. Immerhin wenden auch heute noch ein Drittel der Eltern schwere körperliche Gewaltformen in der Erziehung an, 5% sogar häufig (Wimmer-Puchinger 1991).

Steinhages Schätzungen (1989), daß jedes vierte bis fünfte Mädchen sexuell mißbraucht wird, von Bange (1992) und vielen PraktikerInnen bestätigt, werden von unserer Frauenstichprobe nicht „erreicht". Verglichen mit diesen Daten scheint der Anteil von Frauen mit massiven Gewalterfahrungen nicht überdurchschnittlich groß, sondern entspricht eher der – traurigerweise – allgemeinen Situation in unserem Land.

Risikogruppen oder Risiko „Frau-Sein"?

Verschiedene Versuche, auch andere gemeinsame Faktoren aus der Kindheit oder übergreifende Zusammenhänge zu finden, waren nicht sehr erfolgreich; einzig durch eine über sechs Variablen der Kindheit durchgeführte Clusteranalyse kristallisierten sich drei verschiedene Gruppen heraus, innerhalb derer Ähnlichkeiten bezüglich dieser Variablen bestehen. Wir möchten sie eher vorsichtig interpretieren, die Trennschärfe der Variablen ist nicht besonders hoch, und außerdem fallen neun Frauen (also fast ein Drittel der Befragten) aus dieser Analyse ganz heraus.

Trotzdem wollen wir die drei Gruppen beschreiben, und sei es nur, um die Fragwürdigkeit darzustellen, nach Risikofaktoren bei Frauen zu suchen.

Gruppe 1 – die schwer misshandelten Mädchen

Auch die Clusteranalyse findet eine Gruppe von neun Frauen, die vorwiegend massive Gewalterfahrungen in der Kindheit gemacht haben. Ihre Väter und Mütter werden als überwiegend gewalttätig dargestellt, oder sie wechselten zwischen Zuwendung und Gewalt. Die Frauen haben großteils Gewalt gegen die Mutter miterlebt und sind in Zusammenhang mit einer Partnerschaft ausgezogen (vgl. „Rettungsankersyndrom").

Als klassisches Beispiel für die schon erwähnte Schwierigkeit, Gewalt in ihren Anfängen zu erkennen, steht die Geschichte von Irma, die als Siebzehnjährige sozusagen von Zuhause flieht (siehe S. 98). Von ihr stammt auch das Zitat: *„...und han i ma denkt, daß der des alles tuan derf... I hab des ja net gwißt, daß was anders a gibt, net!"* Sie kann die beginnenden Gewalthandlungen ihres Mannes nicht als solche wahrnehmen. Als die Gewalt die Schwelle ihrer Wahrnehmung erreicht, ist gleichzeitig die Angst schon so groß, daß eine demonstrative Abgrenzung vorerst unmöglich ist.

Elisabeth wiederum flieht in keiner Weise kopflos vor dem gewalttätigen Vater. Sie bietet ihm schon als Jugendliche Stirn, indem sie droht, zur Polizei zu gehen, und wählt bewußt eine Ausbildung, die ihren frühen Auszug von daheim legitimiert. Vorrangiges Lebensziel der jungen Frau ist: Nie so einen Mann wie den Vater heiraten, nie so viele Kinder wie die Mutter bekommen! Mangels anderer Erfahrungen beziehen sich die Vorstellungen lediglich auf „so nicht". Ihr späterer Mann erfüllt anfangs ihren Wunsch nach Anerkennung, umwirbt sie, ist charmant und aufmerksam, verlangt nicht sofort sexuelle Kontakte, ist eher schüchtern. Er stellt keine Bedrohung dar, er ist nicht wie der Vater! Daß er aufgrund seiner Geschichte immer besitzergreifender wird, sie völlig isoliert, sie offenbar „für sich als Mutter" (Steinlechner, Erstinterpretation) beanspruchen will und schließlich doch gewalttätig wird wie der Vater, wirft sie in ihrem weiteren Leben völlig aus der Bahn (obwohl sie sich von ihm trennt).

Die unrealistischen, auch kindlichen Erwartungen beider an die/den andere/n beschreibt die Interviewerin als Falle dieser Beziehungsdynamik. Der Unterschied liegt in der Konkretheit dieser Erwartungen: Er will, daß sie so wie seine Mutter ist, was sie nie sein kann, worauf seine Aggression steigt. Sie will endlich einen liebenden Vater (den sie nie hatte) und steigt deshalb auf alles ein, was „nicht wie der Vater" scheint, ohne zu wissen, was sie wirklich sucht. Daß der Mann in dieser Falle zu Gewalt greift, ist allerdings seine Geschichte, auf die hier nicht näher eingegangen werden kann.

GRUPPE 2 – DIE ABGESCHOBENEN MÄDCHEN

Eine zweite, wenn auch sehr kleine Gruppe umfaßt drei Frauen mit wenig präsenten und interesselosen Vätern, deren Mütter sich ebenfalls wenig um sie gekümmert haben. Hier steht die emotionale Verwahrlosung im Vordergrund der Persönlichkeitsentwicklung, Gewalterfahrungen sind unterschiedlich, eine Ablösung vom Elternhaus mit Hilfe einer Paarbeziehung ist offenbar nicht nötig, wenn es nie eine enge Bindung gegeben hat. Der Risikofaktor dieser Gruppe wäre das „Halten einer Beziehung um jeden Preis", um den vermeintlichen emotionalen Halt nicht wieder zu verlieren.

Herta wird schon am Anfang des Kapitels als typisch emotional verwahrloste Persönlichkeit beschrieben. Die primäre Faszination des jetzt gewalttätigen Lebensgefährten ist seine Fürsorglichkeit. Er bringt Geschenke, ist nett zu den Kindern aus ihrer ersten Ehe (in der übrigens nicht Gewalt das Problem war!) und betätigt sich häuslich. Als er für sie aus heiterem Himmel und völlig grundlos gewalttätig wird, versucht sie vergebens, mit ihm darüber zu reden. Sie sagt selbst, sie bleibt bei ihm, weil er anfangs so fürsorglich war und sich auch liebevoll um das gemeinsame Kind kümmert. „Herta ist auf der Suche nach einem liebevollen, starken Partner. Da sie das teilweise in dieser Beziehung bekommt, wird ihr die Abgrenzung zu diesem Menschen nahezu unmöglich" (Aykler, Erstinterpretation).

Gruppe 3 – Risiko „Frau-Sein"?

Diese Gruppe umfaßt neun Frauen, die vorrangig positiv emotional präsente Eltern hatten (55,6%), allerdings auch zu 33,3% Mütter mit wenig Interesse, und die zum überwiegenden Teil keine gegen sie gerichtete Gewalt erlebten. Fast die Hälfte dieser Frauen hat aber Gewalt gegen die Mutter miterlebt. Knapp mehr als die Hälfte ist erst durch eine Paarbeziehung von zu Hause ausgezogen.

Gewalthaftes Beziehungsmodell, mangelnde Ablösung von daheim, idealisierter Vater – all das können Erklärungsansätze für Risikofaktoren sein, Gewalttätigkeiten des Mannes hinzunehmen, Entschuldigungen zu finden, sich nicht rechtzeitig abzugrenzen. Das Problem ist: Keiner dieser Ansätze zieht sich durch. Es besteht dadurch die Gefahr, alles und jedes in Verbindung mit erlittener Gewalt in Paarbeziehungen zu bringen und damit letztlich nichts zu erklären. Einzelbeispiele für verschiedenste Familienmuster und Beziehungssettings dieser Gruppe sollen das Problem verdeutlichen.

Gerda hat selbst keine gegen sie gerichtete Gewalt erlebt, war aber Zeugin von Gewalt gegen die Mutter. Sie beschreibt selbst ihren Haß auf den oft alkoholisierten Vater und *„rastet verbal aus"*, wenn ihr Mann zu viel getrunken hat. Sie macht sich deswegen große Vorwürfe und entschuldigt implizit seine Gewalttätigkeit: *„Wenn i kein Wort gsagt hätte, nachand wär des in Ordnung gwesn."* Sie findet also im Grunde genommen die Gewalt des Mannes gegen die Frau bei unlösbaren Konflikten als „normal".

Roswitha – ihre Geschichte ist am Anfang des Kapitels kurz skizziert – idealisiert ihren Vater heute noch stark. Die Interviewerin meint: „Vater war immer bestimmend für ihr Leben... Roswitha hat keinerlei Sicherheit in sich selbst, kann sich offenbar nur in Verbindung mit einem Mann als liebenswert und akzeptiert fühlen" (Schenkel, Erstinterpretation).

Judith, die von ihrer dominanten Mutter (siehe S. 99) Werte wie „immer stark erscheinen, Verantwortung übernehmen" mitbekommen hat, klagt zugleich über mangelndes Selbstwertgefühl *(„Meine Mutter hat das untergraben")*. Die Bestätigung als Frau, „die liebevolle, zärtliche Art des Freundes brachte sie dazu, die Anfänge der Gewalt zu tolerieren" – gleichzeitig ist sie für ihn „Mutter, Geliebte und ordnende Instanz, sie gibt ihm Halt und Stütze" (Schenkel, Erstinterpretation).

Anna kommt aus einer patriarchalen bäuerlichen Familie, dementsprechend wünscht sie sich einen „starken Mann", auch wenn sie selbst als „eher stark und selbstbewußt, keinesfalls ein Weibchen" auf die Interviewerin wirkt. Diese Erwartung gehört zum gelernten Familienmuster. Die in Gewalt ausartende, unbegründete Eifersucht ihres Mannes erlebt sie als Schwäche, die sie ablehnt, andererseits ist er eben der Herr im Haus.

Susanne (vgl. S. 98) ist von dem einzigen Mann, der sie nicht umschwärmt, fasziniert. *„Ich habe alles gemacht, um ihm zu gefallen."* Obwohl er sehr eifersüchtig ist und sie schon in der ersten Zeit ihrer Beziehung mißhandelt, bleibt sie bei ihm und heiratet ihn nach Jahren des Zusammenlebens sogar. *„Und dann hab ich immer das Gefühl ghabt, er braucht mich..."* Es scheint, daß sie die väterlichen Worte bezüglich Konfliktsituationen mit der Mutter verinnerlicht hat: *„Mußt mit ihr Verständnis haben, sie hat's immer schwer ghabt in ihrem Leben. – Und mein Mann hat es auch relativ schwer ghabt ...".*

ZUSAMMENFASSUNG

Die vor allem im letzten Kapitel dargestellte Vielfalt der Konstellationen in den Ursprungsfamilien sowie der Persönlichkeiten der Frauen weist auch in unserer Untersuchung auf keine in sich geschlossene Gruppe von „mißhandelten Frauen" hin (vgl. Brückner 1983 und Finkelhor 1988). Wie bei den Tätern gibt es „das typische Opfer" nicht, aber auch Typisierungen, wie wir sie bei den Männern finden, lassen sich bei den Frauen nicht vornehmen.

Wir werten das auch als weiteren Anhaltspunkt dafür, daß nicht die Lebensgeschichte der Frauen, ihre Kindheit, ihre Persönlichkeit usw. Erklärungen für die Gewalttätigkeit der Männer in den Paarbeziehungen sein können. Prinzipiell kann es jeder Frau passieren – und den Frauen „passiert" es wirklich. (vgl. Kapitel „Gewaltsituationen", das beschreibt, wie den Männer ihre Gewalthandlungen „passieren".)

Einige gängige Vorurteile und Ergebnisse anderer Studien werden durch unsere Untersuchung widerlegt.

1. Frauen als Opfer von männlicher Gewalt in Paarbeziehungen kommen nicht vorwiegend aus desolaten Familienverhältnissen oder haben eine Heimkarriere hinter sich, wie oft angenommen wird. Daraus resultierende emotionale Abhängigkeit in der Paarbeziehung, ein „sich Klammern an jede mögliche oder unmögliche Beziehung" oder Lebensuntüchtigkeit sind in unserer Stichprobe nicht vorrangig vertreten. (Im Gegenteil, eine große Gruppe von Frauen macht den Eindruck der eigentlich Lebenstüchtigen in den Beziehungen.)

2. Daß Frauen, deren Ehemänner/Lebensgefährten gewalttätig wurden, auch in ihrer Kindheit Opfer massiver Gewalt waren, bestätigt sich nur für etwa ein Drittel unserer Untersuchungsgruppe. Fast alle Frauen haben in ihrer Kindheit „gelernt", daß Gewalt in irgendeiner Form möglicher Teil einer Beziehung ist. Das ist allerdings eine Erfahrung, die sich ganz sicher nicht nur auf Frauen als Opfer von Gewalt in Paarbeziehungen bezieht! Der „Kreislauf der Gewalt", der angeblich weibliche Opfer wieder Opfer werden läßt, ist in dieser Linearität und Kausalität nicht haltbar. Allerdings weisen unsere Ergebnisse darauf hin, daß massive Gewalterfahrungen vor allem durch den Vater, in Verbindung mit beobachteter Gewalt gegen die Mutter und mangelnder „affektiver Nahrung" (vgl. Miller 1979), das Erkennen von beginnender Gewalt in Beziehungen erschwert.

3. Wie auch in einer früheren österreichische Untersuchung von Benard/Schlaffer (1991) wird meist die Rolle des tyrannischen, gewaltausübenden Vaters vieler Frauen mit gewalttätigen Partnern betont. Das stimmt für unsere Untersuchungsgruppe nur zum Teil, eine mindestens ebensogroße Gruppe von Frauen beschreibt eine Familienkonstellation, in der die Väter ganz wichtige positive Bezugspersonen für die Töchter darstellten. Die offenbar zu einfache Annahme, daß diese einen gewalttätigen Ehemann umso schneller verlassen würden, haben sie doch ein positives Männerbild mitbekommen, erweist sich nach unserer Stichprobe als falsch. Betrachtet man die Mißhandlungsdauer, so gibt es sowohl Frauen mit gewalttätigen als auch mit positiv präsenten Vätern, die gleichermaßen Spitzenreiterinnen sind, was das „Durchhaltevermögen" anlangt.

Die traditionell organisierten Familien vermitteln trotz vieler berufstätiger Mütter (das ist etwa die Hälfte) streng geschlechtsspezifische Werte und Rollenbilder. Auch die elterlichen Modelle einer Paarbeziehung weisen großteils traditionelle Beziehungsmuster zwischen Mann und Frau auf – hier decken sich die Ergebnisse mit denen von Benard/Schlaffer (1991) – und sind häufig konfliktgeladen, ohne Modelle für eine positive

Konfliktbewältigung zu sein. Die wenigen Versuche, aus diesen Strukturen auszubrechen, werden entweder im Keim erstickt oder durch stetigen Druck zum Scheitern gebracht. Ein vorwiegend einschränkendes Erziehungsklima, seltenes Vorhandensein anderer Bezugspersonen und teilweise Isolation von Sozialkontakten machen es besonders schwierig, andere Perspektiven zu entwickeln.

Paarbeziehung – Beziehungsdynamik

Typ I: Funktion Frau

Sabine und Xaver führen nach außen hin eine „Bilderbuchehe": Drei Kinder, Eigenheim mit Garten, keine finanziellen Probleme, Sabine ist zu Hause, Xaver ist beruflich erfolgreich.

Trotzdem ist Sabine zur Zeit des Interviews im Frauenhaus, Xaver ist zweimal wegen Körperverletzung an seiner Frau verurteilt, zahlreiche Mißhandlungen ohne Anzeige sind dem vorausgegangen.

Xaver will es anders machen als seine Eltern: eine Familie ohne Streit, mit angenehmer Atmosphäre; die Frau soll zu Hause bleiben, auch er will sich neben dem Beruf ganz der Familie widmen. Der Rohbau des Hauses ist schon fertig, als Xaver seine zukünftige Frau kennenlernt und ihr den Hof macht.

Sabine fühlt sich als junge Frau unsicher und von ihrer Mutter aufs Leben schlecht vorbereitet, umso mehr ist sie beeindruckt von der Tüchtigkeit des Mannes, der um sie wirbt. Auch ihre Mutter ist sehr von ihm eingenommen, er verspricht Sicherheit für die Zukunft. Die Trennung von ihrem ersten Freund, mit dem Sabine nicht mehr glücklich ist, fällt ihr mit Aussicht auf diese neue Beziehung leichter.

Rückblickend sieht Sabine ihre Überforderung als junge Frau Anfang zwanzig ohne Lebenserfahrung: Hausbau, erstes Kind, zweites Kind. Die strikten Vorstellungen ihres Mannes, seine steigende Kontrolle und erste Ohrfeigen untergraben ihr Selbstbewußtsein und lassen eigene Wünsche und Ideen gar nicht aufkommen. Sabine hört sehr oft Worte wie „Alles verdankst du mir" oder „Ohne mich bist du nicht lebensfähig". Was sie vorschlägt, zählt nicht, bei Meinungsdifferenzen hat sie keine Chance. *„Ich bin zu schwach, um mich gegen ihn durchzusetzen"*, sagt Sabine noch heute, obwohl sie sich kritischer und eigenständiger erlebt als früher. Nach mehreren Gewalttaten des Mannes wird es für Sabine zunehmend schwieriger, noch positive Gefühle für ihn zu empfinden. Sie versucht zwar immer wieder bewußt, ihm nett zu begegnen, denn er sagt ihr oft: „Wenn du mehr Liebe hättest, würde ich dich nicht schlagen", bald nimmt sie jedoch nur noch Rücksicht, weil sie Angst hat.

Xaver verfolgt von Anfang an mit seiner Familie bestimmte Ziele und widmet sich ihr auch voll und ganz. Wenn er schon sein ganzes Geld für die Familie ausgibt, möchte er eine angenehme Familienatmosphäre,wofür sich Sabine seiner Ansicht nach zu wenig engagiert. Er wird wütend und eifersüchtig, weil seine Frau ihn hindert, seine Ziele mit der Familie zu verfolgen. Ihr Engagement in einer religiösen Gemeinde ist ihm ein besonderer Dorn im Auge. Er erteilt Hausverbot für alle Mitglieder dieser Gemeinde. Als er *„mit seinem Latein am Ende"* ist, hat er *„keine andere Möglichkeit, als zur Gewalt zu greifen".* *„Die Religion hat uns auseinandergebracht",* meint er einerseits, andererseits gesteht er rückblickend seine mangelnde Toleranz ihr gegenüber ein.

Die Interviews mit Sabine und Xaver zeigen in ihren Inhalten und ihrem Ausdruck eindeutig unterschiedliche Positionen – trotz einer gewissen Funktionalität der Beziehung für beide.

Sabine reflektiert die Unsicherheit am Anfang der Beziehung, ihre Überforderung in der Familiensituation, sie berichtet von Versuchen, Beziehung herzustellen und auf Vorwürfe ihres Mannes einzugehen, sie schildert seine Gewalthandlungen, ihre schwindenden Gefühle für ihn und ihre zunehmende Angst.

Xaver zweifelt nicht daran, daß seine Ziele für die Familie, deren Verfolgung ihm das Wichtigste ist, die richtigen sind. Die Beziehung zu seiner Frau, die Person seiner Frau sind kaum Thema in diesem Interview. Es geht hauptsächlich darum, ihre „Vergehen" in bezug auf seine Ziele zu beschreiben – und seine Gewaltanwendung damit zu entschuldigen. Er sagt zum Beispiel in dem Interview nie, daß es ihm leid tut. Sein verbales Eingeständnis, intolerant gewesen zu sein, wirkt unecht neben der Selbstverständlichkeit, mit der er von seinen Verboten Sabine gegenüber berichtet. Partnerschaftliche Beziehung zu einer Frau (einem Menschen überhaupt?) gehört nicht ins Repertoire seiner Vorstellungen.

Viele Paarbeziehungen unserer Untersuchungsgruppe sind der von Sabine und Xaver sehr ähnlich; wir nennen sie „Beziehungstyp funktionalistische Sicht der Frau".

Wie bei Xaver sind die Lebensvorstellungen solcher Männer sehr konkret. Sie haben eine Art Lebensplan, zu dem ab einem gewissen Alter auch eine Familie gehört. Einige haben ihre Lebensplanung bis ins kleinste Detail ausgefeilt. Die jeweilige Frau muß in diesen Lebensplan hineinpassen. Sie wird hauptsächlich in ihrer Funktionalität und weniger als Subjekt gesehen. Diese Männer suchen zwar eine Frau, aber ohne die Bereitschaft, einen anderen Menschen mit eigenen Bedürfnissen in ihr Leben einzubeziehen. Nach seinen anfänglichen Vorstellungen von der Beziehung zu seiner Frau befragt, antwortet Sigmund, ohne zu zögern: *„Ja, Vorstellungen hab ich schon gehabt, ich wollt mir was schaffen."*

Die Beziehung wird hauptsächlich eingegangen, um eigene Ziele zu verwirklichen. Die Männer wollen „Haus, Wohlstand, Frau und Kinder" oder eine Frau, die aus der Landwirtschaft stammt und in den eigenen Betrieb paßt. Der Glaube an die prinzipielle Unterlegenheit der Frau ist stark präsent. Die Überzeugung herrscht vor, die Frau zu richtigem Verhalten „erziehen" zu können.

BEGINN DER BEZIEHUNG

Den Beginn der Beziehung wollen wir als „geplante Zufälligkeit" bezeichnen. Die Männer faßten den Entschluß, eine Familie zu gründen, und suchten dafür die „passende" Partnerin. Diese ist dann meistens die Frau, die kurz nach Fassung dieses Entschlusses auftaucht und halbwegs in das Lebenskonzept des Mannes zu passen scheint.

„Kennengelernt hab ich sie auf einem Ball, und i hab mir halt denkt, des Madl kommt a aus einer Bauernschaft, und i hab auch eine ..." (Christian)

„Ich hab mir gwunschn, ich hab mich alt genug gefühlt zum Heiraten ... meine Erwartungen waren einfach die, daß sie eine gute Hausfrau sein soll." (Daniel)

Sehr oft ist es eine jüngere oder unerfahrene Frau, die selbst noch wenig konkrete Vorstellungen hat, wie zum Beispiel Sabine.

Entweder teilt der Mann der Frau seinen Lebensplan mit, und sie erklärt sich prinzipiell einverstanden, oder es wird gar nicht darüber gesprochen, und er setzt ihr Einverständnis stillschweigend voraus.

Letzteres scheint bei Xaver der Fall gewesen zu sein. Auch im Interview wird nie klar ausgesprochen, welche konkreten Ziele er verfolgt.

Josef hat sein Leben bis ins kleinste Detail geplant: Haus, Frau – *„Jetzt bin ich alt genug, und ich muß mir unbedingt eine Frau suchen, jetzt muß ich!"* – und drei Söhne, für die er ein bestimmtes Ausmaß an Besitz anschaffen will. *„...Ich möchte drei Söhne haben, und die Mädchen, die kommen, die zählen wir gar nicht, ich mein, die Mindestforderung: Drei Söhne!...und außerdem wollte ich ja nicht, daß meine Frau arbeitet, die sollte ja für die Kinder da sein und für mich... ich habe es schon vorher ausgemacht."*

Gefühle spielen keine große Rolle, die Personen sind zusammen, weil sie eine ergänzende Funktion haben. Die Frauen passen sich in der Regel zu Beginn dem Lebensplan der Männer an; wenn ihnen daran etwas nicht gefällt, äußern sie es nicht oder bloß indirekt, wie es der geschlechtsspezifischen Rolle der Frau entspricht.

BEZIEHUNGSVERLAUF

Der Verlauf dieses Beziehungstypus ist dadurch gekennzeichnet, daß immer eine Heirat erfolgt und in der Regel ein bis mehrere Kinder geboren werden. Fallweise kommt die Heirat durch ungeplante Schwangerschaft zustande, „weil man kein außereheliches Kind bekommt". Arbeiten, Bauen und Schaffen sind hochbewertete Tätigkeiten. Die Arbeitsteilung ist geschlechtsspezifisch, die Frau verdient manchmal „dazu". Kindererziehung und Haushalt ist ihr Bereich, wenn eine Landwirtschaft vorhanden ist, wird ihre Mitarbeit erwartet. Typischerweise überwiegen Konflikte im Rahmen von gemeinsamer Lebensgestaltung, Haushalt und Kindererziehung. Veränderungswünschen der Frau steht der Mann ablehnend gegenüber, da es für ihn klar ist, daß er die Regeln der Beziehung bestimmt. Partnerschaftlich orientierte Konfliktlösung kann also nicht existieren. Jede Entwicklung der Frau muß zu Konflikten führen, da die Männer an ihren Vorstellungen und an einmal getroffenen Abmachungen rigide festhalten.

Die dogmatische Vorstellung von Xaver, daß seine Frau immer zu Hause sein soll, führt zu massiven Konflikten, als sie den Wunsch äußert, arbeiten zu gehen, sich in der Religionsgemeinschaft engagiert und den Führerschein macht. Er unterbindet diese Entwicklung von Sabine mit allen Mitteln, auch mit Gewalt.

Dasselbe tut Josef, als seine Frau nach zwei Kindern kein drittes mehr bekommen möchte (obwohl sie sich zu Beginn damit einverstanden erklärt hat), als sie den Haushalt nicht so führt, wie er es sich vorstellt, und sich auch sonst verselbständigt.

Albert hingegen kann seinem eigenen Lebensplan nicht entsprechen. Eigentlich wollte er das Haus seiner Eltern renovieren, Familie haben, seine Frau sollte bei den Kindern zu Hause bleiben und eventuell später ein paar Stunden „dazuverdienen". Doch Albert arbeitet nur sporadisch und vertrinkt das knappe Geld. Seine Frau Anna muß den Lebensunterhalt für die mittlerweile siebenköpfige Familie bestreiten und zusätzlich Haus und Kinder versorgen. Zehn Jahre lang übt Albert, der sich *„immer benachteiligt gefühlt"* hat (so Anna), immer wieder Gewalt aus.

Gewalt wird eingesetzt, wenn Funktionen und Rollen nicht in der vom Mann definierten

Weise erfüllt werden. Erfüllt er seine definierte Rolle nicht, mißhandelt er zur „Kompensation eigener Schwäche", erfüllt die Frau ihre Funktionen nicht, setzt er Mißhandlung im „Kontext von Alltagskonflikten" ein. Im „Kontext von Alltagskonflikten" hat die Gewalt die Funktion des Durchsetzens eigener Vorstellungen, im anderen Fall dient sie der Wiederherstellung der ursprünglichen Machtverhältnisse. Das Gemeinsame an beiden ist: „Zeigen, wer der Herr im Haus ist". Gewalt wird mit dem Fehlverhalten der Frau gerechtfertigt und nicht in Frage gestellt. Bei Trennungsabsichten der Frau kann die Gewalt eskalieren. Motive sind weniger der Verlust der Beziehung an sich, sondern eher der Verlust von Besitz und gewohnter Ordnung sowie Angst vor „Gesichtsverlust" (vgl. Van Stolk/Wouters 1987) im Zuge einer Scheidung.

TYP II: SYMBIOSE

Für Ingo und Katja ist das Gefühl der Geborgenheit in der Beziehung von Anfang an das Wichtigste. Sie verstehen sich gut, geben einander Halt, Wärme und Vertrauen. Für sie als Studentenpaar ist das typische Familiensetting noch nicht gefragt, aber Ingo zieht bald zu ihr in die Wohnung.

Zur Zeit des Interviews fehlen nicht nur das anfängliche Vertrauen und die Wärme, Ingo hat seine Freundin aus Eifersucht geschlagen, so daß sie sogar ärztlich versorgt werden mußte. Nach kurzer Zeit der Trennung entschuldigt sich Ingo dafür, Katja kommt zurück und will vergessen...

Ingo beschreibt sich selbst als stillen, introvertierten Menschen ohne großen Freundes- und Bekanntenkreis. Die Intensivierung der Beziehung geht eher von Katja aus, sie macht ihn glücklich – es ist seine erste Liebesbeziehung. Dafür ist es dann sein Vorschlag, zusammenzuziehen – *„weil ich sie dann auch mehr für mich gehabt habe"*. Gleichzeitig spürt Ingo, wie er durch ihr lebendiges Wesen offener wird und mehr aus sich herausgeht.

Katja hat als Jugendliche Beziehungen zu Burschen zwar nett und lustig erlebt, aber sehr begrenzt. In der Beziehung zu Ingo ist Sex erstmals nicht das Wichtigste, sie spürt Geborgenheit, Vertrauen und Sicherheit, sie fühlt sich als Person angenommen.

Der gemeinsame Alltag scheint die Idylle langsam zu zerstören, beide empfinden, daß sich der/die andere emotional zurückzieht.

Katja ist gekränkt, weil seine Anteilnahme an ihrem Leben abnimmt und er wegen

Prüfungen wenig Zeit für sie hat. Katja fühlt sich zu wenig beachtet, geht zunehmend allein weg, um die Abende für sich zu genießen. Sie merkt zwar, daß er deswegen *„eingschnappt"* ist, er fragt aber nie direkt und bittet sie auch nicht, zu Hause zu bleiben. Weder sie noch er thematisieren das Problem.

Katja lernt einen Mann kennen, der ihr zuhört und sich für sie interessiert. Nach einer *„versumpften Nacht"* in der Disco kommt sie erst am nächsten Tag nach Hause. Ingo hat offensichtlich getrunken, er wirkt *„irgendwie so fremd, jemand anderer"*. Er ist wütend und wirft ihr vor, ihm untreu zu sein. Im Verlauf der Auseinandersetzung schlägt er ihr mit einer Gardinenstange ins Gesicht.

Katja sagt im Spital, sie sei hingefallen, verläßt ihre Wohnung, erzählt aber niemandem von dem Vorfall. Als Ingo sich nach zwei Wochen bei ihr entschuldigt, ist sie bereit, alles zu vergessen. *„Ich bin zu wenig auf ihn eingegangen und habe zu sehr für mich gelebt"*, meint sie schuldbewußt. Sie versucht seither, mehr auf ihn einzugehen, nicht mehr so viel fortzugehen und sich seinen Wünschen anzupassen. Er verspricht, nicht mehr zu trinken.

Auch Ingo erlebt den Studienalltag als „Nebeneinander-Herleben", vor allem vor den Prüfungen hat er wenig Zeit für seine Freundin, er lernt nur noch. Katja wird zunehmend distanzierter und emotional zurückgezogener, er bekommt nicht, was er von der Beziehung will. Ingo vermutet, daß sie einen anderen Freund hat, fragt aber nie direkt nach, sondern läßt alles „rennen".

In der Nacht, in der Katja nicht heimkommt, findet er einen Brief, der ihm die Gewißheit gibt, daß sie einen Freund hat. (Ingo will im Interview nicht sagen, was in dem Brief stand, bis zum Schluß wird die Intimität dieser Beziehung nicht geklärt!) Ingo ist wütend, beginnt zu trinken und wartet die ganze Nacht auf sie, um sie zur Rede zu stellen.

Das tut er dann auch, als sie heimkommt, aber es bleibt nicht bei der „Rede": *„Ich hab ihr halt zwei runtergehaut ... eine links und eine rechts"*, meint er – und im gleichen Atemzug: *„Ich hab das ja nicht ohne Grund gemacht, nicht aus heiterem Himmel, nicht weil ich grundsätzlich brutal bin."*

Damit konfrontiert, daß Katja die Mißhandlung als gravierender darstellt, meint Ingo, daß er sich nicht mehr an alles erinnern könne, er sei noch nicht ganz nüchtern gewesen. Er glaubt aber nicht, daß es mehr als zwei Ohrfeigen waren.

Ingo läuft danach planlos durch die Stadt, weiß nicht, was er tun soll. *„Ich könnte nicht sagen, daß es mir nachher besser gegangen ist"*, erinnert er sich im Interview.

Er sucht Unterstützung bei einem Freund, später macht er eine Therapie. Abgesehen von seiner Entschuldigung wird der Vorfall zwischen ihm und Katja aber nie besprochen.

Beide betonen die Wichtigkeit der Wärme und Geborgenheit in ihrer Beziehung, und beide leben anfänglich in der kindlichen Illusion, daß Beziehungswünsche ganz von selbst in Erfüllung gehen. Katja gibt zwar Signale, als dies nicht mehr der Fall ist – sie wendet sich nach außen – , spricht aber ihre Frustration nicht aus. Ingo zieht sich daraufhin schmollend zurück und läßt alles laufen, mit dem Anspruch, Liebe muß selbstverständlich zur Verfügung stehen. Auch er schweigt.

Der emotionale Rückzug von Katja führt nicht zu Reflexionen über die Beziehung und sein Verhalten darin, sondern zur fixen Idee, daß Katja ihn betrügt – was sich direkt bewahrheiten muß. Dieser Vorwurf bleibt allerdings ungeklärt. Katja erzählt im Interview nichts von einem intimen Verhältnis zu diesem Mann, Ingo will nicht erzählen, was in dem Brief stand, und bemüht sich auch nach der Versöhnung mit seiner Freundin nie um eine Aufklärung.

Ingo konserviert auf diese Weise seinen „Grund" für die Mißhandlung, die er – wie üblich – verharmlost. Es wäre sicher schlimm, wenn sich dieser Grund als nichtig erwiese; dieses Risiko will er nicht eingehen! Denn: Er ist nicht grundsätzlich brutal, schließlich ist es ihm danach auch sehr schlecht gegangen. Wie es seiner Freundin danach gegangen sein mochte, überlegt er kein einziges Mal. Er erwähnt zwar, daß er damals wenig Zeit für sie hatte; was er tun kann und will, um die Beziehung zu verbessern, erwähnt er während des Gesprächs mit keinem Wort. Er ist traurig, daß das unbelastete Vertrauen von früher nicht mehr besteht.

Wird er wieder alles „rennen" lassen, in der Hoffnung, daß es ganz von selbst, wie bei Mama, wieder entsteht? Und wenn es nicht entsteht, wird er bei gegebenem Anlaß – mit Grund natürlich – wieder Gewalt anwenden? Immerhin gibt es den momentanen „Erfolg", daß Katja sich nun mehr nach ihm richten will....

Auch Ingo und Katja sind nicht die einzigen mit diesem Beziehungsmuster in unserer Untersuchungsgruppe. Viele Paarbeziehungen, in denen Männer Gewalt anwenden, sind sehr ähnlich; wir haben sie „Beziehungstyp symbiotische Wünsche an die Frau" genannt.

Für diese Gruppe der Männer steht vordergründig die „Frau an sich" im Zentrum ihrer Wünsche, *„eine Frau, die in guten und schlechten Tagen zu mir steht, die „Wärme und Geborgenheit" und „Verständnis" vermittelt.* In Wahrheit wird die Frau durch die narzißtische Besetzung zum Objekt eigener Wünsche. Sie soll hauptsächlich den Klischees von Weiblichkeit entsprechen, die oft widersprüchliche und nicht erfüllbare Ansprüche enthalten: Sie soll die Eigenschaften einer „Mama" und das Aussehen eines Filmstars haben, und ihr Lebenswandel soll dem einer Nonne gleichen.

Das Ideal ist die „romantische, allumfassende Liebe", die einfach da ist, Sicherheit gibt und eigene Schwächen ausmerzt. Wir finden hier sowohl Wünsche nach Ergänzung eigener Unvollkommenheit als auch kindliche Wünsche nach Symbiose. Eine Frau zu finden ist das große Ziel, berufliche Pläne werden eher nur peripher erwähnt. Die Männer brauchen für ein positives Gefühl ihrer selbst die ständige Reflexion, Zuwendung und Bewunderung einer Frau – in der Kindheit die der Mutter, im Erwachsenenleben die der Partnerin. (vgl. Kapitel „Selbstwert".)

BEGINN DER BEZIEHUNG

Äußerlichkeiten und Eigenschaften, die man selbst vermißt, sind für den Beziehungsbeginn wichtig. Die Frau wird gewählt, weil sie lange blonde (oder schwarze) Haare hat, schön ist oder Selbstsicherheit ausstrahlt. Der Beziehungsbeginn ist von starken Emotionen begleitet. *„Das spürt man im Herzen"*, kommentiert Manfred die Entscheidung füreinander, Otto ist *„auf den ersten Blick verliebt"*. Andere sind *„unsagbar glücklich"*, als die Frau, die für sie unerreichbar erscheint, ihre Gefühle erwidert. Das Glück wird meist getrübt durch die ständige Angst, sie wieder zu verlieren.

Häufig wird die Partnerin deswegen gewählt, weil sie (scheinbar) Eigenschaften besitzt, die der Mann nicht hat, was mit dem Konzept der „Symbolischen Selbstergänzung" (Wicklund/Gollwitzer 1985, vgl. Kapitel „Kindheit") erklärt werden kann: Man stattet sich sozial mit einem Objekt aus, das die entbehrten Attribute aufweist. Sehr häufig beschreiben sich die Männer selbst als eher unsicher, unerfahren und kontaktscheu, die Frau soll ihnen ermöglichen, ihre Unsicherheit, Einsamkeit und Isolation zu überwinden.

Auch Ingo fühlt sich angezogen von dem *„quirligen Typ"*, wie er seine Freundin beschreibt, ihre Lebensfreude macht ihn *„lebendiger"*.

Die Beziehung hat aber keine partnerschaftliche Grundlage, basiert nicht auf gleichwertigen

Positionen der Geschlechter. Die Frau wird einerseits in ihrer Bedeutung für den Mann stark überbewertet – *„sie war die Idealfrau"*, *„sie war wunderschön, braungebrannt, mit langen schwarzen Haaren, mein Ideal"* –, gleichzeitig jedoch abgewertet, verdinglicht oder infantilisiert: *„Ein liebes Maderl war sie, richtig zum auf Händen tragen."*

BEZIEHUNGSVERLAUF

In nahezu allen untersuchten Fällen kommt es (auch wenn Bedenken vorhanden sind) zu einer raschen, symbiotischen Verfestigung der Beziehung. Die Paare ziehen nach wenigen Monaten zusammen oder heiraten. Die Erprobung von Beziehungen, das Wachsen-Lassen und Überprüfen, entspricht den anfänglichen Hochgefühlen nicht.

Interviewer: „Seid ihr denn gleich zusammengezogen?"

Karl: *„Nicht gleich. So nach zwei Monaten."*

Wenn eine Familie gegründet wird, erfolgt die Arbeitsteilung auch geschlechtsspezifisch, aber nicht so streng getrennt wie in der vorigen Gruppe.

Konflikte sind typischerweise mit Eifersucht und Kontrollbedürfnis des Mannes verbunden. Oft wird genau die Eigenschaft der Frau, deretwegen sie gewählt wurde, der Hauptkonfliktpunkt.

Die „Quirligkeit" und Kontaktfreudigkeit von Katja führt schon im ersten gemeinsamen Urlaub zu Spannungen. Ingo sucht Beschaulichkeit und Zweisamkeit, Katja will abends ausgehen und Kontakte knüpfen.

Auch Peter ist anfangs vom gegensätzlichen Temperament seiner zukünftigen Frau angetan, sich selbst bezeichnet er als eher „ruhigen und häuslichen Typ". Im Verlauf der Beziehung wird gerade dieser Gegensatz zum Hauptkonfliktpunkt, denn *„sie soll zu Hause sein, wenn ich heimkomme"*.

Manfred sehnt sich nach einer Frau, *„die mich wirklich gern hat, die was zu mir haltet, und – wie es in der Ehe heißt – in guten und in schlechten Zeiten zusammensein."* Seine spätere Frau ist äußerlich genau sein Typ, er ist eher überrascht, daß sie sich auf ihn einläßt. Durch die Ehe mit ihr will er aus seiner Isolation herauskommen. Als sie einwilligt, *„hätte ich die ganze Welt umarmen können"*. Diese Liebe macht ihn enorm stolz und glücklich, andererseits ist diese Frau so schön, daß er in jedem Mann einen Rivalen vermutet. Kaum sind sie verheiratet, lebt er in ständiger Angst, sie zu verlieren. Er kontrolliert sie zunehmend, fühlt sich vernachlässigt und sticht sie schließlich mit dem Messer nieder, als sie allein eine Unternehmung plant.

Mißhandlungen geschehen typischerweise im „Kontext Verlustangst" mit eskalierendem Verlauf, besonders bei realer Trennungsabsicht der Frau. Gewalt hat die Funktion des Festhaltens der Frau. Jegliche Veränderung der Intimität, über die der Mann keine Kontrolle hat (Unabhängigkeitsbestrebungen, selbständige Lebensgestaltung, emotionaler Rückzug, aber auch Schwangerschaft und Geburt eines Kindes), ist extrem krisenhaft und häufig von Gewalt begleitet.

INTERPRETATION

Die beschriebenen Beziehungstypen sind in beiden Fällen eher von den Erwartungen und Wünschen des Mannes geprägt. Genau das scheint das Charakteristische an Beziehungen, in denen der Mann Gewalt ausübt, zu sein. Die Frauen werden nicht als Subjekt, sondern nur als Ergänzung des Mannes betrachtet, eine Beziehungsstruktur, die latent individuelles Gewalthandeln des Mannes in sich birgt.

Die Lebensvorstellungen der von uns interviewten Frauen waren, häufig bedingt durch ihr jugendliches Alter, zu Beginn der Beziehung sehr vage. Nur ein Fünftel der Untersuchten hatte bereits andere Beziehungen zu Männern. Wenn eigene Vorstellungen aufgrund von geringer Lebenserfahrung, jugendlichem Alter und mangelnder Ablösung vom Elternhaus nicht entwickelt werden können, führt dies zur Übernahme gesellschaftlicher Klischeevorstellungen (z.B. „romantische Liebe", „Glück in der Familie" usw.) und der Vorstellungen des Mannes. Im weiteren Verlauf der Beziehung wird die Dynamik zunehmend durch die Gewalt des Mannes geprägt, die sich prinzipiell gegen jeden Veränderungswunsch der Frau richtet. Es wird also für sie immer schwieriger, eigene Bedürfnisse und Lebensvorstellungen zu entwickeln bzw. zu realisieren.

Beide Beziehungstypen zeigen auch die allgemein üblichen widersprüchlichen Haltungen Frauen gegenüber. Sie sind einerseits „Mangelwesen", die veränderbar, formbar sein sollen. Das sind aber keine Frauen, in die „Mann" sich rasend verliebt, „Mann" ist mit ihr unzufrieden und versucht sie zu erziehen. Die „vergötterte" Frau, die ihn glücklich macht, wenn sie ihn erhört, wird jedoch potentiell von allen Männern begehrt. Um sie muß „Mann" ständig bangen, sie muß er bewachen. In beiden Beziehungstypen sieht der Mann die Frau nur bezogen auf sich selbst, seine Wünsche und Vorstellungen – sie ist seine Ergänzung.

Dieses Bild ist keine spezielle Phantasie gewalttätiger Männer. Es wird zum Beispiel auch von der christlichen Religion vermittelt: „Eines jener Symbolsysteme, das unsere abendländisch-patriarchale Kultur entscheidend geprägt hat... Während zwei Jahrtausenden haben hier fast ausschließlich Männer ihre religiösen Erfahrungen reflektiert und in ein Symbolsystem gebracht, das das Männliche zur Norm macht und die Überlegenheit des Mannes über die Frau... theologisch legitimiert hat" (Strahm 1990, 13). Die Reduktion der Existenzberechtigung der Frau auf ihre Hilfsfunktion bei der Fortpflanzung begründete zum Beispiel Augustinus im Schöpfungsbericht, der im Sinn einer hierarchischen Beziehung zwischen den Geschlechtern gedeutet wurde: „Die Frau wird aus dem Mann (materielle Abhängigkeit) und für den Mann (existentielle Abhängigkeit) geschaffen" (Borresen in Strahm 1990, 98).

Es ist weder unsere Absicht, noch halten wir es für zulässig, aus diesen Skizzen abzuleiten, daß eine bestimmte „Beziehungsdynamik" quasi automatisch zu Gewaltausübung des Mannes gegenüber seiner Frau führt. Dazu sind die Beziehungen einerseits zu unterschiedlich und andererseits zu „allgemein" üblich. Elemente dieser Beziehungsverläufe finden sich in vielen Beziehungen zwischen Männern und Frauen. In unserer Untersuchungsgruppe wirken sie offenbar zusammen mit anderen Faktoren (z.B. erlebte oder beobachtete Gewalt in der Kindheit, Brüche in der männlichen Identitätsentwicklung usw.).

Die Frau nicht als Subjekt, sondern als ergänzendes Objekt zu sich selbst zu betrachten, muß allerdings auf Beziehungsebene als grundlegender Risikofaktor zu männlichem Gewalthandeln bezeichnet werden.

WEITERE STRUKTURMERKMALE

Weitere wesentliche Strukturmerkmale der Paarbeziehungen unserer Untersuchungsgruppe betreffen Alter, Beziehungsbeginn, Kinder, Lebensorganisation und Arbeitsteilung, Streß und Probleme, Konflikte sowie Sozialkontakte. Der Zusammenhang dieser Faktoren mit dem Problem „Gewalt" wird oft unterschätzt, vor allem was die Auswirkungen und Möglichkeiten zur Veränderung für Frauen angeht.

Das Alter der Frauen zu Beginn der Beziehung liegt auffallend häufig zwischen 15 und 19 Jahren (50% der Untersuchungsgruppe), nur 17% waren älter als 25 Jahre. Bei den Männern ist die Altersstreuung gleichmäßiger verteilt, das häufigste Alter zu Beziehungsbeginn ist mit 39% zwischen 20 und 24 Jahren.

In der statistischen Auswertung zeigt sich ein signifikanter Zusammenhang zwischen jugendlichem Alter der Frauen und längerer Mißhandlungsdauer (über zehn Jahre).

Im allgemeinen sind die Männer älter als ihre Frauen, zum Teil besteht ein erheblicher Altersunterschied.

Die Hälfte der Befragten berichtet von einem schönen und harmonischen Beginn der Beziehung der spätere Mißhandlungen in keiner Weise vorausahnen ließ.

Nur wenige Frauen wurden bereits in den Anfängen der Beziehung mißhandelt (14%); bei näherer Analyse zeigt sich, daß drei Viertel dieser Frauen massive Gewalt – erfahrungen in ihrer Kindheit machen mußten und demnach beginnende Gewalt schwer identifizieren konnten (vgl. S106)

Von einem konfliktreichen Beziehungsbeginn wird auffallend häufig berichtet, wenn eine ungeplante Schwangerschaft zur Verfestigung der Beziehung führte. Die Intensivierung der Beziehung erfolgte meist sehr rasch, verbunden mit der Hoffnung auf Änderung der/des anderen. Die Meinung, daß sich Schwierigkeiten durch eine Intensivierung der Beziehung „schon einrenken" werden, ist also noch immer relativ weit verbreitet. Allerdings ist eine Trennung erheblich schwieriger, wenn die Beziehung „gefestigt" ist, und zwar auch dann, wenn sie durch Gewalt beeinträchtigt wird. Alle Frauen unserer Untersuchungsgruppe, die Gewalt länger als fünf Jahre ertragen haben, waren verheiratet.

Die Rolle der Kinder in den Beziehungen der untersuchten Frauen und Männer wird nur in Bezug auf ihre Mitbetroffenheit von Gewalt beleuchtet. Konflikte zwischen den

Ehepartnern, die sich an den Kindern „entzünden", werden nur selten berichtet. Probleme besonders kinderreicher Familien stehen nicht im Vordergrund, wie aus der folgenden Abbildung ersichtlich ist.

Graphik 11: Anzahl der Kinder

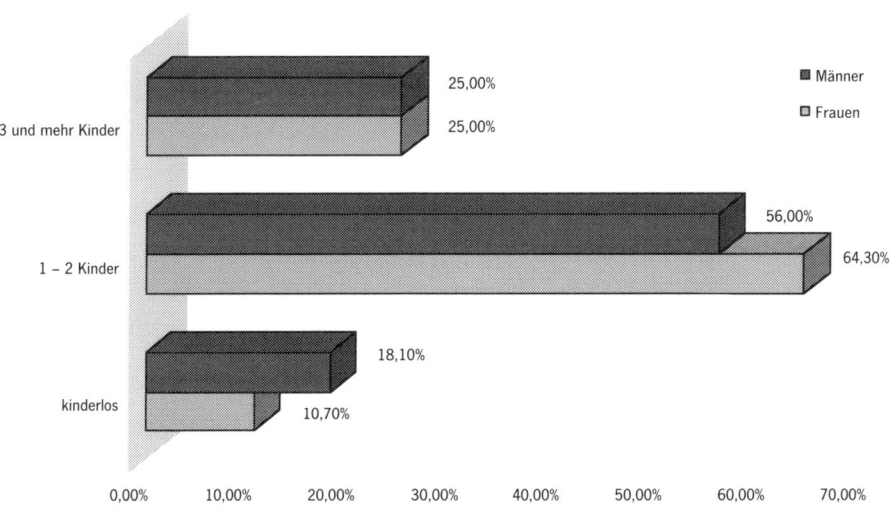

Die Kinder in den Familien unserer Stichprobe werden nur von wenigen Befragten als ebenfalls mißhandelt bezeichnet, doch berichten vor allem Frauen häufig von psychischen Folgen der beobachteten Gewalt gegen die Mutter oder der Spannungen zwischen den Eltern. Die Kinder haben Schulschwierigkeiten, sind ängstlich oder aggressiv, erkranken leicht oder fürchten sich vor ihrem Vater. (Graphik 11: siehe nächste Seite)

Graphik 12: Mitbetroffenheit der Kinder (Mehrfachangaben)

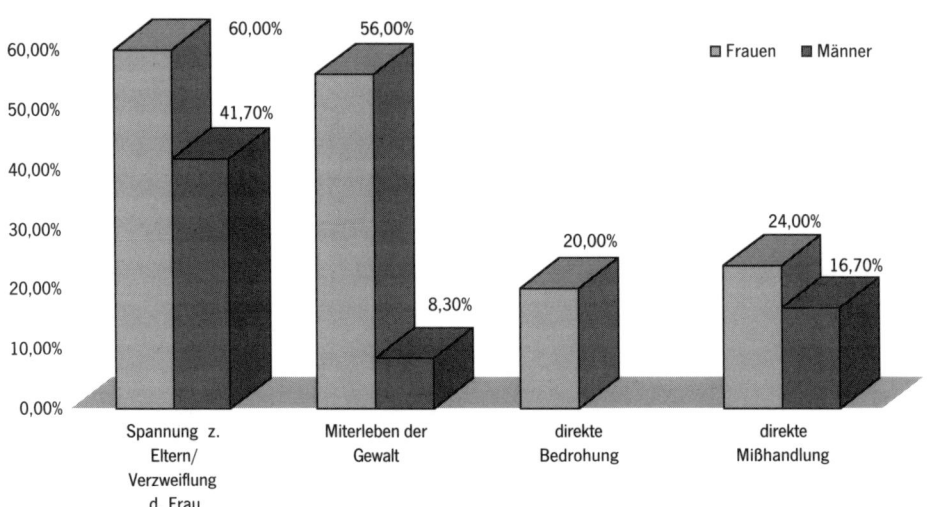

Frauen- und Kindesmißhandlung ist also nicht immer kombiniert, diese Ergebnisse passen durchaus in die breite Streuung bisheriger Forschungsergebnisse, die einen solchen Zusammenhang in der Höhe zwischen 70% (Straus 1980) und 20% (Dobash/Dobash 1978) angeben. Zuwenig betont wurden bisher die Auswirkungen, die beobachtete Gewalt auf Kinder hat. Insofern sind Kinder immer von der Gewalt gegen ihre Mutter betroffen!

Auch das manchmal zitierte Muster familiärer Gewalt „Mann schlägt Frau, Frau schlägt Kind, Kind schlägt Hund" kann mit unseren Ergebnissen nicht bestätigt werden. Nur zwei Frauen (und kein Mann!) berichten von mütterlicher Gewalttätigkeit gegen die Kinder. (Inwieweit dieses Ergebnis eventuell mit einem engeren Gewaltbegriff in der Kindererziehung zusammenhängt, läßt sich nicht genau feststellen.)

In den die Frau betreffenden Mißhandlungssituationen sind Mutter und Kind(er) eher Verbündete. Für viele Frauen ist die beginnende direkte Mißhandlung der Kinder ein Auslöser für die Trennung.

Die Lebensorganisation und Arbeitsteilung innerhalb der Paarbeziehungen der Befragten sollten einerseits über die Belastungen, andererseits über den Zugang zu Ressourcen Aufschluß geben.

Kindererziehung und Haushalt definieren wir als verschiedene Arbeitsbereiche, die nicht vermischt werden sollten, da jeder für sich besondere Fähigkeiten und Anstrengungen erfordert. (Auch die Berufsanforderungen an eine Haushälterin und

eine Erzieherin sind unterschiedliche...) Zusätzlich haben wir den Terminus „allgemeine Lebensorganisation" eingeführt, der das übrige Management des täglichen
Lebens (Reparaturen, Zahlungen usw.) umfaßt.

Die folgende Graphik bezieht sich auf die Arbeitsteilung jedes Paares, egal ob das
Interview mit einer Frau oder einem Mann geführt wurde.

Graphik 13: Arbeitsteilung (Mehrfachangaben)

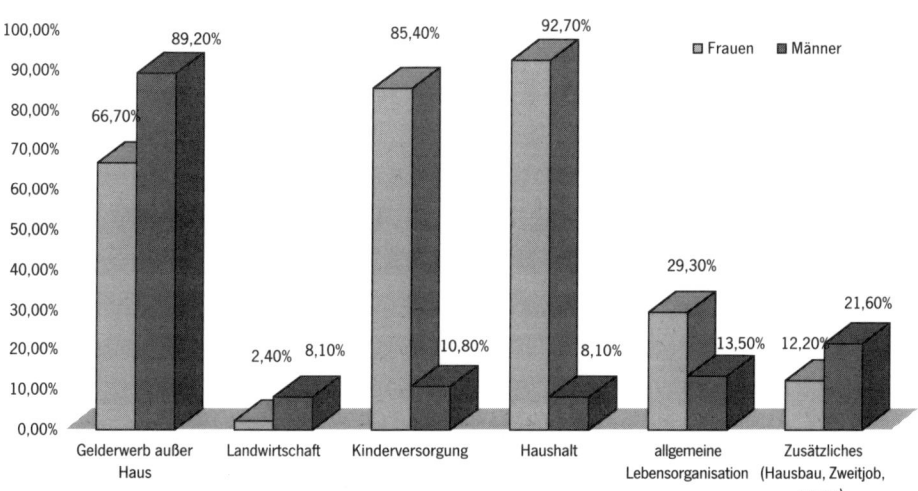

Grundsätzlich läßt sich keine einheitliche oder besondere Form der Arbeitsteilung
für Beziehungen, in denen der Mann Gewalt ausübt, feststellen. Durch die differenzierte Erfassung der „klassisch weiblichen" Tätigkeiten, die sonst unter dem Begriff
„Reproduktionsarbeit" zusammengefaßt sind, zeigt sich eine weitaus höhere Ge-
samtbelastung der Frauen.

In vielen Studien werden mißhandelte Frauen als vom Mann ökonomisch abhän-
gige, nicht berufstätige und sozial isolierte Menschen bezeichnet. Nach der Analyse
der Arbeitsteilung ist dieses Bild nicht mehr aufrechtzuerhalten. Die Arbeitsteilung
ist zwar in einer Richtung streng geschlechtsspezifisch – nahezu alle Reprodukti-
onsarbeiten werden von Frauen übernommen –, sehr viele sind aber gleichzeitig auch
außerhäuslich erwerbstätig.

Die These des Zusammenhangs zwischen ökonomischer Abhängigkeit und Gewalt
muß also differenziert werden. Da die Einkommen der Frauen noch immer um ein
Drittel niedriger sind als die der Männer (Sozialbericht 1993), ist eine gewisse

ökonomische Abhängigkeit für viele Frauen trotz Erwerbstätigkeit immer gegeben. Allerdings geben 24% der von uns befragten Frauen an, Hauptverdienerin der Familie (gewesen) zu sein. Ökonomische Unabhängigkeit der Frau ist also kein Garant für ein Leben ohne Mißhandlung. Auch wurde in keinem Fallverlauf die Gewalttätigkeit des Mannes durch Aufnahme der Erwerbstätigkeit der Frau beendet. Kausalzusammenhänge zwischen ökonomischer Abhängigkeit und Gewaltanwendung des Mannes lassen sich hier nicht erkennen.

Wenn die Frau Hauptverdienerin ist, kann dies im Gegenteil wiederum Gewalt als „Kompensation" der unterlegenen Position des Mannes bewirken. Gewaltanwendung ist offenbar nicht (immer) abhängig von der realen ökonomischen Macht in der Beziehung, dem Mann ist es kraft seines Geschlechts immer „möglich" zu mißhandeln, ob er nun Hauptverdiener der Familie ist oder nicht.

Allerdings läßt sich aufgrund unserer Untersuchung annehmen, daß sich Frauen leichter aus Gewaltbeziehungen befreien, wenn sie ökonomisch unabhängig sind und die Männer nicht einmal ihren traditionellen Verpflichtungen (der materiellen Versorgung) nachkommen. Diese These bedürfte allerdings noch einer genaueren Überprüfung.

Berufstätigkeit fördert aber in jedem Fall das Selbstbewußtsein der Frauen, vermindert ihre Isolation und ist somit ein wichtiger Faktor für eine Trennung vom gewalttätigen Mann.

„Und des war dann der Punkt, wie ich die Arbeit gefunden hab, daß ich gsagt hab: So, jetzt hab ich die Arbeit, sie sind mit mir zufrieden, ich kann was. Und das hat sich wieder in mir gesteigert, das ganze..., das Selbstbewußtsein und das Selbstvertrauen, daß ich was kann. Das war für mich eigentlich das Wichtigste." (Herta)

Stress wird immer wieder als Ursache von Gewalt in Familienbeziehungen angenommen. Straus (1977) war eine der ersten, die Gewalt gegen Frauen in Beziehung zu sozialem Streß setzte. Dieser Streß kann sich auf der materiellen Ebene (finanzielle Probleme, beengte Wohnverhältnisse usw.) oder auf der emotionalen Ebene (Beziehungsprobleme, persönliche Krisen usw.) befinden.

Als weitere Ebene ist Streß aus Arbeitsüberlastung anzuführen, der durch die Dreifachbelastung faktisch bei allen berufstätigen Frauen gegeben ist, in unserer Untersuchungsgruppe vor allem bei jenen, die zusätzlich die allgemeine Lebensorganisation übernehmen mußten.

Eine große Gruppe von Männern (wenn die Aussagen der Frauen über ihre Männer einbezogen werden: etwa zwei Drittel) hatte laut Arbeitsaufteilung nicht unter übermäßigem

Streß im Sinn von Überlastung zu leiden. Diese Männer gingen einer außerhäuslichen Erwerbstätigkeit nach (24% nicht kontinuierlich, da war die Frau Hauptverdienerin) und waren sonst aller Pflichten mehr oder weniger ledig.

Etwa ein Drittel der Männer hatte tatsächlich unter Streß aus Arbeitsüberlastung zu leiden, entweder durch zusätzliches Geldverdienen oder durch Hausbau. Dadurch kam es zu einer Entfremdung zwischen Mann und Frau, auch Klagen über die mangelnde Dankbarkeit der Frauen wurden geäußert.

„Also ich hab ja ein Haus selbst gebaut, hab mir alles selbst gemacht, alles, hab sogar eigene Ziegel kreiert. Hab das zweite Haus auch gebaut...". (Ludwig)

„Ja, Streß, Streß, waßt eh wie des is, wenn du im Dienst bist und daheim hast die Landwirtschaft..." (Christian)

MASSIVE PROBLEME als weitere Ursache für Streß werden insgesamt von 78% der befragten Frauen und von 64,7% der Männer angegeben.

Tabelle 6: Massive Probleme (Mehrfachangaben)

	Frauen	Männer
finanzielle Probleme	45,5%	63,6%
Wohnungsprobleme	–	9,1%
übermäßiger eig. Alkoholkonsum	4,5%	36,4%
übermäßiger Alkoholkonsum des Partners/der Partnerin	77,3%	18,2%
eigene psychische Probleme	9,1%	18,2%
psychische Probleme des Partners/ der Partnerin	13,6%	9,1%
besonders schwieriges Kind	4,5%	9,1%

Finanzielle Probleme sind der wesentliche Streßfaktor für Männer. Dieser wird auch auf die Beziehung bezogen, da Männer die ökonomische Versorgung der Familie generell als ihre Aufgabe ansehen. Die finanziellen Probleme entstehen durchaus nicht immer aus einer niedrigen Einkommenssituation, sondern auch durch außergewöhnliche Belastungen. In diesem Zusammenhang bedeutet der Bau eines Eigenheims oder eines Zweitwohnsitzes enormen Streß, der zwar von den Befragten nur selten als solcher erwähnt wird, in den Schilderungen aber immer wieder sehr massiv und lebensbeherrschend auftaucht.

Im Vergleich zur Gesamtbevölkerung liegt unsere Untersuchungsgruppe auch hier im gesamtösterreichischen Trend: Der Großteil der Verschuldung ergibt sich aus Wohnbaukrediten (62,25%), der Rest entfällt auf Konsumkredite, die mit der Wohnraumbeschaffung in engem Zusammenhang stehen (zum Beispiel Einrichtung). (Quelle: Kurier 18.8.1992)

Frauen nennen in erster Linie den übermäßigen Alkoholkonsum ihres Mannes als massives Problem (abgesehen von den Mißhandlungen), erst in zweiter Linie die finanziellen Probleme. Das hängt hauptsächlich mit dem daraus entstehenden Leidensdruck für die Frauen zusammen, da Gewalt unter Alkoholeinfluß leicht eskaliert. Viele Frauen sehen den Alkoholkonsum als „Grund" für die Gewaltausübung ihres Mannes und entschuldigen so seine Tätlichkeiten.

„... es dreht sich hauptsächlich um Alkohol, und das hat sich immer mehr verschlimmert, aus welchen Gründen auch immer, das kann ich nicht beurteilen." (Waltraud)

Bei genauerem Nachfragen stellt sich jedoch oft heraus, daß Mißhandlungen sehr wohl auch in nüchternem Zustand vorkommen, vor allem bei längerer Mißhandlungsdauer.

Andere Frauen erleben die Männer in zwei Personen gespalten: den, der unter Alkoholeinfluß aggressiv ist, und denjenigen, der „gut" ist.

„... wie soll i sagn, als nüchterner is er ganz a anderer Mensch, komplett andersch – da is er wia ausgwechselt." (Gerda)

Diese Aufspaltung trägt dazu bei, die Gewalttätigkeit der bösen Macht „Alkohol" zuzuschreiben und endlos auf den Sieg des „Guten" zu hoffen.

Aber selbst wenn der Mann sich in eine Entziehungskur begibt (wozu er erst einmal bereit sein muß), ist das automatische Ende der Gewalt eine Illusion. Pizzey (1976), eine der Begründerinnen des ersten Frauenhauses in Großbritannien, findet in ihrer Untersuchung, daß Alkoholiker auch nach einer erfolgreichen Entziehungskur ihre Frauen weiterhin mißhandeln. Die Ergebnisse decken sich großteils mit unserer praktischen Erfahrung.

Nach unserer Analyse der Interviews fördert übermäßiger Alkoholkonsum in zweierlei Weise Gewalt gegen Frauen: Erstens durch die Herabsetzung internaler Hemmechanismen in der konkreten Mißhandlungssituation und zweitens als psychische, soziale und ökonomische Dauerbelastung für das Paar/die Familie.

Auch der Zusammenhang zwischen krankhafter Eifersucht und fortgeschrittener

Alkoholabhängigkeit, der unter anderem von Baumgart (1985) analysiert wurde, soll nicht übersehen werden. Den Frauen ekelt sehr häufig vor Sex mit dem alkoholisierten Mann. Die Männer beziehen diese Ablehnung aber nicht auf die eigene Person, sondern vermuten einen Rivalen.

Gewalttätiges Verhalten unter Alkoholeinfluß ist außerdem ein kulturspezifisches Phänomen, da Alkoholisierung – außer im Straßenverkehr – immer einen sozial gebilligten Entschuldigungsgrund darstellt.

Streß und massive Probleme sind als belastende Faktoren in den Paarbeziehungen – zwar nicht durchgehend, aber doch häufig – festzustellen, jedoch sowohl bei Frauen als auch bei Männern. Sie können also nicht Ursachen, sondern bestenfalls Auslöser in Zusammenhang mit einer grundlegenden „Bereitschaft zu Beziehungsgewalt" sein, die offensichtlich männlich und Teil dieser Geschlechtsrolle ist.

Die Frage nach den Konflikten in der Paarbeziehung sollte einerseits etwaige besondere Konflikte in Zusammenhang mit Gewalt zutage bringen und andererseits über das Konfliktverhalten der Personen Aufschluß geben.

Graphik 14: Häufigste Konflikte (Mehrfachangaben)

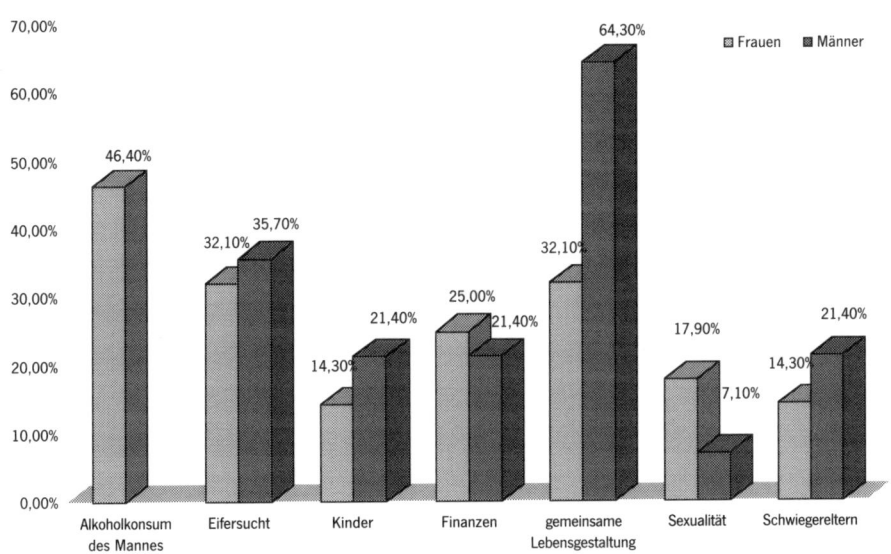

Die in den Interviews angesprochenen Konflikte sind unterschiedlich und prinzipiell denen vieler anderer Partnerschaften ähnlich.

Auffallend häufig wird von den Frauen – und nur von den Frauen – der Alkoholkonsum des Mannes als Konfliktpunkt in der Beziehung dargestellt. Das ist insofern interessant, als die gängige Vorstellung „Mann trinkt – Frau macht Vorwürfe – Mann wird wütend und gewalttätig" zumindest von den befragten Männern unserer Untersuchungsgruppe kein einziges Mal angesprochen wird. Die 36,4%, die den eigenen Alkoholkonsum als Problem erwähnen, stellen ihn nicht als häufigen Konfliktpunkt der Beziehung dar.

Die Konflikte mit der Ursprungsfamilie des Partners/der Partnerin unterscheiden sich, je nachdem, um wessen Eltern es geht. Zwar erleben beide die Familie des/der anderen als „Störfaktor", aber aus verschiedenen Gründen. Die Eltern des Mannes werden insofern zum Konfliktpotential, als die Frauen vor allem bezüglich ihrer hausfraulichen Fähigkeiten mit der Schwiegermutter verglichen und ständig wegen ihrer „Unzulänglichkeiten" kritisiert werden. Das Elternhaus der Frau führt dort zu Konflikten, wo der Mann Einflüsse auf die Frau ortet, die sich seiner Kontrolle entziehen.

Abgesehen vom Alkohol nennen sowohl Männer als auch Frauen am häufigsten Konflikte, die sich auf die gemeinsame Lebensgestaltung oder auf Eifersucht beziehen. Wir finden damit Parallelen zu den Mißhandlungskontexten „Eifersucht/Verlustangst" und „Alltagskonflikte/Erziehung der Frau" (vgl. Kapitel „Gewaltsituationen") sowie zu den beiden am Anfang dieses Kapitels dargestellten Beziehungstypen.

Konstruktive Konfliktlösung ist keine Stärke der untersuchten Paare und Personen kein überraschendes Ergebnis, wenn man an das Fehlen solcher Modelle im Elternhaus denkt. Es herrscht allgemein eher die Vorstellung, daß Konflikte für eine Beziehung destruktiv und somit möglichst zu vermeiden sind. Auch wenn Frauen immer wieder von Versuchen berichten, Probleme in der Beziehung zu besprechen, so ist ihre Strategie im Umgang mit Konflikten doch sehr häufig Anpassung oder Beziehungsarbeit. Diesem Verhalten liegt auch die Vorstellung zugrunde, daß sich in einer echten Liebesbeziehung alles „von selbst" löst.

Die Konfliktbereitschaft bei den befragten Männern ist erwartungsgemäß noch geringer, das Aushandeln von Kompromissen gehört nicht in ihr Verhaltensrepertoire. *„I mach an Brüller, drah mi um und geh, dann is der Fall erledigt",* beschreibt zum Beispiel Peter sein eigenes Verhalten im Fall eines Konflikts wegen des Küchenbodens im neuen Haus.

Auch wenn konstruktive Konfliktlösung als soziale Kompetenz bei beiden Geschlechtern unserer Untersuchungsgruppe mangelhaft entwickelt ist, so unterscheidet sich das Verhalten im Konfliktfall maßgeblich. Die Frauen versuchen, Konflikte vorerst durch Anpassung zu vermeiden, die Männer unterdrücken Konflikte durch Gewalt.

Dieses Ergebnis deckt sich mit einer Untersuchung Margolins (1988) über Konfliktverhalten von Paaren, in denen der Mann Gewalt ausübt. Damit kommt auch klar zum Ausdruck, daß die Redewendung „einen Konflikt mit Gewalt lösen" das Problem völlig falsch darstellt. Konflikte können nicht mit Gewalt gelöst werden, sie können durch Gewalt nur unterdrückt werden!

Ebenso falsch und widersinnig ist es, Konflikt und Gewalt einander gleichzusetzen, was allzuoft geschieht. Sie stehen nur insofern in einem gewissen Zusammenhang, als die Unfähigkeit oder der Unwille, einen Konflikt auszutragen, oft Gewaltanwendung des Mächtigeren zur Folge hat. Diese „Lösung" hat aber nichts mit eigentlicher Konfliktlösung zu tun.

Als wichtige Ressourcenquelle sowohl für Paare als auch für Einzelpersonen sind Sozialkontakte anzusehen. Als Risikofaktoren, die Gewalt begünstigen, werden in vielen empirischen Studien soziale Abgeschlossenheit und mangelnde Ressourcen angegeben (vgl. Garbarino 1977, Burgess/Youngblade 1988). Die „Paradoxie der familialen Intimität" (Honig 1986) bewirkt, daß das Ideal der Ehe – Liebe, Geborgenheit, Ausschließlichkeit – auch ihr Gegenteil, nämlich Gewalt in sich birgt. Nicht nur, daß wichtige Ressourcen und soziale Kontrolle fehlen, auch die Ansprüche an die einzelnen Familienmitglieder steigen durch diese Abschottung ins Unermeßliche.

Graphik 15: Soziales Netz des Paares

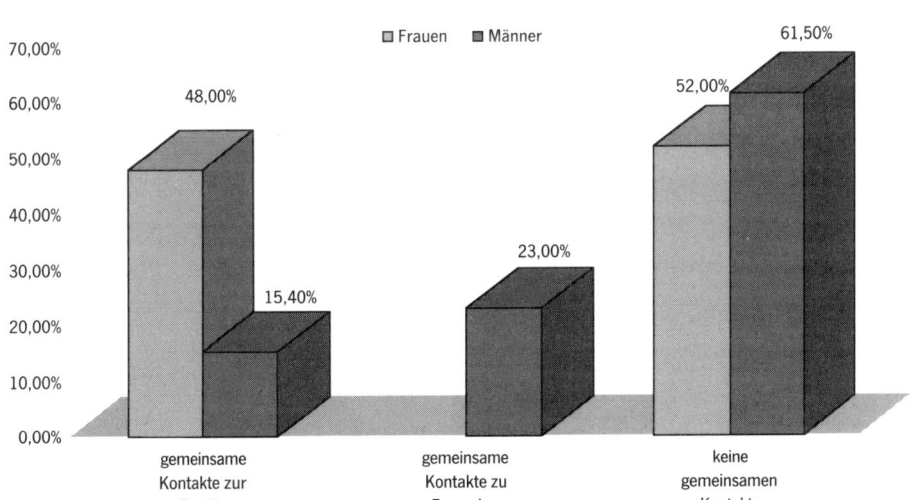

Die Ergebnisse unterstützen die Theorien der sozialen Isolation, die zumindest „als Familie" bei mehr als der Hälfte der Befragten festzustellen ist. Kontakte zu gemeinsamen Freunden bestehen äußerst selten, eher noch zur Ursprungsfamilie des Mannes und/oder der Frau.

Graphik 16: Sozialkontakte einzeln

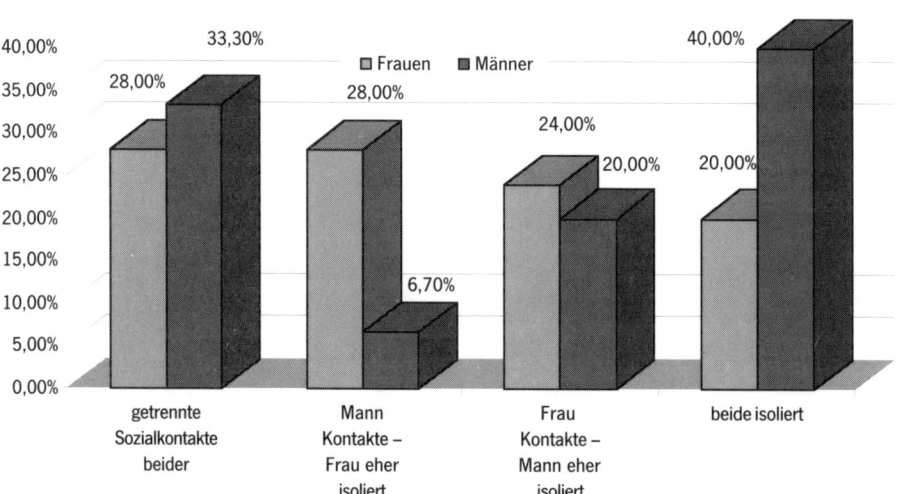

Laut obiger Prozentangaben vermitteln mehr Männer (60%) als Frauen (48%) im Gespräch, in der beschriebenen Beziehung isoliert (gewesen) zu sein. Da das objektive Ausmaß an Isolation oder Kontakten kaum zu erfassen ist, scheint es uns wichtiger, die Qualitäten näher zu betrachten, als an Zahlen hängenzubleiben.

Zum Beispiel berichten die meisten Frauen mit wenig oder keinen Kontakten von einer systematischen Isolation durch ihren Mann/Lebensgefährten. Sie „dürfen" kaum oder nur sehr eingeschränkte Kontakte zu anderen Personen haben.

„Das einzige, was ich mir behalten habe, das waren ein paar Bekannte, die aber nicht zu mir haben kommen dürfen, denen hat er allen Hausverbot gegeben." (Ulrike)

Zum einen entsteht der Eindruck, daß gewalttätige Männer durch „Hausverbote" soziale Kontrolle von außen vermeiden wollen, zum anderen scheinen sie damit äußere Einflüsse, welche die Kontrolle über ihre Frau gefährden, unterbinden zu wollen – wie es zum Beispiel Xaver selbst erzählt (siehe S.121).

Die eher isoliert lebenden Männer äußern von sich aus ein allgemeines Mißtrauen gegenüber näheren Kontakten oder Freundschaften, besonders zu anderen Männern.

„Ja also, der Freund, der in der Nähe gewohnt hat, der war mehr aufs Ausnutzen aus... und ich hab sonst keine Freunde gehabt, ich hätt mehr haben können, aber ich bin nicht drauf eingegangen, weil ich das bei anderen gesehen habe, wie das ist: Die nützen einen nur aus. " (Manfred)

„Wenn i jetzt zum Beispiel Freunde oder Freundinnen hab oder a andere und i laß mi da beeinflussen, weil jeder sagt was anderes ... am besten auf sich selbst schaun!" (Erwin)

Wenn überhaupt, wird über persönliche Probleme mit Frauen gesprochen, allen voran mit der eigenen Mutter und/oder der Partnerin – zumindest besteht dieser Anspruch.

„Und i muaß sagn, in mein ganzn Lebn bisher, wenn i Schwierigkeiten ghabt hab, i hab mi eigentlich immer an Frauen gwendt, weil de habn mir eigentlich gholfn. " (Gerhard)

„Ich war vollkommen auf meine Frau fixiert." (Otto)

„Wie die Mutter noch gelebt hat, das war eine Pufferzone, wenn es was gegeben hat, bin ich zu ihr rausgefahren und hab mich ausgesprochen." (Karl)

Diese emotionale Abhängigkeit von der Frau/Mutter ist die Kehrseite der männlichen Sozialisation, in der Gefühle wenig Platz haben und demnach emotionale Versorgung nur bei Frauen gesucht werden kann. Daß diese Abhängigkeit zu allen Arten von Frauenfeindlichkeit führt, die zerstörerische Ausmaße annehmen können, wurde schon beschrieben (vgl. auch Schmiedbauer 1991, Wieck 1990).

Dort, wo Sozialkontakte nach außen bestehen, erhebt sich vor allem in Zusammenhang mit erlebter oder ausgeübter Gewalt die Frage nach der Qualität dieser Kontakte. Ist es den Betroffenen (oder auch den Tätern) möglich, in ihrem Familien- oder Freundeskreis darüber zu reden, sich Unterstützung zu holen?

Von den interviewten Männern berichtet nur Ingo, seine Gewaltanwendung mit einem Freund besprochen zu haben. Er ist auch der einzige, der deshalb von sich aus eine Therapie beginnt. Daß er der einzige ist, hängt sicher nicht nur mit der mangelnden Tiefe männlicher Sozialkontakte zusammen, sondern auch mit der kaum vorhandenen Problemeinsicht.

Die Frauen erwähnen immer wieder „Freunde" des Mannes, die ihn bezüglich seiner Gewalttätigkeit negativ beinflußt haben. Sozialkontakte regen also nicht a priori zu positiver Konfliktverarbeitung an. Wir alle kennen Beispiele der schon sprichwörtlichen „Männergespräche am Wirtshaustisch", die in ihrer Frauenfeindlichkeit manchmal nicht zu überbieten sind.

Den Berichten der Frauen zufolge finden Männer oft kontraproduktive Unterstützung in ihren Ursprungsfamilien, indem ihre Gewalttätigkeit dort verharmlost bzw. der Frau die Schuld dafür zugeschoben wird.

Die Frauen sprechen relativ oft im Freundeskreis und/oder mit ihrer Familie über die ihnen widerfahrene Gewalt – in unserer Untersuchungsgruppe waren es zwei Drittel. Vor allem in Zusammenhang mit einer endgültigen Trennung sind FreundInnen und ArbeitskollegInnen eine wichtige Quelle emotionaler und praktischer Unterstützung. Die Rolle der Ursprungsfamilie ist meist ein wenig zwiespältig. Viele Frauen schämen sich, das Scheitern ihrer Beziehung einzugestehen, vor allem wenn der Mann gegen den Willen der Eltern gewählt wurde. Die Frauen sprechen eher mit ihren Müttern über die Gewalterfahrungen als mit ihren Vätern, allerdings ist deren Unterstützung nicht immer adäquat.

Interviewerin: „Könnte man sagen, daß diese Gespräche mit ihnen für dich eine Unterstützung waren, zum Beispiel, daß du den Schritt machst und dich trennst?"

Monika: *„Unterstützung würd ich eigentlich nicht sagen, weil sie haben mir eher nicht zugeraten...es ist egal, ob ich jetzt mit meiner Schwester gesprochen hab, es hat a jeder nur gesagt, i tät mir des nicht gefallen lassen, aber überleg dir das gut! Und jeder hat mir eigentlich abgeraten. Meine Eltern überhaupt, meine Mutter und eben unsere gemeinsamen Bekannten und meine Schwester."*

Auch bei Frauen wirken sogenannte „entlastende" Gespräche über die Gewaltsituation immer wieder kontraproduktiv. Wenn hauptsächlich die „Mitschuld" der Frauen, ihre Leidensfähigkeit und die Verantwortung für die Beziehung angesprochen werden, können Gespräche dazu führen, daß Frauen lediglich motiviert werden, weiter „durchzuhalten".

Für die Bewältigung von Konflikten und Gewaltsituationen in der Paarbeziehung hat also die Qualität der Sozialkontakte einen entscheidenden Stellenwert.

Zur Problematik
der Bewältigung von Gewalt

Gesellschaftliche Reaktionen

Privates Umfeld

„Je mehr ich mich gewehrt habe, umso mehr hat er mich geschlagen. Da hatte ich dann auch einen Rippenbruch und das alles. Was hätte ich tun sollen ? Da hilft dir niemand, obwohl die Nachbarin im nachhinein gesagt hat, warum hast du nicht geschrieen, ich wäre herübergekommen, ich hätte die Polizei angerufen. Aber wenn sie gewollt hätte, hätte sie uns gehört, so leise ist es ja nicht zugegangen. Und letztendlich hat dann niemand die Polizei angerufen, denn es will sich ja niemand einmischen." (Klara)

„Wenn ich zu meiner Mutter gesagt hab: Ich halts nicht aus und ich hab Probleme, dann hat sie gesagt: Probleme hat jeder. Du hast den finanziellen Background, und das ist das Wichtigste im Leben." (Susanne)

Die Gewalt wird wie bei Klara aus Angst, Unglauben oder Gleichgültigkeit ignoriert oder wie bei Susanne verharmlost. Diese Reaktionen geben dem Opfer das Gefühl, allein der Gewalt ausgeliefert zu sein, das Vertrauen in die Welt wird erschüttert. Allein sehen sich die meisten Frauen außerstande, gegen die Gewalt vorzugehen.

„Also nacha... hat mi amal die Nachbarin drauf angsprochn: was denn los war am letzten Abend? I: Was soll denn los gwesn s sein? Anglogn hab i sie, i hab alles bestritten." (Irma)

„Es is immer schlimmer gwordn... die Nachbarn habn oft die Polizei geholt und habn gfragt, ob i, i soll mi wenigstens bei der Tür zeign, ob i no leb." (Elisabeth)

„Ja, ich hab zwei Freundinnen gehabt, denen hab ich alles erzählt, die haben auch gesagt, daß ich ins Frauenhaus gehen soll. Die hab ich überhaupt sehr miteinbezogen, oft haben sie mich beim Nachhausegehen begleitet, damit ich nicht allein nach Haus komm, damit er sich zusammenreißt." (Dora)

Die Angebote zur Unterstützung der Frau werden zwar von den Betroffenen manchmal abgewehrt (vgl. Stockholm-Syndrom), sie sind aber längerfristig eine Hilfe. Die Frau weiß, daß sie sich an jemanden wenden kann, daß ihre Situation nicht unbemerkt bleibt. Dadurch wird ein gewisses Gefühl der Sicherheit vermittelt.

In anderen Fällen wird die Frau zur Veränderung ihres Verhaltens aufgefordert. Dazu gehören Reaktionen wie „Es wird schon nicht so schlimm sein…", „Wenn du …machst, dann wird es schon besser werden.." oder „ Da mußt du dich durchbeißen…" Mittels dieser Reaktionen wird der Frau ein eigener Anteil an der Gewalt unterstellt und ihr suggeriert, daß es in ihrer Macht liegt, ihr Verhalten so zu ändern, daß Gewalt nicht mehr vorkommt (vgl. „victim-blaming").

„Ja die Schwiegermutter hat ihn nach außen hin immer verteidigt, und jetzt bin ich wieder die Böse, die den armen Mann verlassen hat und mit den Kindern davon ist, das ist irgendwie schwierig. Das ist am Land überhaupt das Denken, als Frau davonlaufen, das macht man einfach nicht." (Sabine)

Manchmal wird die Gewalttätigkeit des Mannes entschuldigt oder verharmlost. Dieses Verhalten bestätigt gewalttätige Männer. „Weil i hab – in der Ortschaft, wo i leb, hab i einen guten Kontakt und alles. Da haben sie sie beschimpft, nicht mich", erinnert sich Franz, der wegen eines Messerstichs in den Hals seiner Frau eine Haftstrafe verbüßt.

Auch wenn die Frauen nicht über Gewalt sprechen, wissen viele andere Personen darüber Bescheid. Die wenigsten stellen die Männer deswegen zur Rede, viele bieten den Frauen aber Hilfe an. Mangelnde Zivilcourage und der „Respekt" vor der Privatheit der Familie sind sicher die Hauptgründe dafür.

Gespräche der Frauen über die Mißhandlung führen zwar nicht immer zu hilfreichen Reaktionen des sozialen Umfelds, stets jedoch verstoßen Frauen gegen das „Schweigegebot" des Mannes, eine innere Distanzierung erfolgt. Gesellschaftliche und soziale Unterstützung ist für Opfer von Gewalt von unschätzbarem Wert. Erfahrungsgemäß wenden sich die meisten Frauen zuerst an ihr näheres soziales Umfeld um Hilfe. Dort vermindert eine hilfreiche Reaktion die negativen Folgen der Gewalt, während eine ablehnende zu einer sekundären Traumatisierung führen kann.

Es kann zu einem Teufelskreis kommen: Für Opfer von Gewalt, die keine Unterstützung finden, ist das Risiko dauerhafter posttraumatischer Symptome besonders hoch, und wer daran leidet, entfremdet sich immer mehr vom sozialen Umfeld (vgl. Herman 1993).

Ein Problem nicht-professioneller Unterstützung ist, daß Privatpersonen genaue Vorstellungen entwickeln, wie die „Hilfe" ablaufen soll, und wie die Person, der geholfen werden soll, zu reagieren hat: „Möglicherweise beschließen nach dem traumatischen Ereignis Familienmitglieder, was zu tun ist, übergehen dabei bewußt oder unbewußt die Wünsche der Frau und nehmen ihr dadurch noch einmal die Kontrolle über die Situation" (Herman 1993, 95).

POLIZEI

„Das war so, er hat hergedroschen, dann bin ich zu meiner Schwester, habe eine Anzeige gemacht und die Gendarmerie geholt, und die haben gesagt, was ist da los, ich war wirklich total blau geschlagen, die Gesichtshälfte total blau, Haarbüschel ausgerissen, und dann haben sie gesagt, wir fahren einmal zu Ihrem Mann hinauf, dann sind sie hinauf, dann kommen sie zurück, und der eine Gendarm: Aber Frau... Sie werden sich schon sehr ändern müssen, und ich war ganz geschockt, ich habe ja nicht gewußt, was mein Mann ihnen erzählt hat ... und er hat gesagt: Sie brauchen gar keine Bedenken haben, gehen Sie wieder nach Hause, er wird Ihnen sicher nichts tun, und er wird Sie in Ruhe lassen. Die haben mich dann nach Hause geführt, und er hat mich dann wirklich in Ruhe gelassen, und in der Früh kommt er in mein Schlafzimmer und gibt mir einen Faustschlag auf die Nase, daß das Blut gleich so geronnen ist, und sagt, das ist noch von gestern übriggeblieben, und dann kommt vormittag der eine Gendarm, und dann hat er endlich die Anzeige aufgenommen und mir gesagt, ich soll ins Frauenhaus gehen." (Sabine)

Exemplarisch werden an der Aussage von Sabine folgende Probleme deutlich:

1. Es fehlt eine klare Haltung der Polizei zu Gewaltdelikten gegenüber Frauen.

2. Häufig werden diese Delikte mit Ehestreitigkeiten gleichgesetzt, für die beide Partner verantwortlich sind („Einer allein kann nicht streiten"), und auf die mit „Streitschlichtung" zu reagieren ist. Dies deckt sich mit der bereits beschriebenen allgemeinen Tendenz zur Verharmlosung.

3. Diese unklare Haltung bewirkt, daß der Mann sich in seinem Verhalten und in seinen Versuchen, der Frau Schuld für seine Gewalttätigkeit zu geben, bestätigt fühlt.

4. Die Aussagen der Frauen werden grundsätzlich in Frage gestellt, ihnen wird oft nicht geglaubt.

5. Der Gendarm glaubt nach wenigen Minuten einschätzen zu können, ob der Mann gefährlich ist. Die Angst der Frau, die schon jahrelang mit dem Mann zusammenlebt, wird nicht ernstgenommen. Dadurch erfolgt eine sekundäre Traumatisierung, die viele Frauen daran hindert, ein weiteres Mal Hilfe bei der Polizei zu suchen.

Selbst in unserer Untersuchungsgruppe, die hauptsächlich schwer mißhandelte Frauen umfaßte (80 % dieser Gruppe wurden häufig mißhandelt und dabei teilweise schwer verletzt), wird nur jeder dritte Fall angezeigt. Es gibt ExpertInnenschätzungen, denen zufolge im Bereich Gewalt in Beziehungen nur jedes fünfte bis zehnte Delikt öffentlich gemacht wird. Es kann also davon ausgegangen werden, daß die Interventionen, die bis jetzt von der Polizei/Justiz durchgeführt werden, für die Mehrzahl der mißhandelten Frauen keine adäquate Hilfe darstellen.

Gravierende Probleme für betroffene Frauen sind die lange Dauer zwischen Anzeige und Strafverfolgung, der Druck des Mannes, mangelnder Schutz nach einer Anzeige, oftmalige Einstellung des Verfahrens, mangelndes Verständnis der PolizeibeamtInnen für die Situation der Frau und keine adäquaten Konsequenzen für den Täter.

Die so beschriebene Haltung der Polizei ist nicht nur auf Einzelfälle und auch nicht auf Österreich beschränkt: Edwards hat 1984 und 1985 in London eine umfassende Studie über die Rolle der Polizei bei familiärer Gewalt durchgeführt, „The London Policing Study" (Edwards 1986b). Insgesamt wurden in dieser Studie ca. 40.000 Polizeiberichte untersucht. 449 Fälle von Gewalt in der Familie wurden identifiziert, wobei anzunehmen ist, daß aufgrund der Aufzeichnungspraxis und des Gebrauchs von eher verschleiernden Ausdrücken wie „Ruhestörung" nicht alle Fälle von familiärer Gewalt, die an die Polizei herangetragen wurden, identifizierbar waren. Von allen 449 Fällen, in denen die Polizei gerufen worden war, gab es in 86 Fällen klare Hinweise auf physische Gewalt. Es ist zu vermuten, daß es noch in weiteren Fällen physische Gewalt gegeben hatte, aufgrund der dürftigen Aufzeichnungen war dies jedoch nicht mehr zu eruieren. Trotz klarer Beweise für erfolgte körperliche Mißhandlungen in 86 Fällen gelangten nur elf Fälle zu einer Strafverfolgung, das sind 12,7%. Bezogen auf die 449 untersuchten Polizeiinterventionen hatten nur 2,4% ein strafrechtliches Verfahren zur Folge.

Die Untersuchung zeigt eine starke Tendenz der Polizei, Gewalttaten im Familienkreis von der Behandlung als kriminelle Taten fernzuhalten, indem Verhaftungen vermieden werden. Es werden auch bei erfolgter Mißhandlung eher Verweise gegeben als Konsequenzen gesetzt. Die meisten Interventionen beschränken sich darauf, die Gewalt momentan zu stoppen und die Fälle mit knappen, oft sehr verschleiernden Aufzeichungen „abzuschließen".

Daraus resultieren vier Handlungsmöglichkeiten, die alle eine Vermeidung strafrechtlicher Konsequenzen beinhalten:

1. Keine Verhaftung
2. Aufschieben der Aufnahme von Fakten
3. Setzen anderer Sanktionen, z.B. für „Ruhestörung"
4. Verweis auf zivile Maßnahmen (zit. nach: Egger u.a. 1993).

In einer in Österreich durchgeführten Befragung von Frauenhausbewohnerinnen (Schuh 1992) sagten 28 von insgesamt 57 Frauen, die körperlich mißhandelt oder mit Mißhandlung bedroht worden waren, daß sie trotz dieser gewalttätigen Angriffe nie die Polizei zu Hilfe gerufen hatten.

Die Hauptgründe waren: Angst vor dem Mißhandler; Hoffnung, daß es besser wird; Mitleid und Vermeidung eines Gerichtsverfahrens; keine Erwartung, daß Hilfe geleistet wird; und negative Erfahrungen mit der Polizei. Dies deckt sich auch mit den Aussagen der von uns befragten Frauen. Besonders Frauen, die zwar unter Gewalt leiden, aber noch nicht zur Trennung entschlossen sind, kann durch die derzeitigen Angebote nicht wirksam geholfen werden. Das Kriterium für eine Anzeige ist meist der Stand der Beziehung und weniger die Schwere der Verletzungen. Frauen, die bereits zur Trennung entschlossen sind, suchen eher Hilfe bei der Polizei. Dies entspricht auch der Einstellung der von Edwards befragten BeamtInnen: Sie ließen durchblicken, daß sie es für „moralisch" unangebracht hielten, eine Tat strafrechtlich zu verfolgen, solange ein Paar noch zusammenlebt (zit. nach Egger u.a. 1993).

Diese Ambivalenz und negative Einstellung der BeamtInnen zu den Einsätzen ist auch Resultat von Hilflosigkeit, von fehlenden Instrumenten und Rahmenbedingungen. In den von Mitarbeiterinnen der österreichischen Frauenhäuser durchgeführten Polizeischulungen zum Thema Gewalt in der Familie beklagten sich PolizeibeamtInnen immer wieder, daß verhaftete gewalttätige Männer bereits nach wenigen Stunden vom Staatsanwalt freigelassen werden.

Begründet wird die Nicht-Intervention mit dem Wunsch der Betroffenen. Letztlich wird aber dadurch die eigene Ambivalenz verborgen: „Frauen werden einerseits

Entscheidungen überlassen, die eigentlich gar nicht in ihrer Kompetenz stehen (ob sie eine Anzeige machen wollen oder nicht), andererseits wird ihnen zum Vorwurf gemacht, daß sie Rechte, die sie haben, wie etwa das Entschlagungsrecht, in Anspruch nehmen.

Sehr verwirrend ist für Frauen, daß sie unterschiedliche, einander widersprechende Ratschläge erhalten. In einem Fall wurde der Frau geraten, eine Anzeige zu machen. Als sie dies dann tat, wurde sie von einem anderen Beamten, der die Anzeige aufnahm, vor den negativen Folgen einer Anzeige gewarnt. Daraufhin entschloß sie sich, die Anzeige nicht zu unterschreiben. Dies wiederum war für den ersten Beamten eine Bestätigung seiner Meinung, daß Frauen ja doch immer wieder die Anzeige zurückziehen" (ebenda, 290).

GERICHTLICHE SANKTIONEN

Grundsätzlich kann davon ausgegangen werden, daß nur wenige Gewaltdelikte gegen Frauen mit einer strafrechtlichen Verurteilung enden (ca. 1 bis 2 %). Aus der täglichen Praxis gewinnen wir häufig den Eindruck, daß gesetzliche Normen in diesem Deliktsbereich von den RepräsentantInnen dieser Normen selbst nicht immer ernstgenommen und durchgesetzt werden. Dies führt zu einer Rechtsunsicherheit sowohl auf seiten der von Gewalt Betroffenen als auch auf der Seite der Ausübenden.

In der Gruppe der befragten gewalttätigen Männer war der Prozentsatz der strafrechtlich Verurteilten hingegen relativ hoch. Dies ergab sich aus forschungstechnischen Gründen. Der schwierige Zugang zu gewalttätigen Männern mußte zum Teil (bei 1/3) über Strafanstalten hergestellt werden.

Bei den in Haft befindlichen Männern war ein deutlicher Leidensdruck erkennbar. Wenn jedoch die Auseinandersetzung mit der eigenen Gewalttat nicht erfolgt, wird ein „Sündenbock" für die unangenehme Situation gesucht und in Person der Frau gefunden. Denn was ist naheliegender als die Person, die immer für das eigene Verhalten verantwortlich gemacht wurde, auch jetzt als Schuldige zu identifizieren. Der populäre Ausdruck, „wegen der Frau" im Gefängnis zu sein, wird von vielen Männern, aber auch BeamtInnen verwendet. Wenn die Frau z.B. als Zeugin bei Gericht aussagt, wird ihr vom Mann die Schuld an der Verurteilung gegeben.

Franz: *„Ihr is nix passiert – a klans Schnittle."*

Interviewerin: *„...keine schlimmen Folgen für die Frau?"*

Franz: *„Na, wichtig is gwesn, daß i viel Straf kriegt hab – des is des anzige gwesn."*

Interviewerin: „Wollt des die Frau, daß Sie viel Straf kriegn?"

Franz: *„I waß nit – i denk s halt."*

Frei nach dem Motto: Die Frau ist an allem schuld. So wie früher die sogenannten Hexen für Unwetter, Krankheiten der Menschen und Tiere, für alles, was Unbill verursacht, verantwortlich gemacht wurden, so macht es auch Franz. Dies dient gleichzeitig als Rechtfertigung für sein eigenes feindseliges Verhalten. In der verdrehten Logik führt eines zum anderen: Wenn jemand soviel Macht besitzt, daß er/sie sogar ein Gericht beeinflussen kann, dann muß man sich gegen diese Übermacht mit Gewalt wehren und kann gleichzeitig Selbstmitleid pflegen. Diese feindselige Haltung wird gleichzeitig als Begründung für Nichtbestrafung verwendet: „Wenn der Mann eingesperrt wird, dann wird sein Haß auf die Frau ja noch größer", ist immer wieder zu hören.Das Gefühl der ungerechten Behandlung ergibt sich auch daraus, daß im Vergleich zu den vielen Männern, die straflos Frauen mißhandeln, und den eigenen erlernten Normen der „berechtigten Gewalt" tatsächlich das Gefühl der eigener Benachteiligung entsteht.

„Ja, da waren merkwürdige Sachen, das glaubt man normal nicht, für etwas,was da einer gekriegt hat, sechs Jahre in...,hab ich bekommen lebenslang, der hat seine Frau auch in einem ähnlichen Fall erstochen, hat bekommen Totschlag, sechs Jahre, ist im Gefängnis vier Jahre gewesen und dann nach Hause gegangen. Mir gebens lebenslang." (Josef)

Interviewerin: „Habn Sie des in Ordnung gefunden, daß Sie a Haftstraf kriegen ?"

Franz: *„Ja, des han i in Ordnung gfunden."*

Interviewerin: „Habn Sie in Ordnung gfundn."

Franz: *„Ja, aber nit grad – i han jetzt grad – Unterschiede ganz komplett große Unterschiede ham sie beim Verurteilen. Bei uns draußen hat a Frau den Mann erschossen, vorsätzlich, hat drei Jahr Straf kriagt – isch im gleichen Monat passiert."*

Interviewerin: „Ihnen kommt vor, wenn des a Mann macht, dann wird des stärker bestraft?"

Franz: *„Na, i mein des nit so, aber unterschiedliche Urteile... da hat ein türkischer Mann a 16 Messerstich – der hat zehn Monat kriegt, sechs Monat fest, vier Monat bedingt. Des is in der Zeitung gstandn – i hab alles da."*

Für die Männer, die das erste Mal im Gefängnis sind, bedeutet die Haft eine extreme Belastungssituation, die aber von selbst nicht zu einer Verhaltensänderung führt. Erwin leidet sehr unter der Haft: *„Es ist nicht leicht herinnen, das können's mir glauben."* Auch er fühlt sich ungerecht behandelt und beklagt sich darüber, daß er wegen zwei Ohrfeigen, die er seiner Freundin unabsichtlich gab, im Gefängnis sein muß. Er erzählt von einem Mitgefangenen, mit dem er sich anfreundete, der für den Mord an seiner Frau lebenslange Haft bekam: *„Sowas von Mensch, der hat mehr Verstand und Charakter wie jeder, nur weil ihm des mit der Frau passiert ist"* (Erwin). Er sinniert darüber nach, was alles hätte anders sein müssen, damit die Verurteilung nicht zustande gekommen wäre. Der Einwurf der Interviewerin, „vorher keine Ohrfeige zu geben", bringt ihn völlig durcheinander. Daran hatte er offenbar noch nie gedacht. Die Intervention der therapeutisch geschulten Interviewerin bewirkt eine Irritation im gewohnten Denkschema. Ähnliche Irritationen könnten zu einer Konfrontation mit der Tat und zu einer Verantwortungsübernahme führen.

ANALYSE DER GESELLSCHAFTLICHEN REAKTIONEN

Zusammenfassend können drei entscheidende Fehler im Umgang mit mißhandelten Frauen festgestellt werden:

1. Das Problem Gewalt wird nicht ernstgenommen und der Schutz der Frau zu wenig beachtet. Dies ergibt sich aus der bereits beschriebenen Verharmlosung von Gewalt. Wenn von Konflikt und Streit gesprochen wird, werden die Angstgefühle betroffener Frauen zu wenig ernst genommen, sie bleiben letztlich isoliert und fühlen sich nicht unterstützt. Die Gefahr, in der sich Frauen und Kinder befinden, wird negiert.

2. Psychologisierung des Problems: Grundsätzlich wird angenommen, daß die Frau nur die Entscheidung zur Trennung zu treffen braucht, um in Sicherheit zu sein. Diese Haltung verkennt die Gefährlichkeit der Trennung für mißhandelte Frauen. Die der Frau unterstellte Ambivalenz herrscht in Wirklichkeit in der Gesellschaft: Verläßt die Frau ihren Mann nicht, dann gerät sie leicht in den Verdacht, nichts zur Veränderung ihrer Situation beitragen zu wollen. Geht die Frau aber weg, oder versucht sie rechtliche Schritte gegen ihren Mann zu unternehmen, dann bekommt sie sehr schnell zu hören, daß sie ihm doch noch eine Chance geben soll.

3. Ursachen und Folgen der Gewalt werden verwechselt: Ursachen der Gewalt werden häufig im Verhalten der Frauen gesehen. Entweder sie sind in den Augen anderer zu passiv, lassen sich zu viel gefallen, oder sie provozieren Gewalt. Verschiedene angeblich „typische" Verhaltensweisen mißhandelter Frauen, wie z.B. Passivität, Hilflosigkeit usw., resultieren jedoch aus der Gewaltsituation und sind eine Folge derselben.

Parallel dazu werden alle drei Fehler auch gewalttätigen Männern gegenüber begangen. Das Nicht-Ernstnehmen bewirkt, daß Männer selten zur Verantwortung gezogen werden. Die Psychologisierung bewirkt eine Fixierung auf das angebliche Allheilmittel Therapie. Mit dem Begriff „Therapie" werden jedoch ganz bestimmte Inhalte, z.B. Freiwilligkeit verbunden, die verhindern, daß gewalttätige Männer adäquat zur Verantwortung gezogen werden. Diese „Freiwilligkeit" ist in der Realität bei gewalttätigen Männern nicht vorhanden (alle Einrichtungen klagen über das mangelnde Interesse von Männern und gewalttätigen Männern im besonderen an Beratung und Therapie). Dies führt letztlich dazu, daß gar nichts geschieht und der Mann in seinem Verhalten indirekt bestätigt wird.

Unfreiwillige Teilnahme muß jedoch nicht bedeuten, daß keine Veränderung möglich ist, hier liegt die Herausforderung vielmehr im Herstellen der Einsicht in die eigene Problemsituation.

Wenn Ursachen und Folgen der Gewalt verwechselt werden, wird häufig die „Mitbeteiligung" der Frau an der Gewaltanwendung, die der Mann so gerne betont, angenommen.

Beim Einsatz von Konfliktregelung, Mediation usw. wird über Eigenschaften und Verhaltensweisen der Frau in einer ähnlichen Weise diskutiert wie über die Gewalt des Mannes. Es wird also davon ausgegangen, daß die Unterlassung eines bestimmten Verhaltens der Frau zum Ende der Gewalt führt. Eine Hoffnung, die fast alle mißhandelten Frauen über lange Jahre an der Beziehung festhalten läßt.

Wenn die Frau z.B. als Folge der Gewalt Alkohol trinkt oder psychische Probleme hat, dient dies zur Rechtfertigung der Gewalt des Mannes. Es kann vorkommen, daß dann über das vom Mann definierte „eigentliche Problem" gesprochen wird, z.B. darüber, ob die Frau nicht um des lieben Friedens willen das Essen „Punkt zwölf" auf den Tisch bringen könnte. Dies entspricht genau den Interessen des gewalttätigen Mannes, der immer der Frau die Schuld an seiner Gewalt gibt und sein eigenes Verhalten damit rechtfertigt.

Ende der Gewalt – aber wie ?

Besonders jene Männer, die der Frau Schuld für die Gewalt geben, verändern ihr Verhalten meist nicht. Sie gehen weitere Beziehungen zu Frauen ein, in denen sie gewalttätig sind. Einer der befragten Männer, der wieder eine längere Beziehung zu einer Frau hat, sagt von ihr, daß sie in allen Bereichen seiner früheren Frau überlegen ist: *„Sie geht her, sie nimmt sich was vor, sie hat a Ziel vor Augen, des steuert sie an, und i hab a ans vor Augen, i hoff, daß des mit ihr was werd... zum Beispiel habn wir im Sinn, irgend a Lokal zum Aufbaun, weil i gsagt hab, sag i, paß auf, warum solln wir immer für andere arbeiten"* (Sigmund). Das „Wir" ist also eigentlich ein „Ich". Im Lauf des Interviews stellt sich heraus, daß die Bewunderung unter anderem deswegen so groß ist, weil diese Frau in Krisensituationen anders reagiert, ihn also (bisher) noch nicht zur Gewalt „provoziert" hat.

Wie brüchig dieser Zustand allerdings ist, wird an der folgenden Schilderung deutlich: *„Da hat sie (die neue Freundin, Anm. der Verf.) halt an Fehler gmacht, die hat mir zruckgmault, ich hab sie nicht geschlagen, Gott sei Dank, da wärs sicher aus gwesen, das hab i gwußt. I hab sie wohl auf die Wand hindruckt und hab gsagt, jetzt sei still, nur... die hats Gott sei Dank unterlassen, die is gegangen, sonst, wenn sie zruckgmault hätt, hunderprozentig, daß i ihr ane tuscht hätt. Ich weiß, da denkst nimmer so weit, es ist, wie soll ich sagen, es ist eine Reaktion, das geht von einer Minute auf die andere, das ist manchmal nur ein Wort, ein falsches."* (Sigmund)

Sigmund beurteilt Situationen und Geschehnisse allein auf sich bezogen und nimmt sein Gegenüber – besonders wenn es eine Frau und schwächer ist – nicht wahr, seine Freundin kann sich daher nur richtig oder falsch auf ihn bezogen verhalten. Gleichzeitig stellt er sich selbst als ausgeliefert und nur reagierend dar. Er gibt damit jede Verantwortung für die Gestaltung der Beziehung ab. Im Kohlberg'schen Schema der moralischen Entwicklung (1984) können wir ihn der egozentrischen Stufe zuordnen, die Möglichkeit, gleichberechtigt und wechselseitig miteinander umzugehen, ist bei ihm nicht entwickelt.

Zusätzlich wiederholt er blind seine eigenen massiven Gewalterlebnisse. Schon als Kind schützte er sich durch Zorn vor Gefühlen der Ohnmacht und Trauer („Ein Bub weint nicht"). Wenn Vater und Onkel ihn schlugen, lachte er meist. Auf die Frage der Interviewerin, ob er niemals geweint hätte, sagte er, *„das hat der Zorn scho net* *zugelassen"*. Und nachträglich rechtfertigt er die erlittene Gewalt: *„O.k., da war i selber schuld, da bin i nimmer Schul gangen. "* Klar erkennbar wird der Zusammenhang mit der traditionellen männlichen Sozialisation: Die einzige „erlaubte" Emotion ist Zorn (vgl. auch Thorne-Finch 1992). Da er alle Gefühle wie Trauer und Verletztheit aus Schutz abgespalten hat, kann er sich selbst nicht als ganzes Subjekt wahrnehmen, und daher ist ihm diese Wahrnehmung auch bei anderen nicht möglich. Sigmund wünscht sich zwar eine Beziehung, in der es Vertrauen, ein Sich-verlassen-Können gibt, seinen Anteil an der Gestaltung der Beziehung aber kann/will er nicht sehen. „Noch ein Gedanke dazu: Arno Gruen schreibt in seinem Buch ‚Verrat am Selbst', daß die Abwehr der Angst (und anderer ‚weiblicher' Gefühle, Anm. der Verf.) durch Gewalt und Brutalität typisch sei für unsere einseitig männlich ‚hochentwickelte' Industriegesellschaft" (Erstinterpretation Aull).

Solange er die selbsterlittene Gewalt auch noch rechtfertigt, ist weder ein Zugang zu seinen eigenen Gefühlen möglich noch zu den Gefühlen die seine Opfer haben. Eine „Umwertung" wäre nur mit einer Gruppe von Männern möglich, die Gewalt ablehnen, von Sigmund jedoch als „richtige" Männer anerkannt werden – fast eine Quadratur des Kreises, da Gewalt so eng mit der traditionellen Männerrolle verbunden ist.

Ein freiwilliger Verzicht, die Bewältigung und der Ausstieg aus Gewalt ohne äußere Kontrolle, vor allem wenn sie auf Abspaltung von Gefühlen aus der Kindheit beruht, ist wahrscheinlich nur in einem längeren therapeutischen Prozeß möglich. Das ist jedoch für Sigmund (und für viele gewalttätige Männer) der falsche Ansatzpunkt, er würde sich niemals in Therapie begeben, weil er findet, daß die Frauen an seiner Gewalt „schuld" sind und Therapie nichts für „richtige" Männer ist. Wahrscheinlich kann er sich unter Therapie auch gar nichts vorstellen.

Kontrolle der Gewalttätigkeit ist bei ihm aber schon früher möglich, also bereits bei angenommenen negativen Konsequenzen, nämlich die Möglichkeit, daß seine Freundin sich von ihm trennt. Offenbar ist es doch auch für einen Wiederholungsgewalttäter möglich, sein Verhalten in bestimmten Grenzen zu kontrollieren, obwohl er behauptet, *„zu reagieren"*. Er hat seine Freundin wohl auch nicht geschlagen, weil er wußte, daß die Beziehung dann beendet gewesen wäre.

Kohlberg und Piaget beschäftigten sich bereits vor vielen Jahren damit, wie Menschen moralische Grundsätze im Laufe ihrer Entwicklung in ihre Persönlichkeit integrieren. Dabei unterschieden sie drei Stadien der moralischen Entwicklung, die

Godenzi in Beziehung zu männlicher Gewalt setzte:

„Moralischer Realismus. Wer stiehlt, wird bestraft. Wenn man nicht bestraft oder nicht erwischt wird, darf man stehlen. Auf das Geschlechterverhältnis übertragen: Wer Frauen benachteiligt, diskriminiert oder ihnen Gewalt antut, dabei aber entweder nicht bestraft oder nicht erwischt wird, wird dies weiterhin tun.

Heteronome Moral. Man darf nicht stehlen, weil es verboten ist. Der Sinn dieses Verbotes wird jedoch unter Umständen nicht reflektiert. Auf unseren Kontext übertragen: Mann soll Frauen nicht diskriminieren. Ohne den Sinn dieser Norm einzusehen, wird die Norm nur halbherzig befolgt oder dann in deren konkreten Auswirkungen nicht erkannt oder übersehen.

Autonome Moral. Man darf nicht stehlen, weil es kein vertretbarer Grundsatz ist. Hier wird das Verbot eingesehen. Auf das Geschlechterverhältnis übertragen: Frauen werden als gleichberechtigte, selbstbestimmte Subjekte anerkannt" (Godenzi 1993, 156).

Godenzi schreibt weiters, daß „es täglich genügend Hinweise dafür gibt, daß ein beträchtlicher Teil der männlichen Bevölkerung die Stufe der autonomen Moral, also der moralischen Selbststeuerung, nicht erreicht. Die tieferen oder infantileren Formen aber brauchen ein hohes Maß an äußerer, an rechtlicher und polizeilicher Kontrolle, Abschreckung und Regelung" (Godenzi 1993, 157).

Bezogen auf Sigmund ist der erste Schritt zur Verhinderung von Gewalttätigkeit (nicht aber einer grundlegenden Persönlichkeitsveränderung, die durch Abschreckung allein sicher nicht erreicht werden kann) eine Erhöhung der äußeren Kontrolle.

Konsequenzen seiner Gewalt müssen für ihn so vorhersehbar sein wie die von ihm angenommene Trennungsbereitschaft seiner Freundin.

Die Kindheit von Claudia ist geprägt von einem ständigen Wechsel der Bezugspersonen. An traumatischen Ereignissen fehlt es nicht: Ihre Mutter wird von deren Partner ermordet. Die „schönste Kindheitserinnerung" ist, mit dem Vater im Bett zu liegen, verbunden mit der undeutlichen Erinnerung, daß sexueller Mißbrauch stattgefunden hat. Vermutlich ist das die einzige Erinnerung an „Wärme", die sie im Zusammenhang mit ihren leiblichen Eltern hat, aber auch an dieser kann sie sich nicht freuen, sie ist überschattet durch die Möglichkeit, benutzt worden zu sein. Die einzige stabile Bezugsperson ist die Großmutter, zu der sie kontinuierlichen Kontakt hat, bei der sie aber nicht lebt. Sie wechselt von einer Pflegefamilie zur anderen, erst mit elf Jahren erlebt sie längere Zeit Stabilität in einer Familie. Mit 15 Jahren lernt sie ihren späteren Mann kennen, ihn bezeichnet sie als ihre *„erste große Liebe"*. Sie betont besonders, daß er nicht sofort sexuellen Kontakt suchte. Dies gibt ihr das Gefühl, „um ihrer selbst willen" geliebt zu werden. Sie zieht mit dem Mann gemeinsam zu dessen Familie und erlebt dort große Geborgenheit. Als sie schwanger wird, sucht sich das junge Paar eine eigene Wohnung. Hier beginnen die Schwierigkeiten, der Mann trinkt, hat Verhältnisse mit anderen Frauen und mißhandelt sie regelmäßig. Sie erträgt die Gewalt eine Zeitlang, nach einem besonders argem Vorfall flüchtet sie ins Frauenhaus.

Durch die Beratung im Frauenhaus verringern sich die Schuldgefühle der Frau. Sie hatte immer das Gefühl, „nicht liebenswert" zu sein. Gleichzeitig schreibt die Sozialarbeiterin des Jugendamts dem Mann einen Brief und spricht mit ihm. Claudia reicht die Scheidung ein, ihr ist es offenbar ernst mit der Trennung. Dann kommt es zu einer Aussprache zwischen dem Ehepaar, bei der die Frau einige klare Bedingungen stellt, unter anderem die, daß der Mann zu einer Paarberatung und zu einer Beratung wegen seiner Alkoholabhängigkeit gehen muß. Erst dann zieht sie die Scheidung zurück, und das Paar wohnt wieder zusammen. Seit einem Jahr wird Claudia nicht mehr mißhandelt, die Alkoholabhängigkeit hat der Mann allerdings nicht völlig bewältigt. Der Auslöser zur Veränderung nach Meinung der Frau: *„Er hat wirklich gesehen, daß er so was mit mir nit machen kann."*

BEDINGUNGEN FÜR EINE VERÄNDERUNG BEI AUFRECHTER BEZIEHUNG

1. Die Frau muß entschlossen sein, die Gewalt nicht mehr zu dulden
2. Ihre Sicherheit muß gewährleistet sein, und die Gewalt darf nicht lebensbedrohliche Ausmaße angenommen haben.
3. Eine positive emotionale Beziehung zwischen Mann und Frau muß (noch) vorhanden sein.
4. Der Mann muß zur Veränderung bereit sein und Reue empfinden.
5. Professionelle Hilfe und Unterstützung, die eine klare Haltung gegen Gewalt signalisiert und dies dem Mann auch mitteilt, spielt eine wichtige Rolle.
6. Eine klare Vereinbarung, daß es zu keiner Gewaltanwendung mehr kommen darf, muß zwischen Mann und Frau bestehen.
7. Alternativen zur Gewalt müssen mühsam erarbeitet werden – ein paar Beratungsgespräche sind meist zu wenig.

Zusammenfassend scheint die Antwort, unter welchen Umständen Männer auf Gewalt „verzichten" können, einfach und naheliegend: wenn die Bilanz der Gewalt negativ ist. „Generell gilt: Je unvollständiger oder unreifer das moralische Urteil, desto größer ist das gewalttätige Verhalten. Und: Je ausgeprägter Männer Frauen als minderwertige oder feindliche Wesen betrachten, desto kürzer sind die Wege zur Gewaltanwendung. Denn was wenig wert ist, darf gezüchtigt werden. Ein Mechanismus, der natürlich auch auf der Ebene von Klassen und Rassen funktioniert" (Godenzi 1993,157).

Daher ist nicht nur soziale Ächtung, sondern auch eine massivere Bestrafung der Gewalt gegen Frauen notwendig. Wenn die beteiligten Institutionen und Privatpersonen klar und ablehnend auf Gewalt reagieren, Unterstützung und Hilfe anbieten, mit einem effektiven Strafsystem im Hintergrund, dann kann Gewalt eingedämmt werden. Gleichzeitig darf Ausflüchten der Männer kein Raum gegeben werden, ihre Gewaltanwendung muß Hauptthema jeder Intervention sein.

BEZIEHUNG TROTZ GEWALT

Susanne wächst in einer stabilen Familie auf, ihre Mutter bezeichnet sie als eher kühl, ihren Vater als liebevoll. Sie beschreibt ihr Elternhaus als offen und kulturell interessiert. Sie lernt mit 15 Jahren ihren Mann kennen, hatte davor aber bereits sexuelle Erfahrungen mit anderen Männern. Sie bezeichnet sich als sehr umschwärmt. An ihrem Mann reizt sie vor allem, daß er sie gleichgültig bis abfällig behandelt. „Genau den will ich", sagt sie, und dieser Wunsch erfüllt sich. Seit Beginn der mittlerweile 33jährigen Beziehung wird sie mißhandelt, teilweise schwer und mit bedrohlichem Ausmaß. Sie bleibt bei ihrem Mann, unternimmt keine Trennungsversuche und sucht auch nicht Hilfe. Seit eineinhalb Jahren ist sie teilzeitbeschäftigt, muß aber sofort nach der Arbeit nach Hause, weil ihr Mann jeden ihrer Schritte kontrolliert. Ihre Strategien in der Beziehung sind, sich anzupassen, solange der Mann anwesend ist, hinter seinem Rücken nimmt sie sich aber kleine Freiheiten.

Warum ist Susanne noch bei ihrem Mann ?

„Ich weiß nicht, aus welchen Gründen ich es nicht schaff, vielleicht ist es Angst auch, daß er mich nachher nicht in Ruhe läßt. Und die Angst davor, vieles aufzugeben in finanzieller Hinsicht. Ich hab eine schöne Wohnung, ich liebe meine Wohnung, die haben wir uns eingerichtet nach meinem Geschmack, weil ihm das eigentlich egal

war. Und ich denk mir, jetzt bin ich fast 48 und soll meine Koffer packen und gehn, vor dem allen hab' ich Angst. Und eben, wie wird's weitergehn? Wird er mich in Ruhe lassen?"

Susanne wirkt nach Beschreibungen der Interviewerin nicht eingeschüchtert oder verängstigt, sondern strahlt eher Selbstsicherheit und Lebenslust aus. Sie ist schön und gepflegt, kommt aus „geordneten" Familienverhältnissen. Vor allem, wenn ihre Geschichte mit der Claudias verglichen wird, tauchen noch mehr Fragen auf. Beide lernten ihren Mann sehr früh kennen. Für Claudia und Susanne wird er aus unterschiedlichen Beweggründen wichtig für ihr Selbstwertgefühl. Beide „lieben" ihn sehr. Während es bei Claudia offensichtliche, nach Meinung vieler „typische" Gründe für mangelndes Selbstwertgefühl gibt, sind diese bei Susanne nicht zu finden. Trotzdem fällt es Claudia, der in der Kindheit schwer mißhandelten Frau, leichter, Hilfe zu suchen und Grenzen zu setzen.

Zur Bewältigung ihrer unerträglichen Stiuation inszeniert Susanne „kleine Fluchten" aus dem Alltag (sie kauft viel ein, hat Geheimnisse vor ihrem Mann). Es wird mit zunehmender Mißhandlungsdauer und zunehmendem Alter immer schwieriger, sich noch ein anderes Leben vorzustellen und selbst aktiv das eigene Schicksal zu bestimmen. Die Interviewerin in ihrer Interpretation dazu: „Auch bei mir hat es eine Zeit gegeben, in der ich stolz auf meine Leidensfähigkeit war. Ich war mir damals nicht so sicher, ob das, was mir widerfährt, nicht Fremdbestimmung ist, gegen die ich machtlos bin" (Erstinterpretation Aykler).

Rückblickend meint Susanne, daß sie sich wegen eines anderen Mannes von ihrem Ehemann getrennt hätte: Diese Möglichkeit, die allerdings bisher nicht Realität wurde, wird von Steinert/Straub (1988) als das „Rettungsanker-Syndrom" bezeichnet, das am Grad der Eigenverantwortlichkeit nichts ändert. Die Hoffnung auf Veränderung des eigenen Lebens wird nach wie vor in anderen Personen gesehen. Diese Position kann auch als „Alles oder nichts"-Prinzip gesehen werden. Entweder „es passiert" die totale Veränderung, indem sie alles hinter sich läßt und auswandert/einen neuen Mann findet, der die gleiche finanzielle Basis bietet, oder eine Veränderung ist gar nicht möglich. Susanne sieht ihre Möglichkeiten immer in der Vergangenheit oder Zukunft, niemals aber in der Gegenwart. Ihre realen Möglichkeiten, ein „neues Leben" zu beginnen, sind jedoch auf Grund ihres Alters und ihrer Einkommenssituation auch sehr gering. Anzunehmen ist weiters, daß ihr Mann eine etwaige Trennung nicht gewaltlos akzeptieren würde.

WAS VERHINDERT DIE TRENNUNG?

1. Angst

„Er hat mich total eingeschüchtert, und er hat immer gesagt, wenn du gehst, dann bekommst du keinen Groschen von mir, und die Kinder bekommst du sowieso nicht.. und er hat es mir unmöglich erscheinen lassen, daß ich gehe." (Sabine)

„Ich hab Angst gehabt, er bringt mich um. Mittlerweile ist es so weit gegangen, daß ich hab gewußt, wenn ich die Scheidung einreich, daß das eskaliert und er mich umbringt." (Nora)

Die Angst setzt sich aus vielen Komponenten zusammen und ist durchaus real. Viele Frauen werden vom Mann im Fall einer Trennung mit dem Umbringen bedroht, einzelne werden auch ermordet. Sie haben aber auch Angst, daß der Mann das Sorgerecht für die gemeinsamen Kinder erhält oder diese entführt. Wie Susanne haben viele Frauen Angst, daß ihr Mann sie niemals in Ruhe lassen wird. Ihr Bleiben in der Beziehung scheint daher vorerst „sicherer", so absurd dies bei einem gewalttätigen Mann für Außenstehende auch erscheint. Die Auswirkungen der Angst sind so „lähmend", daß Alternativen (falls vorhanden) kaum wahrgenommen oder aktiv gesucht werden können.

2. Konventionelles weibliches Rollenbild

Das konventionelle weibliche Rollenbild in unserer Gesellschaft besteht aus mangelnder Verantwortung für sich selbst, die eigenen Bedürfnisse und Wünsche, und aus übermäßiger Sorge für andere (Gilligan 1985). Dieses gesellschaftliche Rollenbild wird verstärkt übernommen, wenn Frauen in ihrer eigenen Identität und ihrer Individuation nicht gefördert, sondern behindert wurden. Dazu gehörten auch ein weibliches Rollenvorbild, das entweder sehr negativ besetzt ist (launische und kühle Mutter), oder sehr traditionelle Familienverhältnisse, in denen die Individuation der Töchter (dazu gehört auch eine gute Berufsausbildung) nicht gefördert wird. Häufig zeigt sich das mangelnde Interesse an der Individualität der Mädchen in „So-nicht"–Zuschreibungen (nicht schlimm sein, nicht laut sein...). Diese Form der negativen Identifikation ist unseres Erachtens gefährlicher als eine eindeutige Rollenzuschreibung, gegen die Auflehnung prinzipiell möglich ist. Eine Auflehnung gegen „So-nicht"-Zuschreibungen ist faktisch unmöglich, und die eigene Identität bleibt grundlegend geschwächt. Dadurch entsteht große Unsicherheit bezüglich der eigenen Identität, wodurch es zu einer Übernahme extrem stereotyper Weiblichkeitsideale kommt.

Zu diesem traditionellen Rollenbild gehört es zum Beispiel, die Verantwortung für wichtige lebensentscheidende Fragen im Namen der Liebe dem Mann zu überlassen:

„Und da hat mein Mann dann gesagt: Na, eigentlich sollt ma wirklich heiraten. I mein die langen Jahre... Und, na gut." Auch im nachhinein rechtfertigte sie sich mit dem Wort Liebe: *„Ich hab ihn ja so geliebt. Wenn man verliebt ist, dann sieht man das einfach net."* (Susanne)

Bei konventionellen Frauen schnappt die „Falle des Gebrauchtwerdens" zu: Aus dem „Gebrauchtwerden" beziehen Frauen ihre Kraft, so paradox es klingt, um die Gewalt auszuhalten und die in jedem Menschen vorhandenen Machtbedürfnisse durch die scheinbare Umdrehung der Macht zu befriedigen. *„Ich glaub, ich hab immer das Gefühl – und ich bin leider so ein Mensch – ich glaub' immer, ohne mich geht er zugrunde, und ich bin die Retterin für ihn"* (Susanne). *„Ich lass ihn nicht im Stich, und ich werde ihn auch nicht im Stich lassen, ein Alkoholiker ist ein kranker Mensch, da kannst nichts machen"* (Veronika). Viele Frauen sind stolz auf ihre „Leidensfähigkeit" und beziehen daraus Stärke, extrem altruistisch für einen in ihren Augen „kranken" Mann zu sorgen.

Fehlende reale Ressourcen, die für eine Veränderung der Situation genutzt werden könnten, werden durch einen „Rückgriff auf infantile Allmachtsphantasien" (Rommelspacher 1989, 101) ausgeglichen. Der Bezug zu den traditionellen weiblichen Rollenbildern der „opferbereiten" Frau ist evident. Hagemann-White meint dazu: „Je geringer die realen Ressourcen, die Entscheidungsfähigkeit und das Wissen, desto größer die Allmachtsphantasien, die Gefahr der Regression in infantile Wahrnehmungsmuster und Identifikation mit der Muttermacht: erlösen, retten und heilen zu können" (zit. nach Rommelspacher 1989, 96). In dieses Bild passt auch der Eindruck der Interviewerin, die zum Beispiel über Susanne schreibt: „Trotz ihrer fast 50 Jahre möchte ich sie als kindlich bezeichnen ... spannend war für mich, wie sie unser Gespräch begann: Sie fragt, wie sie es tun soll, erzählen, oder ob ich Fragen stelle? Ich sage ihr, daß ich lieber Fragen stelle, stelle ihr eine, die sie nicht beantwortet, sondern ihre Geschichte erzählt. Und dieses Muster scheint ihr Leben zu begleiten, damit nimmt sie aber weder sich noch ihre Umwelt ernst und übernimmt auch keine Verantwortung" (Aykler, Erstinterpretation).

3. Mangelnde Alternativen

„I hab Kinder a no ghabt. Und i hab zu dem Zeitpunkt no net gwißt, daß es a Frau-

enhaus gibt... I hab nia gwißt, wohin hätt i gehn solln? Zu meine Eltern hab i net hingehn können, meine Geschwister habn alle a kloane Wohnung. Wer nimmt a Frau mit zwoa Kinder auf? I moan, nit lei für a Nacht, mit dem is ja gar net gholfn, weil danach geht's ja wieder gleich zruck. " (Elisabeth)

Ein Hauptproblem vieler Frauen sind die mangelnden Wohnmöglichkeiten – Frauenhäuser gibt es viel zu wenige und auch nicht in allen Regionen Österreichs. Eine Wohnung auf dem Privatmarkt zu finden, ist mittlerweile für Personen, die wenig verdienen, unmöglich, und geförderte Wohnungen sind in der Krisensituation nicht schnell genug verfügbar.

Alle Frauen, die noch mit ihrem gewalttätigen Mann zusammenleben, sind von ihm ökonomisch abhängig. Zusätzlich besteht Angst vor einem Statusverlust als alleinstehende Frau. Diese ist durchaus real, da alleinerziehende Frauen hinsichtlich Verarmung eine der Hauptrisikogruppen sind.

Es geht jedoch nicht nur um finanzielle, sondern auch um psychische und soziale Unterstützung.

„*I hab koa Hilfe von die Eltern ghabt. Weder finanziell no sonst, psychische Unterstützung hab i koane ghabt.* " (Elisabeth)

4. Verinnerlichung der Einschränkungen

Sehr oft bleiben Frauen sehr lange in Beziehungen, in denen sie Gewalt erleiden, weil sie bereits im Rahmen ihrer Sozialisation und im späteren Leben dazu erzogen wurden, keine eigenständigen Entscheidungen zu treffen. Die Verinnerlichung und Rechtfertigung äußerer Einschränkungen ist dann nur ein weiterer Schritt. „*Also, daß ich zu meiner Schwester geh, das wurde ja über meinen Kopf entschieden, das war für mich ganz klar, daß es so sein muß. Wir haben uns gegen solche Entscheidungen gar nicht gewehrt, das war ganz klar, daß es so ist und nicht anders. Daher hab ich gar keine anderen Wünsche gehabt damals, weil es für mich so klar war, wie es weitergeht, das war ganz normal für mich, daß es so sein wird.* " (Dora)

Diese Aussage zeigt, wie äußere Beschränkungen, wie vorgegebene Geschlechtsrollen, strenge, bestimmende Eltern internalisiert werden und zu inneren Beschränkungen werden, so daß Alternativen gar nicht mehr denkbar sind (vgl. Haug 1986). Später werden diese anerzogenen Eigenschaften als Passivität und mangelnder Veränderungswille bezeichnet. Dora steht als Beispiel für viele, die sich selbst nicht als selbstbestimmtes Subjekt sehen durften/konnten, in einer Gesellschaft, in der dies nur wenigen Frauen ermöglicht wird.

Einschränkungen gehören auch in der Vorstellung vieler zu einer idealen Beziehung, unzählige Frauen erzählen in Beratungsgesprächen, wie sie zu Beginn der Beziehung ihre Interessen, ihren FreundInnenkreis aufgeben, einerseits, weil der Mann es verlangte, und andererseits, weil sie selbst glauben, daß zu einer erfüllten Beziehung nur zwei Personen gehören, die „alles füreinander sind".

5. Autoaggression

Die Aggressionen, die Wut, der Zorn, die „normale" Gefühlsreaktionen auf Gewalt sind, werden unterdrückt und in der Folge gegen sich selbst gerichtet:

„Ich tät ihm am liebsten sagen: Du Scheißkerl du. Du gehst mir so am Wecker. Oder: Schleich dich endlich. Auch wenn ich das gern würde, steh ich da und sag: Ja, was möchst du essen? Also, ich hab mich jetzt so weit in der Gewalt." (Susanne) Wut paßt nicht in das weibliche Rollenbild. Häufig wird die Wut in Mitleid verwandelt, das die Frauen wieder an den Täter bindet. „Wie ihr Gegenstück, die Rachephantasie, so ist auch die Vergebungsphantasie ein Versuch des Opfers, verlorene Stärke wiederzuerlangen. Es stellt sich vor, daß es seinen Zorn transzendieren und die Folgen des Traumas durch einen trotzigen Willensakt der Liebe ausmerzen kann (Herman 1993, 269).

6. Mangelnde Ressourcen zur Bewältigung

Nicht die Kindheitserfahrungen per se sind entscheidend für die Länge der ertragenen Mißhandlungen, obwohl viele Frauen auch schreckliche Kindheitserfahrungen haben. Politischer Einfluß, befriedigende Berufsmöglichkeiten würden Kompensationsmöglichkeiten für früher Erlebtes bieten, sind jedoch Frauen eher verwehrt. Devereux wies nach, „daß den benachteiligten Klassen in einer Kultur systematisch der Zugang zu den Abwehrmechanismen verwehrt wird, welche die Kultur den Privilegierten zugesteht" (zit. nach Rommelspacher 1989, 95). Da Frauen in unserer Gesellschaft benachteiligt sind, stehen ihnen weniger Ressourcen zur Bewältigung von Traumatisierung (in der Kindheit, im Erwachsenenleben) zur Verfügung. Frauen bekommen hauptsächlich über private Beziehungen Anerkennung und Zuwendung, daher werden sie auf diese Ebene zur Ausagierung ihrer Probleme fixiert, während Männern ein breiteres Spektrum zur Verfügung steht.

Abhängigkeiten und Beziehungsschwächen der Frauen werden weniger durch ihre Kindheitssituation oder ihre Psyche als durch „das real existierende Geschlechterarrangement" (Dinnerstein, 1979) verursacht.

Durch diese eingeschränkten Möglichkeiten wird für Frauen die „Macht" über einen Mann so wichtig, vor allem, wenn er attraktiv, stark, egoistisch und arrogant wirkt, „dies aber gemischt mit Schwächen, Problemen, Verletzlichkeiten und Unsicherheiten. Dazu kommt, daß er ihr signalisiert oder sie zumindest es selbst so empfindet, daß sie die Auserwählte sei, der einzige Mensch auf der ganzen Welt, der ihn retten könne" (Rommelspacher 1989, 94).

Besonders wenig privilegierten Frauen mangelt es an Ressourcen, sie sind daher gefährdeter, in einer Beziehung zu einem Mann „alles" zu sehen, als Frauen, die zum Beispiel beruflich einflußreich sind.

6. Verallgemeinerung des Persönlichen

„Und den will ich. Ich weiß auch nicht wieso, irgendwo muß man das in sich haben, daß man grad den, der einen nicht will, haben will" (Susanne). Die Sprechweise des „man" statt „ich" verallgemeinert das eigene Erleben, wodurch es unabwendbar und unbeeinflußbar durch eigenen Willen scheint.

„Er hat irgend etwas an sich, du kimmsch halt von dem Menschen net los" (Elisabeth). Auch das „du" wird als Normalisierungsstrategie eingesetzt, um das eigene Verhalten allgemeingültig zu machen. Wenn „du" („man") nicht von ihm loskommst, dann ist es ganz normal, bei einem gewalttätigen Mann zu bleiben, quasi schicksalshaft.

7. Illusion der Kontrolle der Gewaltanwendung

Die Frauen, die noch mit ihren gewalttätigen Männern zusammenleben, haben die Illusion, die Gewalttätigkeit des Mannes beeinflussen und damit auch kontrollieren zu können. Letztlich bedeutet diese Haltung eine Übernahme der Verantwortung für seine Gewalttätigkeit.

Susanne: „Ich bin jetzt eher auf dem, es friedlich zu halten. Oft auch wenn es mir gegen den Strich geht..."

Interviewerin: „Das heißt, du kannst ihn mit deinem Sein beeinflussen?"

Susanne: „Ja, genau. Indem ich jetzt die angepaßte Frau bin, die ihm alles richtet, die ihm alles macht, ihm seine Hemden stapelt, seine Socken ordnet, immer Essen für ihn bereithält und immer ruhig, nett und zuvorkommend ist."

In der Realität zeigt sich jedoch auf genaues Nachfragen, daß Frauen niemals sicher sein können, daß ein bestimmtes Verhalten garantiert nicht zu Gewalt führt. „Wenn ich ruhig bin, ärgert er sich, wenn ich rede, ist es auch verkehrt", beschreibt eine Frau dieses double–bind, das im Extremfall verrückt machen kann. Frauen haben denselben Status wie andere diskriminierte Gruppen, sie haben niemals die

Garantie, daß ein bestimmtes Verhalten sie schützt. Ebenso sind die Möglichkeiten, sich gegen Willkür und Gewalt zu wehren, für benachteiligte Personen wesentlich geringer.

8. Hoffnung auf Veränderung

„Ich hab ihm die letzte Chance gegeben und hab ihn geheiratet, um sein Vertrauen zu gewinnen und hab mir gedacht, jetzt kann er seine Gefühle zeigen." (Ulrike)

„Und ich hab das zweite Kind bekommen und hab mir gedacht, irgendwie kann es sich nur bessern mit dem zweiten Kind. Wir werden mehr zusammenwachsen." (Olga)

Diese Hoffnung läßt Gewalt lange ertragen, da sich ein veränderbares Ereignis (zum Beispiel eine größere Wohnung, ein anderer Arbeitsplatz des Mannes) immer findet.

9. Illusion der Liebe des Mannes

„Ja, der muaß di ja megn, er wird mi sicher gmegt habn, auf seine Art und Weise." (Elisabeth) „Liebe ist völlig falsch definiert", sagte eine Interviewerin einmal. Sie erwähnte es zwar im Zusammenhang mit den Beteuerungen, eine schöne Kindheit gehabt zu haben, wonach auf genaues Nachfragen eine Aufzählung von Scheußlichkeiten folgte. Dieser Satz stimmt jedoch auch für Beziehungen zwischen Männern und Frauen. Im Namen der Liebe wird verletzt, werden Leid und Einschränkung ertragen und wird Gewalt ausgeübt. Die Wahrnehmung der Realität, daß wichtige Personen einen weder lieben noch mit Achtung behandeln, ist schwer zu ertragen. Diese Realitätswahrnehmung ist eine Voraussetzung für die Bewältigung der Gewalterlebnisse und für eine Trennung.

Zusammenfassend zeigt sich, daß es viele Gründe für Frauen gibt, sich aus Mißhandlungsbeziehungen nicht zu lösen, immer leiden sie jedoch unter der Gewalt.

Diese Situation entsteht nicht aus einer psychischen Konstellation der Frauen an sich, sondern aus einer Psyche, die durch das herrschende Rollenbild von Frauen und eine benachteiligende Realität geprägt wird.

BEFREIUNGSMÖGLICHKEITEN

Judith hat zwar keine völlig unproblematische Kindheit, sie entwickelt aber offenbar doch eine recht starke Persönlichkeit, die ihren Willen und ihre Bedürfnisse durchzusetzen vermag. Ständig in Opposition zur Mutter, ist sie kämpferisch und durchaus nicht völlig geschlechtsspezifisch angepaßt. Sie besucht die Graphikschule, zieht von zu Hause weg, arbeitet im Gastgewerbe. Als sie ihren ersten Mann kennenlernt, verläßt sie ihr Realitätssinn. Daß er trinkt, hat sie nicht weiter gestört, sie hat sich *„nichts dabei gedacht"* – Naivität? Er wirbt um sie, das ist etwas, das sie nicht kennt, und es gefällt ihr. Der Realitätssinn kommt aber bald wieder, sie will ihn nicht heiraten, *„solange er so trinkt"*, auch als sie zwei Kinder von ihm bekommt. Sie selbst sieht keinen Grund zu heiraten, aber die Normen ihrer Umgebung (die sie auch verinnerlicht hat) beginnen zu wirken. Ihre Familie übt Druck aus, dem sie offenbar nicht standhält. Am Tag der Hochzeit weint sie aus Angst vor dem, was auf sie zukommt. Sie kapituliert, obwohl sie eigentlich andere Pläne für ihr Leben hatte.

Es kommt, wie es kommen muß: Kaum gibt es den Trauschein, trinkt der Mann noch mehr, bleibt Tage, einmal drei Wochen einfach weg, ignoriert sie und ihre Bedürfnisse. Ein Gewaltverlauf wie bei vielen anderen interviewten Frauen zeichnet sich ab, als er zum ersten Mal die Hand gegen sie erhebt – Judith schlägt zurück und stellt klar, daß sie sich das nicht gefallen läßt, *„und er hat es auch nie wieder versucht."* Wie viele andere interviewte Frauen erkennt Judith, daß sie eigentlich nichts von der Beziehung hat, nicht einmal finanzielle Absicherung, sie muß sich und die Kinder mit verschiedenen Arbeiten durchbringen. Die Angst vor dem Alleinleben mit den Kindern hindert sie, sich von dem Mann zu trennen, obwohl sie weiß, daß sie de facto ohnehin allein lebt.

Bei Judith ist der Auslöser zur Trennung ein anderer Mann, in den sie sich verliebt. Hier setzen sich wieder ihre unkonventionellen Züge durch, sie hat kein schlechtes Gewissen und steht klar zu ihren Bedürfnissen, sich wegen dieses Mannes von ihrem Ehemann zu trennen.

Judith fällt mit dieser zweiten Beziehung wieder ihrer Neigung zum Opfer, bei Verliebtheit ihren Realitätssinn zu verlieren: Sie schlägt alle Warnungen der Umgebung, daß der Mann ein Gewalttäter ist und schon einige Male im Gefängnis war, in den Wind.

Sie hält zu ihm, „er kann sich ja ändern" (bei ihrem früheren Mann hieß es seitens der Umgebung: „Wenn du die Richtige bist, derbandelst ihn schon!"). Margrit Brückner bezeichnete dieses Verhalten von sonst sehr realitätsbewußten Frauen als „Beziehungsschwäche" (Brückner 1988). Sichtbar wird, wie Frauen auch von ihrer Umgebung in Allmachtsphantasien, die ja Teil der Beziehungsschwäche sind, getrieben werden. Dadurch geht die Realitätswahrnehmung verloren, wie bei Judith in ihrer ersten Beziehung :

„Ja... jedenfalls i hab mi, irgendwann hab i dann denkn angfangen, i bin an dem allen schuld (daß der erste Mann trinkt, d.A.) ...i hab des total vergessen, daß i ihn schon so kennengelernt hab, i hab echt glaubt, i bin an dem allen schuld. Er hat mirs aber auch immer gsagt, muaß i sagn, und i habs a rundummadum so ghört – ja tua doch des, daß er nicht trinkt, oder tua doch des – i habs eh alles probiert, aber es hat ja nix genutzt..." (Judith)

In ihrer zweiten Beziehung ist es für Judith noch schwieriger, den Realitätssinn zu bewahren, handelt es sich doch um einen „Mann mit zwei Gesichtern". Seine Zärtlichkeit, sein Verständnis, ihre Gespräche, ihre gefühlsmäßige Übereinstimmung, all das läßt sie jede Idee von Gewalttätigkeit von sich weisen. *„...aber mir is allweil vorkommen, also die was auf der einen Seite so entsetzlich brutal sein kennan, kennan auf der anderen Seiten aber wieder so liebevoll sein und so... de san total sensible Leit, irgendwo... deswegen hat mi des a so wahnsinnig geschockt, daß der auf einmal auf mi einschlagt, i kann dir's gar nit sagn... oder daß er si zuabikuschelt hat wia a kloans Kind und umadumgschmust, stundenlang, und auf einmal fangt der so brutal zum Zudreschn an."* (Judith)

Trotz großer Verliebtheit verläßt sie der Realitätssinn nicht ganz, sie ist weit davon entfernt, ihre neu gewonnene Freiheit sofort wieder aufzugeben. Sie plant realistisch einen guten Kontakt mit dem ersten Mann wegen der Kinder. Daher ist sie perplex, als der neue Freund nach dem Auszug ihres Ehemannes mit Sack und Pack vor der Tür steht, um bei ihr einzuziehen.

Judith reagiert auf seinen Wunsch klar, ohne die Beziehung oder den Mann abzuwerten, sie bittet ihn, in seiner Wohnung zu bleiben, erklärt ihm, sie braucht noch Zeit. Dies führt zum Wendepunkt (*„Sein Gesicht werde ich nie wieder vergessen"*), erste Gewalttaten und Drohungen, er zieht einfach ein (vgl. Funktion der Gewalt ist in vielen Fällen die Kontrolle über die Gestaltung der Beziehung).

Wendepunkt auch für Judith: Sie weiß, so will sie nicht leben, von diesem Zeitpunkt an verfolgt sie das Ziel, ihn wieder auszusiedeln, ziemlich konsequent, obwohl sie irrsinnige Angst hat und sich nicht zu wehren traut. „... *Dann hat er mi's erste Mal echt gwürgt. I war dann schon so weg, und da hab i Angst kriegt... also... i hab no nie vor wem so Angst ghabt, des muaß i ehrlich sagn.*"

Der Auslöser für die Flucht aus ihrer Wohnung ist eine „Gewaltorgie" bei einer Party für seinen Freund, bei der sie schwer mißhandelt wird. Erkennt sie hier einfach nur das wahre Ausmaß der Bedrohung, oder macht sie sich auch das Setting der Situation zunutze? Die Kinder sind nicht da, sie ist nicht allein mit dem Mann, es gibt Zeugen für die Mißhandlung und Bedrohung mit dem Messer, die ihr letztlich auch helfen. Sie hätte die Eskalation unter Umständen verhindern können, wenn sie sich nicht gegen seine Beschimpfungen gewehrt hätte, wenn sie sein Ausziehen aus der Wohnung nicht wieder thematisiert hätte, obwohl er ein Messer in der Hand hatte.

Eine Strategie, die viele Frauen versuchen und die von der Umgebung immer wieder gefordert wird, ist: Es ihm recht machen, sich zurücknehmen, jeden Anlaß, ihn zu „provozieren", vermeiden. Judith „provoziert" im landläufigen Sinn in dieser Nacht sehr wohl – zu ihrem Glück, denn damit fällt die Entscheidung, und sie entgeht jahrelangen Mißhandlungen, Demütigungen und Unterwerfung. Sie hat aber gleichzeitig auch für ihre Sicherheit gesorgt. Sie flüchtet nach diesem Abend zuerst zu ihrem Ex-Mann und einige Tage später ins Frauenhaus.

Judith bleibt nicht nur ihrem Entschluß treu (obwohl sie die faszinierenden Seiten dieses Mannes immer noch sieht und mag!), sie holt aktiv Hilfe in dieser schwierigen Trennungsphase (immerhin hat er sie mit dem Umbringen bedroht): *„Weil er hat allweil gsagt, also wann i weggeh von eahm, er bringt mi um. Er laßt mi so net gehn, hat er gsagt, irgendwas mach i schon, hat er gsagt, daß dir vergeht, daß du nochmal mit an andern zamziagst... oder i bring di um, oder i stich di ab, oder sonst was..."*

Unterstützung findet sie bei ihrem früheren Mann, einer Freundin, dem Frauenhaus und einer Familienberatung. In der Familienberatung führt sie auch ein Gespräch mit dem Mann, bei dem sie ihm mitteilt, daß sie die Beziehung nicht mehr fortsetzen will und kann.

Judith fasziniert durch ihre Fähigkeit, trotz der ambivalenten Gefühle, die sie zu dem Mann hat, klarzubleiben und die Trennung zu verfolgen, ohne ihn als Person verdammen und hassen zu müssen.

Ihr Mitleid *(„Und irgendwo... hat er mir allweil leid getan")* mit ihm verleitet sie nicht zu „Verzeihungstaten" im üblichen Sinn, nämlich zurückzugehen, es noch einmal zu versuchen, sondern höchstens, ihm seine guten Seiten zu lassen und ihn zu animieren, sich in Therapie zu begeben. Der Mann ist allerdings nicht mehr bereit, Therapie in Anspruch zu nehmen, als klar wird, daß Judith die Beziehung nicht aufrechterhalten möchte.

Judith erduldet ihr Schicksal nicht passiv, sondern versucht eine Veränderung zu erreichen. Diese erfolgt durchaus angepaßt an die Situation. Bei ihrem ersten Mann schlug Judith zurück, beim zweiten wendet sie andere Strategien an. Je konsequenter und eindeutiger sie handelt, umso eher hört die Gewalt auf (erster Mann), oder umso schneller kann sie die Gewaltsituation verlassen. Diese konsequenten und eindeutigen Handlungen von Judith erfordern Persönlichkeitsmerkmale wie Stärke, Unabhängigkeit und Mut. Unterstützung und Hilfestellungen von außen sind unumgänglich, um die Lähmung durch die Angst zu überwinden und weitere Gefahren zu minimieren. Bei allen Frauen mit kurzer Mißhandlungsdauer konnten folgende Faktoren festgestellt werden:

1. Ernstnehmen der eigenen Erfahrung

Dazu gehört, die erlittene Gewalt nicht zu „vergessen", sondern sie im Bewußtsein zu belassen, sich zu „erinnern" (Kelly 1988) bzw. „erinnern und trauern" (Herman 1993). Frau J. verwendet z.B. beim Sprechen über ihre Erfahrungen durchwegs die „Ich-Form" im Unterschied zu den Frauen, die noch immer in einer Gewaltbeziehung leben, die großteils das verallgemeinernde „man" gebrauchen.

Über Gewalt muß als „Gewalt" und nicht in Stereotypien wie „Hand ausgerutscht" usw. gesprochen werden, damit sie auch im Gedächtnis bleibt. Frauen, die Stereotypien (die in unserer Gesellschaft meist durch die männliche Norm geprägt sind) zur Erklärung der an ihnen verübten Gewalthandlungen verwenden und akzeptieren, spalten dadurch ihre eigenen Erfahrungen ab. Sie übernehmen die Sprache des Mannes und erschweren sich die Erinnerung. An etwas, was sich nicht mit der eigenen Erfahrung deckt, kann man sich nur schwer erinnern.

Um jedoch eigene Erfahrungen ernstzunehmen, ist eine gelungene Individuation notwendig, die auch Auflehnung gegen vorgegebene Rollen bedeutet. Dies ist vielen Frauen nicht möglich in einer Gesellschaft, die die Erfahrungen von Frauen generell nicht ernstnimmt und deren Eigenständigkeit und Unabhängigkeit nicht fördert.

Wenn es Frauen trotzdem gelingt, ihre Gewalterfahrungen ernstzunehmen, können sie Vorsichtsmaßnahmen entwickeln (vgl. Judith), wodurch sie mehr Kontrolle über ihr Leben bekommen.

2. Unterstützung

Alle Frauen, die sich nach kurzer Zeit aus der Mißhandlungsbeziehung befreien konnten, erlebten (wenn auch unterschiedlich starke) Unterstützung durch ihr soziales Umfeld. Judith konnte zu ihrem Ex-Mann fliehen und hatte noch ein zusätzliches Angebot, zu einer Freundin zu ziehen. Dora formuliert es ganz direkt: *„Ich hab mich aber nie einsam gefühlt. Das war für mich bestimmt ein großer Vorteil, daß ich so viele Geschwister* (sie hat 19 Geschwister) *habe. Ich hab immer viel Besuch gehabt, ich war nicht ganz allein, das hat mir viel geholfen."* Indem andere die Möglichkeit bieten, sich auszusprechen, Strategien zu entwickeln usw., kann sich die betroffene Frau ihrer eigenen Situation zunehmend bewußt werden.

Eine Trennung ohne Hilfestellung und Schutz kann gefährlich sein. Drohungen sind unbedingt ernstzunehmen – Frauen werden, wie sich auch in unserer Untersuchung bestätigt, mitunter wegen ihrer Trennungsabsichten ermordet!

3. Materielle Unabhängigkeit

Alle Frauen, die nur eine relativ kurze Zeit mißhandelt wurden, waren – im Unterschied zu allen Frauen, die noch in der Beziehung leben – ökonomisch unabhängig vom Mißhandler. Materielle Unabhängigkeit gilt als einer der wichtigsten Fakoren für Frauen, ein selbstbestimmtes Leben zu führen. Staub-Bernasconi bezeichnete die „sozioökonomischen Ressourcen" als eine „Machtquelle" für mißhandelte Frauen (Staub-Bernasconi 1988). Die völlige ökonomische Unabhängigkeit ist jedoch auf Grund der niedrigen Fraueneinkommen immer relativ zu sehen. Es ist daher sicher so, daß weniger die außerhäusliche Erwerbstätigkeit als die Höhe des Einkommens Einfluß auf die Dauer der Mißhandlung hat.

Die außerhäusliche Erwerbstätigkeit ist aber auch, und das ist für mißhandelte Frauen besonders wichtig, eine Quelle von Sozialbeziehungen. Viele Frauen berichten von ArbeitskollegInnen, die sie unterstützten, die ihnen Informationen gaben und durch die ihr Selbstbewußtsein gestärkt wurde. Nicht umsonst wird die Berufstätigkeit in allen uns bekannten Studien als wichtiger Faktor bezeichnet, der es Frauen ermöglicht, aus Gewaltbeziehungen auszusteigen (vgl. z.B. Staub-Bernasconi 1989).

„Und des war dann der Punkt, wie ich die Arbeit gefunden hab, daß ich gsagt hab, so: Jetzt hab ich die Arbeit, sie sind mit mir zufrieden. Ich kann was. Und das hat sich wieder in mir gesteigert, das Ganze, das Selbstbewußtsein und das Selbstvertrauen, daß ich was kann. Das war für mich eigentlich das Wichtigste." (Herta).

4. Keine starke Traumatisierung

Frauen, die sich schnell aus einer Mißhandlungsbeziehung befreien, gehören sicher zu den Menschen, die Herman (1993) als besonders starke Persönlichkeiten bezeichnet, die sich nicht leicht „brechen" lassen. Sie sind imstande, Hilfe und Unterstützung zu suchen, auch wenn dies frustrierend ist. Wenn Frauen jedoch durch zahlreiche Traumatisierungen aus Vergangenheit und Gegenwart schwerwiegende psychische Schädigungen davontrugen, ist ihnen dies nicht mehr möglich.

PROBLEMATIK DER TRENNUNG

Eine Trennung bedeutet nicht automatisch das Ende der Gewalt – im Gegenteil, meist verstärkt sich die Gewalttätigkeit des Mannes.

Besonders das Schwanken des Mannes zwischen Aggressivität und liebevollem Verhalten wird von den Frauen besonders verwirrend erlebt und führt zu Lähmung und Hilflosigkeit.

„Wie das dann mit dem Frauenhaus war, hat er vor allen gesagt, daß er mich liebt. Obwohl ich in den letzten Jahren überhaupt nichts Derartiges von ihm gehört habe, zum Beispiel daß er mich gern hat oder so. Er hat auf einmal gesagt, er kann ohne mich nicht leben, und daß er mich auf seinen Händen tragen wird." (Klara)

Die meisten Männer reagieren jedoch mit zunehmender Gewalt, um die Frau wieder unter ihre Kontrolle zu bringen.

„Ich habs noch bis zum Tag der Scheidung mit ihm aushalten müssen, (betont und dann leiser) *und was i da an Schlägen gekriegt hab, und was i alles aushalten hab müssen, da hab i mir oft gedacht, i überlebs nicht mehr."* (Elisabeth)

„Dann war in meinem Fall... eine besondere Fixierung auf die Person, die war für mich das ein und alles, der Sinn meines Lebens. Als die Beziehung dann beendet war, hab ich in meinem eigenen Leben keinen Sinn mehr gesehen. Ich hab auch furchtbar gelitten... sie hat dann bei einer Freundin übernachtet... und da hab ich so einen Wutanfall bekommen, und da hab ich ein Kleid von ihr gesehen, und dann hab ich das Kleid zerrissen." (Otto)

Nach einem weiteren „Wutanfall" bringt er seine Lebensgefährtin um.

„Er schreit und tobt vor der Türe... dann bin ich tagelang nicht aus der Wohnung, aber die X. mußte ja zur Schule, man kann sich ja nicht ewig verstecken oder ohne

Licht sein. Ach, das sind so Sachen, solche Folgen, jahrelang, das geht einem echt auf die Nerven. " (Berta)

Berta ist zum Zeitpunkt des Interviews bereits seit Jahren von ihrem Mann getrennt. Sie hat kaum eine Möglichkeit, ihre früheren Gefühle zu bewältigen, da sie ihm in der Realität noch immer ausgeliefert ist.

Der Einfluß und die Verfolgung des Mannes hält oft noch jahrelang an. Bei Konfrontationen mit dem Mann fühlen sich Frauen gefangen in den jeweiligen Gefühlen, die in der Zeit der Mißhandlungssituation ihr Leben bestimmten.

Bei unserer Untersuchungsgruppe dauerte in 7% der Fälle die Gewalt noch lange Zeit nach der Trennung an, während und kurz nach der Trennung erhöhte sich die Gefahr der Gewaltanwendung beträchtlich. Es ist daher eine Illusion zu glauben, daß eine Trennung allein schon den Frauen Sicherheit garantiert.

Einige Frauen empfinden nach der Trennung Mitleid. Sie sind mit dem jeweiligen Mann nach wie vor durch Schuldgefühle verbunden. Diese Gefühle werden durch Selbstmorddrohungen des Mannes verstärkt und sind für diesen eine starke Machtquelle, mittels derer er die Frau auch nach der Trennung manipulieren kann.

„...Aber irgendwie war des so... es war doch alles so tief, daß i mir denkt hab... daß i mir schlecht vorkommen wär, wann i eahm da net gholfn hätt... Und irgendwo, i woaß a net, wia i es allweil draht hab... hat er mir allweil leid getan." (Judith)

Peter ist sehr traurig und resigniert, in ihm ist es „ganz finster". Er hat zwar *„keine Wut"*, ein solches Gefühl hatte er noch nie im Leben. Daß sich seine Frau von ihm getrennt hat, das *„ist die schwierigste Situation meines Lebens"*.

Hans weint während des Interviews und bittet den Interviewer, ihm dabei zu helfen, seine Frau wiederzubekommen.

„Ja, später, da hat er gebittet und gebettelt... hat einen Weinkrampf bekommen. Später hat er mir dann keine Ruhe gelassen, mich sekkiert, sogar im Frauenhaus. Er hat mit Selbstmord gedroht, daß er sich in die Badewanne legt und den Fön hineinschmeißt." (Klara)

Einige Männer fordern in der Trennungssituation materielle und sonstige Zugeständnisse von seiten der Frau.

„Sagt er: Was tätst sagn, wenn mei Freindin a Kind kriegn tät? Sag i: Mir is des wurscht. Des is ja dei Kaffee. Dann kannst für drei zahln. Grad so. Und er haut mir eine runter. I glaub, i hab drei Tag nicht gehört auf dem Ohr. Er hat gsagt: Für was hast des jetzt gmacht? Kannst mir des jetzt sagn? Sag i: Für was hab i des jetzt ver-

dient, daß du mir eine einehaust? – I hab glaubt, du bist eifersüchtig auf mi, i hab glaubt, du kämpfst um mi, i hab glaubt, du wanst. I hab gsagt: I wan net. Für was. Es is nur dei Pech, weil dann kannst für drei zahln.– Wannst auf die Alimente einreichst, bring i eich alle um." (Herta)

Obwohl diese Textstelle seitenlange Interpretationen zuließe, über die Wehleidigkeit des Mannes, seine Schuldsuche bei der Frau, obwohl er sie nach gängiger Ansicht „provoziert" hat, wollen wir uns hier nur auf seine Nötigung beschränken. Viele Frauen verzichten auf ihre Wohnung und andere materielle Werte, um „in Ruhe gelassen zu werden".

„Er wäre dann sicher noch ein halbes Jahr ins Gefängnis gekommen... wegen Körperverletzung gegen mi und die Kinder, i habs zruckgnommen, gsagt, wenn er mir von heit auf morgen in die Scheidung einwilligt, und daß ma halt so auseinandergeht." (Elisabeth)

Elisabeth ist jahrelang von ihrem Mann schwerst mißhandelt worden, er droht ihr, *„sich niemals scheiden zu lassen"*. Das „Zurückziehen" einer Anzeige wegen Körperverletzung ist zwar offiziell nicht möglich, in der Praxis werden aber immer wieder Anzeigen „auf Wunsch" der Frau nicht weiterverfolgt. Manchmal sagen Frauen, daß ihre ursprüngliche Aussage falsch war. Sie riskieren dadurch, daß ihnen in Zukunft nicht geglaubt wird, und schlimmstenfalls droht ihnen sogar ein Strafverfahren.

Nur wenige Männer reagieren auf die Trennungsabsicht der Frau mit der Einsicht, „auch" Fehler gemacht zu haben. Aber auch für sie ist klar, daß die Frau in jedem Fall Mitschuld an der Gewalt und der Trennung trägt.

„Naja, da würd i vielleicht sagn, mit mir allein kann i nit streiten, also muß no jemand da sein, und die Frau kanns genauso nit, also muß no jemand da sein, daß eben zu solche Situationen kimmt." (Daniel)

„Sicher a Einsicht, daß i selber Fehler gmacht hab... aber sie hätt a nachdenkn können, ob sie nit selber a bissl Mitschuld hat, oder... selber provoziert." (Anton)

In allen Fällen, in denen es zur Trennung kam, ging diese von der Frau aus. Solange Erklärungen für das gewalttätige Verhalten gefunden und akzeptiert werden, werden Wut und Angst verdrängt. Wenn diese Gefühle zugelassen werden, kann die Situation in der Regel nicht mehr aufrechterhalten werden. Das Durchleben dieser Gefühle ist ein Schritt, die Situation zu verändern. Manche Frauen überlegen sehr lange, bis sie zum „Punkt der inneren Entscheidung" (Brückner 1983) kommen.

Die Frauen müssen jede Hoffnung auf Veränderung des Mannes aufgegeben und klar Vor- und Nachteile der Beziehung abgewogen haben. Aufgrund dieses Reflexionsprozesses werden eigene Wünsche und Bedürfnisse klar, ernstgenommen und durchgesetzt. Unterstützung durch andere Personen und materielle Voraussetzungen begünstigen diesen Prozeß. Die Wichtigkeit der Unterstützung wird nicht nur von Staub-Bernasconi (1988), sondern auch vom Ethnopsychoanalytiker Parin betont: „Das Ich ist erst imstande, seine Rolle zu reflektieren, wenn es Vor- und Nachteile, die sie ihm bietet, abwägen, die Vorteile der Autonomie gegen die aus seiner bewußtlosen Anpassung vergleichen kann... Gleichgesinnte solidarische Gruppen können das Gefühl der Machtlosigkeit und des Alleinseins ersparen, das jeden befallen kann, der von seiner eigenen Rolle Distanz nimmt" (Parin 1978, 118).

Einer Gewalt ausgesetzt sein, das bewirkt immer Gefühle der Ohnmacht und den Verlust der Kontrolle und Selbstbestimmung über das eigene Leben. Im Prozeß der Hilfe geht es daher darum, gemeinsam mit der Frau Handlungsmöglichkeiten zu entwickeln, damit sie wieder Kontrolle über das eigene Leben erlangt. Der erste wichtige Schritt besteht darin, das Vertrauen der Frau zu gewinnen und aufzubauen. Dazu gehört, sie ernstzunehmen, ihr zu glauben und ihr das Gefühl zu vermitteln, daß man ihr helfen will. Der Prozeß der Hilfe bedeutet hauptsächlich, Frauen Schritt für Schritt in ihrem eigenem Tempo zu begleiten. Besonders wichtig ist es, keinen zusätzlichen Druck auszuüben, die Frau zu entlasten und sie zu unterstützen, Entscheidungen zu treffen und Kontrolle über das eigene Leben wiederzuerlangen. Schutz und Sicherheit ist vor allem im Trennungsprozeß extrem wichtig.

Befreiende und euphorische Gefühle sind erst in einer sicheren Situation und nach innerer Distanzierung möglich.

„I hab das Gefühl, i habs geschafft. Irgendwas is in mir. Ich hab mich plötzlich irrsinnig gut gefühlt, und i glaub, es geht nicht mehr so weiter, wies bis jetzt gegangen ist. I hab des Gefühl gehabt, i hab mi befreit." (Paula)

ZUSAMMENFASSUNG UND SCHLUSSFOLGERUNGEN

Männliche Gewalt gegen Frauen kann nicht a priori ganz speziellen Personen, sozialen Gruppen und Lebenssituationen zugeordnet werden. Herkunft, Ausbildung und soziale Situation der Befragten sind zu verschieden, um Kausalzusammenhänge zu orten. Theorien, die diese Form der Gewalt in die untersten sozialen Schichten verbannen wollen oder sie als Reaktion auf soziale Überlastung und fehlende Ressourcen sehen, können in ihrer Ausschließlichkeit nicht bestätigt werden. Das gleiche gilt für Ansätze, die Tätern oder Opfern ganz bestimmte Persönlichkeitsmerkmale oder eine ganz bestimmte Kindheitserfahrung zuschreiben wollen.

Die grundlegende Ursache von Gewalt ist letztlich – neben einzelnen individuellen Risikofaktoren – die gesellschaftlich-kulturelle Minderbewertung der Frau. Minderbewertete Personen hatten zu allen Zeiten ein besonderes Risiko zu tragen, Gewalt zu erleben, und konnten sich aufgrund ihrer Stellung auch weniger dagegen zur Wehr setzen. Solange die Bilanz der Gewalt noch dazu „positiv" ist, das heißt, kaum negative Konsequenzen zur Folge hat, wird sie auch nicht aufhören. Grundlegendes muß sich aber auch am männlichen Rollenbild ändern, denn solange Hilfesuche als unmännlich und das Sprechen über eigene Gefühle als Schwäche angesehen wird, sind weder individuelle noch gesellschaftliche Voraussetzungen für Veränderungen gegeben.

Zusammenhänge mit unklaren gesellschaftlichen Normen bezüglich Gewalt gegen Frauen sind deutlich erkennbar: Gewalt wird als akzeptierte Handlungsmöglichkeit in bestimmten Situationen, für bestimmte Personen und in bestimmten Grenzen toleriert und entschuldigt. Gleichzeitig werden jedoch auch gesellschaftliche Normen gegen Gewalt immer stärker.

Das Handeln der betreffenden Personen, insbesondere der gewalttätigen Männer, kann als Entscheidung zwischen widersprüchlichen Normen angesehen werden. Da es diese Entscheidungsmöglichkeiten gibt, können gewalttätige Männer als eigenverantwortlich für ihre Handlungen angesehen werden. Sie sind in der Regel weder unzurechnungsfähig noch psychisch krank.

Gesellschaftlich kann jedoch für die Verdeutlichung von Normen und die Eigenverantwortung gewalttätiger Männer einiges unternommen werden: Der zentrale

Begriff bei der Gruppe der „Verleugner" heißt „Verantwortungsübernahme" auf allen Ebenen (persönlich, sozial und gesellschaftlich). Im Bereich Öffentlichkeitsarbeit, Prävention, Strafvollzug und Therapie sind Verleugnungsstrategien gewalttätiger Männer aufzudecken. Dasselbe gilt für die Schuldzuschreibungen an die Frau durch die Gruppe der Patriarchen. Für alle Aussagen, die Opfern die (Mit-)Verantwortung für erlittene Gewalt zuschieben, wurde der englische Fachausdruck „victim blaming" entwickelt. Dadurch werden die Rechtfertigungen gewalttätiger Männer reproduziert und verstärkt. Hier ist die Gesellschaft, hier sind wir alle gefordert, durch die Verwendung klarer Begriffe sowie die Zurückweisung der Schuldzuschreibungen die Verantwortung für Gewalt bei dem, der sie ausübt, zu belassen.

Die physischen und psychischen Folgen von Gewalt müssen verstärkt thematisiert werden, um Verharmlosungstendenzen entgegenzuwirken.

Die verstärkte öffentliche Thematisierung von Gewalt hilft den Opfern. Sie erkennen nicht nur, daß sie nicht allein davon betroffen sind, sondern sie können ihre Erfahrungen klarer benennen und dadurch besser verarbeiten.

Hilfe bei der Bewältigung des Traumas der Gewalt sollte eine selbstverständliche Schlußfolgerung sein, diese könnte über einen Fonds, in den Geldstrafen der Täter einfließen, bezahlt werden.

Ganz klar erkennbar ist auch der Zusammenhang mit den traditionellen Rollenbildern und -erwartungen, die Männer in eine Sach- und Leistungswelt drängen und sie von ihren Gefühlen abschneiden. Ebenso verhängnisvoll ist die traditionelle weibliche Sozialisation zur duldenden Mutter, die immer wieder verzeiht und deren Lebenskonzept eng an eine Beziehung gebunden ist.

Geschlechtsspezifische Sozialisation als Einfluß der gesellschaftlich vorgegebenen Werte und Rollenbilder wirkt unbemerkt und unreflektiert bei Männern wie bei Frauen. Alle Befragten entstammen Familien mit traditioneller Aufgaben- und Funktionsteilung, die nie in Frage gestellt wurde. Geschlechtsspezifische Unterschiede – und damit auch Benachteiligungen der Frauen – werden für Frauen erst dann sichtbar, wenn der Leidensdruck der persönlichen Geschichte die Grenze des „Normalen" übersteigt. Dadurch fällt es Frauen auch schwer, Gewalt in ihren Anfängen, die oft in Einschränkungen besteht, zu erkennen.

In beiden Familienkonstellationen der Männer, dem Fehlen einer positiv erfahrbaren Vaterfigur und der extrem patriarchalischen Familienstruktur, gibt es keine Möglichkeit, die eigene Geschlechtsidentität als „diskutierbares, wandelbares Konstrukt" zu erleben. Die Aufrechterhaltung des gelernten Machtgefälles zwischen den Geschlechtern wird existentiell wichtig. Die Frau als Versorgungsinstanz sowohl oraler als auch emotionaler Bedürfnisse wird einerseits nie in Frage gestellt, andererseits gibt ihr diese Position ungebührend viel Macht – und schafft für den Mann unerquicklich viel Abhängigkeit. Dieses Dilemma, das Schmiedbauer (1991) für den heranwachsenden Buben beschreibt, zieht sich offenbar durch das Leben dieser Männer. Ein gegenseitiges Geben und Nehmen paßt nicht in ihr starres Konzept einer Paarbeziehung.

Prävention gegen Gewalt muß demnach schon bei Veränderungen in der Sozialisation von Buben ansetzen:

Durch gesetzliche und gesellschaftspolitische Voraussetzungen sollte gefördert werden, daß Männer für den Reproduktionsbereich Verantwortung übernehmen. Dies betrifft vor allem ihre Beteiligung an der Kindererziehung, sowohl in der Familie als auch in Kindergarten und Schule. Dadurch könnte Buben ein realistischeres und menschlicheres Männerbild vermittelt werden. Die Schule als wichtige Sozialisationsagentur sollte einen besonderen Schwerpunkt auf die Förderung einer empathischen Haltung bei Buben legen. Darüber hinaus müßten die männlichen Rollenbilder hinterfragt und müßte ein realitätsgerechtes Bild von Familie und Partnerschaft vermittelt werden.

Die Akzente der weiblichen Sozialisation liegen einerseits im Erdulden und Ausharren, das die weibliche Opferrolle als besonderen Wert vermittelt, andererseits in ihrer Definition über „Nicht-Sein". Diese Form der negativen Identifikation ist unseres Erachtens gefährlicher als eine eindeutige Rollenzuschreibung, gegen die eine Auflehnung prinzipiell möglich ist. Eine Auflehnung gegen „So-nicht"- Zuschreibungen ist faktisch unmöglich, die eigene Identität bleibt geschwächt, und meist werden stereotype Rollenbilder übernommen, die beste Voraussetzung, um Anpassung und Unterwerfung zu erzielen. Gewalt gegen Frauen und Mädchen wird letztlich nur dann aufhören, wenn ihre Minderbewertung beendet wird. Mädchen werden auch durch häufige Gewalterfahrungen, in der Kindheit, in der Schule und auf der Straße, laufend in ihrem Selbstbewußtsein beeinträchtigt.

Schon in der Schule sollten Mädchen daher „Freiräume" für sich bekommen, in denen sie ihr Selbstbewußtsein und Gruppengefühl stärken können, um eigene Vorstellungen über ihre Identität zu entwickeln. Trotz Wandel des weiblichen Geschlechtsrollenbildes auch in den Medien ist generell das traditionelle Bild der Frau noch immer vorherrschend. Frauen werden entweder als Ehefrauen und Mütter oder als Sexualobjekte dargestellt. Eigenschaften wie Passivität, Abhängigkeit und Unentschlossenheit überwiegen. Für heranwachsende Mädchen bedeutet dies eine Verfestigung der Klischeevorstellungen „durch das, was dargestellt wird, und durch das, was verschwiegen wird" (Europaratseminar, Sitzungsbericht 1985, 28). Vereinzelte Darstellungen von „Karrierefrauen", die Privat- und Berufsleben voll „im Griff" haben, sind wiederum so weit von der Realität der meisten Frauen und Mädchen entfernt, daß sie eher überfordernd wirken, statt als positives Rollenmodell zu dienen.

In Portugal haben Empfehlungen der Kommission für die Stellung der Frau im Jahre 1980 zur Aufnahme von folgenden rechtlichen Bestimmungen in den Werbekodex geführt:

1. Die Werbung darf nicht den Eindruck vermitteln, daß die Frau minderwertig oder dem Mann untergeordnet ist, oder sie zu Lasten anderer Funktionen und Erwartungen auf ihre häusliche Rolle eingrenzen.

2. Werbung, die das Bild der Frau als reines Werbeobjekt für Güter oder Dienstleistungen verwendet, deren ausschließliche Verbraucherin nicht sie ist, ist unstatthaft (Europaratseminar, Sitzungsbericht 1985, 143).

Formulierungen von dieser Konkretheit erhöhen die Chance, daß Gesetze unabhängig vom emanzipatorischen Bewußtsein einzelner Personen zum Tragen kommen. Natürlich bleiben subjektive Auslegungsmöglichkeiten immer bestehen, und die reale Anwendung ist durch das Gesetz allein noch nicht garantiert.

Als positive Beeinflussung der Werbeindustrie kann die 1981 in Portugal durchgeführte Aktion einer führenden Frauenzeitschrift gewertet werden: Ein Wettbewerb unter dem Motto „Für ein neues Frauenbild", im Zuge dessen Werbung in Presse und Fernsehen öffentlich bewertet wurde, sorgte für die Thematisierung eines neuen weiblichen Rollenbildes.

Eigene Gewalterfahrungen in der Kindheit erklären nach unseren Ergebnissen nur bedingt spätere Gewalt an Frauen. Die häufige Annahme „Gewalttätige Männer sind als Kind schwer mißhandelt worden" bestätigt sich nicht. Die grundlegende Voraussetzung für Gewalttätigkeit besteht darin, Gewalt als Handlungsmöglichkeit gelernt zu haben (auch durch Beobachtung in- und außerhalb der Familie). Diese Lernerfahrung ist Bestandteil der männlichen Sozialisation. Ob tatsächlich Gewalt angewendet wird oder nicht, scheint eher von der Entwicklung der männlichen Geschlechtsrollenidentität abzuhängen als vom Ausmaß und der Art selbsterlebter Gewalt. Allerdings dürfte das Ausmaß der erfahrenen Gewalt das Ausmaß der angewandten Gewalt mitbestimmten.

Analog können wir die häufig zitierten Postulate, daß alle mißhandelten Frauen auch mißhandelte Kinder waren, nicht aufrechterhalten. Der relativ hohe Prozentsatz von Frauen mit massiven Gewalterfahrungen in der Kindheit (ein Drittel unserer Stichprobe) bestätigt aber, daß dieser Faktor ein erhöhtes Risiko darstellt, Gewalt in ihren Anfängen nicht zu erkennen. Beobachtung von Gewalt gegen die Mutter, ständige Grenzverletzungen an der eigenen Person, vor allem und besonders massiv durch den Vater, machen es in diesem Fall unmöglich, ein realistisches Bild einer gewaltlosen Paarbeziehung zu haben – und zu verteidigen.

Demzufolge muß nicht nur der psychischen Aufarbeitung von Gewalterfahrungen zum Beispiel im Rahmen schulischer Betreuung mehr Raum gegeben werden, sondern auch der Thematisierung von Gewalt als Erziehungsmittel, von Gewalt als männlichem Geschlechtsrollenmerkmal und als weiblichem Risiko. Gewalt und Gewaltstrukturen – zum Beispiel auch im Klassenverband – müssen klar benannt werden, damit sie und damit der Unterschied von Konflikt und Gewalt erkennbar sind. Alternativen im Umgang miteinander und mit dem weiblichen Geschlecht sollten vor allem von männlichen Vorbildern gezeigt und erarbeitet werden.

Auch den Medien kommt eine spezifische Rolle in dieser Frage zu. Gewaltszenen in Unterhaltungssendungen und Filmen – insbesondere sexuelle und körperliche Gewalt gegen Frauen – stellen vor allem deshalb ein beträchtliches Potential an Modellwirkung dar, weil sie unhinterfragt bleiben und nur allzuoft das Image des „Helden" aufpolieren. Die Selbstverständlichkeit von Gewaltanwendung, um eigene Interessen durchzusetzen, Frauen zu unterwerfen und Konflikte angeblich zu lösen, wirkt unbewußt auf die Entwicklung der männlichen Geschlechtsrollenidentität von Buben. Aber auch Mädchen lernen via Medien, daß Frauen Opfer von Gewalt sind und daß das offenbar ganz normal ist.

Eine Beschränkung der Medien, Gewaltszenen – insbesondere gegen Frauen – zu zeigen, ist zwar eine heikle Angelegenheit, aber unbedingt angezeigt! In Form von Gesetzen oder zumindest Richtlinien muß Gewalt als Mittel der Werbung für Produkte oder Programme sowie jegliche Verherrlichung von Gewalt unterbunden werden.

Eine Verpflichtung, TV-Programme mit Gewaltszenen anzukündigen, damit Eltern eine sinnvolle Auswahl für ihre Kinder treffen können, ist in Erwägung zu ziehen.

In den untersuchten Paarbeziehungen besteht keine partnerschaftliche Grundstruktur, die Beziehungen sind vorwiegend vom Mann, seinen Vorstellungen und seiner Persönlichkeit geprägt. Die Frau wird nicht als eigenständige Persönlichkeit, sondern als Ergänzung des Mannes gesehen. Das ist aber ein erheblicher Risikofaktor für männliche Gewalttätigkeit in einer intimen Beziehung. Diese ergänzende Funktion kann sich auf einen konkreten Lebensplan des Mannes beziehen, in den die Frau „hineinpassen" muß, aber auch auf emotionale Wünsche des Mannes, die eine kindliche Sehnsucht nach symbiotischer Verschmelzung darstellen.

Wünsche und Vorstellungen von Frauen, die denen des Mannes nicht entsprechen, oder Veränderungen in der Intimität der Beziehung, über die der Mann keine Kontrolle hat, sind potentielle Auslöser für Gewalt. Vor allem dort, wo der männliche Selbstwert an äußere Konstrukte gebunden ist, können verschiedene Ängste entstehen, die in Kombination miteinander Gewalt begünstigen. Angst vor Gesichtsverlust dürfte als spezielle Komponente männlicher Identitätsschwäche immer beteiligt sein.

Entgegen vieler Annahmen spielt die ökonomische Machtverteilung innerhalb der Beziehung weniger ursächliche Rolle für männliche Gewalt. Sie beeinflußt jedoch die Möglichkeiten der Frauen für eine Befreiung. Trotz Erwerbstätigkeit vieler Frauen bleiben sie aufgrund ihrer niedrigen Einkommen ökonomisch abhängig, was in allen Fällen langer Mißhandlungsdauer (mehr als zehn Jahre) nachweisbar ist.

Streß aufgrund von Arbeitsüberlastung, von sozialen oder persönlichen Problemen beeinträchtigt sowohl Frauen als auch Männer, ist nicht in allen Beziehungen identifizierbar und kann somit nur in Kombination mit anderen Faktoren als Auslöser für Gewalt gegen Frauen wirken. Abgesehen vom Alkoholkonsum des Mannes entsprechen die am häufigsten genannten Konfliktbereiche „Gemeinsame Lebensgestaltung" und „Eifersucht" den beschriebenen Beziehungsverläufen. Im Umgang mit Konflikten herrschen die weiblichen Strategien der Konfliktvermeidung und die männlichen Strategien der Unterdrückung durch Gewalt vor, – Resultat der fehlenden Modelle für eine partnerschaftliche Konfliktlösung in den Ursprungsfamilien.

Es genügt nicht, auf gesetzlicher Ebene Gleichberechtigung und Partnerschaft in der Ehe festzuhalten. Dem müssen gezielte Informations- und Aufklärungskampagnen folgen, um den Begriff „Partnerschaft" mit seinen Konsequenzen verständlich zu machen. Dazu gehört auch, Konflikt und Gewalt klar zu unterscheiden und Modelle partnerschaftlicher Konfliktlösung anzubieten.

Vor allem die Schule muß vermehrt genützt werden, um derartige soziale Kompetenzen zu vermitteln. Differenzierte Frauenbilder im Unterricht und in den Medien können ein Beitrag dazu sein, Frauen nicht auf Objekte für bestimmte Funktionen als Ergänzung des Mannes zu reduzieren.

Eine Angleichung der Einkommen von Frauen an die der Männer ist auf gesellschaftspolitischer Ebene dringend erforderlich, um ökonomische Abhängigkeiten zu vermeiden. Auch der Abbau jeglicher Diskriminierung von Frauen in allen Bereichen der Gesellschaft ist Voraussetzung für die Entwicklung einer gleichwertigen Position in Paarbeziehungen.

Gesellschaftliche Interventionen müssen vor allem den Schutz und die Sicherheit der Opfer von Gewalt gewährleisten. Es darf zu keiner sekundären Traumatisierung kommen, indem Frauen für die Gewalt verantwortlich gemacht werden. Nur durch eine intensive Unterstützung gelingt es Frauen, sich aus der Kontrolle gewalttätiger Männer zu befreien.

Im Prozeß der Hilfe für Frauen geht es um die gemeinsame Entwicklung von Handlungsmöglichkeiten, um Kontrolle über das eigene Leben wiederzugewinnen. Das Vertrauen der Frau ist eine wichtige Vorbedingung für Unterstützung. Sie muß das Gefühl bekommen, daß sie ernstgenommen wird, daß ihr keine vorschnellen Ratschläge gegeben und ihre Entscheidungen respektiert werden. Durch das Erzählen ihrer Geschichte bekommt sie Klarheit und Distanz zu ihrer Situation. Wichtig ist, sie über ihre Rechte, über Wohnmöglichkeiten und Hilfseinrichtungen zu informieren, sowie finanzielle und soziale Unterstützung. Der Hilfsprozeß kann oft sehr lange dauern, wobei HelferInnen, seien es Privatpersonen oder ProfessionistInnen, diesen Prozeß häufig beschleunigen wollen und nicht die Frau das Tempo bestimmen lassen. Auf diese Weise wird ihr aber wieder die Kontrolle entzogen, was dazu führen kann, daß die Frau den Kontakt abbricht. Die Frustration der HelferInnen kann wiederum schnell zum „victim-blaming" („Sie will es ja nicht anders") führen. Beratung und Unterstützung muß daher meist sehr lange und immer wieder aufs neue angeboten werden. In einer Krisensituation ist von Paarberatung dringend abzuraten, da sich die Frau vorerst allein über ihre Situation im klaren sein muß. Die permanente Orientierung am gewalttätigen Mann (vgl. Stockholm-Syndrom) muß unterbrochen werden, was bei einer Paarberatung nicht möglich ist.

Leicht erkennbar ist, daß HelferInnen in diesem Bereich gut geschult sein sollten und daß es auch Einrichtungen geben müßte, die Privatpersonen, die mißhandelte Frauen unterstützen wollen, fachliche Hilfe anbieten. Dafür sind zusätzliche Beratungsstellen erforderlich sowie der Ausbau der Frauenhäuser, die neben der parteilichen Beratung auch eine Wohnmöglichekit für mißhandelte Frauen und deren Kinder anbieten.

Auch Interventionsprogramme, die mit gewalttätigen Männern arbeiten, müssen weniger die individuelle „Hilfe" für den Mann als den Schutz seiner Opfer als Schwerpunkt haben.

An anderer Stelle haben wir uns sehr ausführlich mit den verschiedenen Programmen zur Verhaltensänderung gewalttätiger Männer beschäftigt (vgl. Egger u.a. 1993). Im Ausland, wo bereits Erfahrung in der Arbeit mit gewalttätigen Männern gesammelt wurde, geht man davon aus, daß zum Beispiel soziale Rehabilitation eine sinnvollere Methode als die bei uns übliche Therapie ist.

Die Interventionsprogramme im Ausland, die vor allem den Schutz der Opfer vor Gewalt im Zentrum ihrer Arbeit haben, kooperieren eng mit den örtlichen Fraueneinrichtungen. Die Personen, die in den Interventionsprogrammen arbeiten, müssen einen klaren Standpunkt gegen Gewalt haben. Wenn MitarbeiterInnen zum Beispiel eine (wenn auch noch so kleine) Mitbeteiligung der Frauen annehmen, sind sie nicht nur ungeeignet, was die Bekämpfung männlicher Gewalt angeht, sondern sie ermutigen indirekt einen mißhandelnden Mann. Als Voraussetzung der Arbeit mit den gewalttätigen Männern ist eine enge Kooperation mit dem Polizei- und Gerichtssystem sinnvoll. Isolierte Therapieangebote für einzelne Männer haben sich, abgesehen von einzelnen Freiwilligen, als eher ineffektiv erwiesen. Methodisch haben sich strukturierte themenzentrierte Programme, die sich von „reinen" Selbsthilfe- und Therapiegruppen unterscheiden, als effektiver erwiesen, da hier die Gewalt immer wieder fokussiert wird.

In der Konzeption der Interventionsprogramme sollten Personen mitarbeiten, die Erfahrungen in der Arbeit mit mißhandelten Frauen haben, die nicht nur die Verleugnungsstrategien gewalttätiger Männer kennen, sondern auch die Sicherheitsbedürfnisse der Frauen ernstnehmen. Interventionsprogramme müssen versuchen, das Vertrauen der Frauen zu gewinnen, um Informationen über den „Fortschritt" der Teilnehmer zu bekommen. Die Frauen wiederum sollten über das Programm, an dem ihre Männer teilnehmen, informiert werden. Diese Information hat sich als besonders wichtig herausgestellt, da die Frauen selbst am besten die Auswirkungen abschätzen können, die ein solches Programm auf ihren Mann haben könnte. Sie werden durch diese Informationen auch vor übergroßen Erwartungen bewahrt, da das Programm für sie durchschaubarer wird.

Wichtig ist auch eine explizite Ermutigung der Frauen, trotz Teilnahme des Mannes an einem solchen Programm ihre eigenen Entscheidungen zu treffen. Wenn die Frau nicht mehr bereit ist, die Beziehung fortzusetzen, muß die Arbeit mit dem Mann in die Richtung gehen, daß er lernt, die Entscheidung der Frau zu akzeptieren

Eine genaue Evaluation und Kontrolle der Programme bezüglich ihrer Erfolgsquote ist erforderlich.

Parallel dazu müssen jedoch die strafrechtlichen, zivilrechtlichen und polizeilichen Maßnahmen ausgebaut und beschleunigt werden. Wenn Frauen nicht rasch Hilfe durch die genannten Instanzen erhalten, werden sie sich auch weiterhin nur in wenigen Fällen an die Polizei oder das Gericht wenden. Dann bleibt die Dunkelziffer im Bereich Gewalt gegen Frauen weiterhin hoch, und die Täter haben keine Konsequenzen zu tragen.

Eine Kombination zwischen rechtlichen und sozialen Maßnahmen ist anzustreben, im folgenden werden nur einige wichtige Punkte erwähnt. Für ausführliche Auseinandersetzung wird das Forschungsprojekt „Österreichische und internationale Strategien zur Bekämpfung familiärer Gewalt" (Egger u.a. 1993) empfohlen.

1. Besonders wichtig ist die Entwicklung von Sofortmaßnahmen und schnellen Konsequenzen nach einer Tat. Eine Monate später angetretene Haft weckt zusätzlich Aggressionen, weil der Bezug zur Tat kaum mehr herzustellen ist.

2. Empfehlenswert scheint die Schaffung von rechtlichen Schutzverfügungen (protection orders) nach ausländischem Vorbild. Dem gewalttätigen Mann kann der Auftrag erteilt werden, nicht mehr gewalttätig zu sein, sich von der Frau fernzuhalten usw.

3. Eine Einstellung eines Verfahrens wegen „mangelnder Strafwürdigkeit" ohne Konsequenzen faßt der Mann als Bestätigung auf. Konsequenzen könnten ein eindringliches Gespräch sein, aber auch bestimmte präventive Weisungen, die einen Wiederholungsfall verhindern.

4. Novellierung des zivilrechtlichen Instrumentes der „einstweiligen Verfügung", die einem gewalttätigen Ehepartner das Verlassen der Wohnung aufträgt. Diese einstweilige Verfügung müßte auch auf Lebensgefährten, geschiedene Ehepartner usw. ausgedehnt und sofort exekutiert werden. (Bei der derzeitigen Regelung muß die Exekution, falls der Mann die einstweilige Verfügung nicht befolgt, von der Frau beantragt werden; der Vorgang dauert mehrere Wochen.)

5. Männer, die ihre Frauen mißhandeln, können nicht gleichzeitig liebevolle Väter sein. Sie nehmen in Kauf, daß ihre Kinder durch die beobachtete Gewalt gegen ihre

Mutter geschädigt werden. Daher sollte gewalttätigen Männern, auch wenn sie ihre Kinder nicht direkt mißhandelt haben, bei einer Scheidung nicht das Sorgerecht zugesprochen werden.

6. Professionelle Arbeit der Polizei erfordert, daß die Durchführung der Gesetze ernstgenommen und das Recht der Betroffenen auf Schutz und Sicherheit gewährleistet werden. Die Rolle der Polizei besteht darin, so zu intervenieren, daß Frauen sich sicher fühlen können, um eigene Entscheidungen treffen zu können. Um die Interventionen in effektiver, professioneller Weise durchführen zu können, sollte es innerhalb der Polizei klare Richtlinien bezüglich des Verhaltens der BeamtInnen geben. Die Dokumentation der Einsätze sowie die Kooperation mit anderen Einrichtungen fördern ebenfalls die Effektivität der polizeilichen Arbeit.

7. Die Analyse der Aussagen jener Männer, die in Haft sind, zeigt eine starke Gefühlsbeteiligung besonders bei Erststraftätern (im Gegensatz zu den meisten anderen Interviews von Männern). Sie haben erstmals wegen ihrer Gewalttätigkeit einen (von außen verursachten) Leidensdruck. In den Haftanstalten sollten daher spezielle Programme für gewalttätige Männer angeboten werden.

8. Um professionelle Interventionen durchführen zu können, ist die Schulung aller Personen im Justiz- und Polizeibereich über die Ursachen und Folgen von Gewalt notwendig.

Prävention von Gewalt muß auf verschiedenen Ebenen erfolgen, der primären,die die Entstehung von Gewalt durch gesellschaftspolitische Maßnahmen verhindert, der sekundären, die individuelle Hilfe in der Krisensituation umfaßt, und der tertiären, die weitere Gewalt und die sekundäre Schädigung der Opfer verhindert. Nur durch die Kombination dieser drei Präventionsebenen besteht die Chance, daß das Ausmaß an Gewalt verringert wird.

Auf diese Weise könnte es Frauen in Zukunft möglich werden, ihr Menschenrecht auf ein Leben ohne Gewalt real einlösen zu können.

ANHANG

UNTERSUCHUNGSDESIGN

Dank der Finanzierung durch die Österreichische Nationalbank, das Büro der Bundesministerin für Frauenangelegenheiten und den Fonds des Bundeskanzlers „Wider die Gewalt" konnte in den Jahren 1991/92 eine umfassende Studie zu „Ursachen und Folgen der Gewaltanwendung gegenüber Frauen und Kindern" durchgeführt werden. Das von uns entwickelte Konzept fand Zustimmung und Unterstützung bei den Projektleitern Prof. Dr. Erwin Ringel und Prof. Dr. Leopold Rosenmayr, die sich zur wissenschaftlichen Begleitung bereit erklärt hatten. Prof. Dr. Rosenmayr zog sich später in Folge von Arbeitsüberlastung von der Leitung der Studie zurück.

Das vorliegende Buch befaßt sich ausschließlich mit dem Problembereich „Gewalt gegen Frauen in Paarbeziehungen" und bezieht sich vorwiegend auf die eben erwähnte Studie, deren Analysen wir zum Teil vertieft und aktualisiert haben.

ZIELE DER UNTERSUCHUNG

Beschreibung auffallender Gemeinsamkeiten der Befragten
Verknüpfung gesellschaftlicher und individueller Faktoren, die Gewalt begünstigen
Leitlinien für wirksame Hilfestellungen und Maßnahmen
Leitlinien für künftige politische Entscheidungen zur Prävention von Gewalt gegen Frauen
Beitrag zur Theoriebildung im Problembereich „Gewalt gegen Frauen"
Bei der Untersuchung, die diesem Buch zugrundeliegt, handelt es sich um eine qualitative Studie. Um einen Gesamtkontext zu erfassen, vor dem Gewalthandlungen sinnvoll interpretiert werden können, sind qualitative Methoden, die die Lebenssituation der Menschen umfassend darstellen, besonders geeignet. Natürlich sind qualitative Studien allein nicht repräsentativ im engeren Sinn. Zu verallgemeinern sind ihre Ergebnisse, wenn in Auswertung und Interpretation eine Verknüpfung von „Einzelschicksalen" mit allgemeinen Strukturen und vorliegenden Theorien erfolgt.

Deshalb wurde das Datenmaterial auf drei Ebenen bearbeitet:

Darstellung unterschiedlicher Aspekte und Facetten von Gewaltsituationen aus der Sicht der Befragten

Verbindung der individuellen Perspektive mit statistischem Material, Interpretation, theoretischen Erkenntnissen und praktischer Erfahrung

Differenzierung verschiedener Theorien und Erklärungsansätze

Als Methode verwendeten wir das problemzentrierte Tiefeninterview, das die Sichtweisen der Befragten erfassen hilft. Die Konzeption des Leitfadens beruhte auf eingehender Literaturanalyse, den Ergebnissen einer ExpertInnenbefragung und den praktischen Berufserfahrungen aller MitarbeiterInnen. Den Befragten sollten aber nicht nur die Themen, die uns oder der bisherigen Forschungstradition relevant erschienen, vorgegeben werden, sondern sie sollten auch die Möglichkeit haben, ihre eigenen Erfahrungen möglichst „offen" (im doppelten Sinn) zu erzählen. Deshalb war der erste Teil des Leitfadens bewußt unstrukturiert: Die „Einstiegsfrage" bezog sich auf das Thema „Gewalt", war aber ganz allgemein formuliert und sollte die Schilderung der Situation aus der Sicht der Befragten ermöglichen.

Neben der hermeneutischen Auswertung wurden mit einfachen statistischen Verfahren (Kreuztabellen, Chiquadrat-Test) Tendenzen und Zusammenhänge einzelner Items erkennbar gemacht. Dadurch wurde die oben erwähnte Verknüpfung zwischen „Einzelschicksalen", allgemeinen Strukturen und Theorien möglich und führte in einigen Fällen zu einer Differenzierung bestehender Theorieansätze.

Ein zentrales Anliegen war der Praxisbezug, der nicht nur in den Personen der Autorinnen und InterviewerInnen gegeben ist, sondern auch eine möglichst praxisbezogene und verständliche Aufbereitung der Ergebnisse sicherte.

INHALTLICHE SCHWERPUNKTE

Im Zentrum der Untersuchung standen einerseits Fragen nach dem lebensgeschichtlichen Hintergrund gewalttätiger Männer sowie Motivation und Ziel ihrer Gewalthandlungen. Andererseits sollten die Folgen für betroffene Frauen näher beleuchtet und die Schwierigkeiten und Möglichkeiten der Bewältigung von Gewalt genau analysiert werden.

Dementsprechend bezogen sich die Themen der Tiefeninterviews auf:

- die Entwicklung der Persönlichkeit in Kindheit und Jugend
- die geschlechtsspezifische Sozialisation
- eigene Gewalterfahrungen in Kindheit und Jugend
- Lebens- und Wertvorstellungen zu „Familie, Paarbeziehung und Kinder"
- eigene Erklärungen für erlittene oder begangene Gewalt
- situationsspezifische Faktoren (z.B. soziale Situation, Beendigung der Gewalt, Trennung, notwendige Hilfestellungen usw.)

DATENQUELLEN

Problemzentriertes Tiefeninterview mit narrativen Elementen
Zweitinterview mit der Partnerin/dem Partner oder einer anderen Person, welche die Familiensituation gut kennt
Interview mit einer Betreuungsperson (falls vorhanden)
Sozialer Fragebogen
Geschlechtsrollentest
Akten, Aufzeichnungen, Erstinterpretation des Interviewers/der Interviewerin

AUSWAHL DER UNTERSUCHUNGSGRUPPE

Grundsätzlich orientierten wir uns am Prinzip der theoretischen Auswahl, das von Lamneck in einem Satz treffend beschrieben wird: „Die Auswahl der Untersuchungseinheiten geschieht systematisch daraufhin, einen Fall, eine Untersuchungseinheit zu finden, die die theoretischen Konzepte des Forschers komplexer, differenzierter und profunder gestalten kann" (Lamneck 1989, 177).

Die Auswahl der Interviewten sollte zu Darstellungen möglichst unterschiedlicher Varianten des gemeinsamen Musters „Gewalt" führen. Insofern waren z.B. auch regionale Besonderheiten und die Situation im ländlichen und städtischen Raum zu berücksichtigen.

Für eine theoretische Auswahl ist es besonders von Vorteil, wenn die Forscher und Forscherinnen das „Feld", das es zu untersuchen gilt, gut kennen. Die in Hinblick darauf ausgewählten InterviewerInnen konnten in vielen Fällen den Zugang zu

InterviewpartnerInnen über ihren Arbeitsbereich herstellen. Dadurch wurde das schwierigste Stadium der empirischen Forschung (Wax 1975), sich Zugang zum „Feld" zu verschaffen, zumindest verkürzt.

Die Auswahl der Untersuchungsgruppe orientierte sich an den definierten Gewaltbegriffen, innerhalb derer möglichst verschiedene Situationen zu suchen waren (z.B. Frauen, die sich bereits vom Mann getrennt hatten; Frauen, die noch mit dem Mann zusammenleben usw.).

BESCHREIBUNG DER STICHPROBE

Insgesamt wurden für die vorliegende Untersuchung im Jahre 1991 22 Männer, die Gewalt in einer Paarbeziehung ausgeübt hatten, und 30 Frauen, die Gewalt erlebt hatten, befragt. Nur je sieben Männer und Frauen dieser Stichprobe bildeten ein Paar. Die Dauer der Tiefeninterviews reichte von einer Stunde bis zu sechs Stunden.

Graphik 17: Altersverteilung

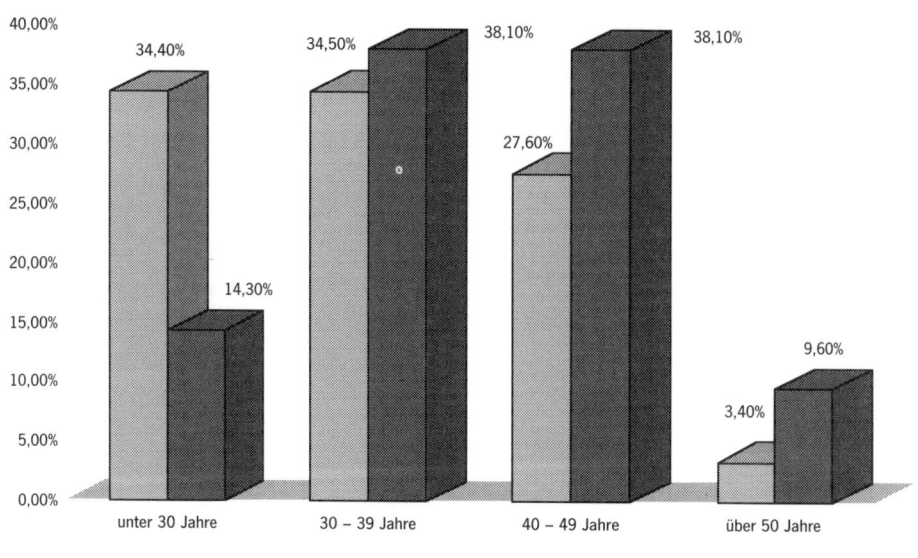

Graphik 18: Ausbildungssituation

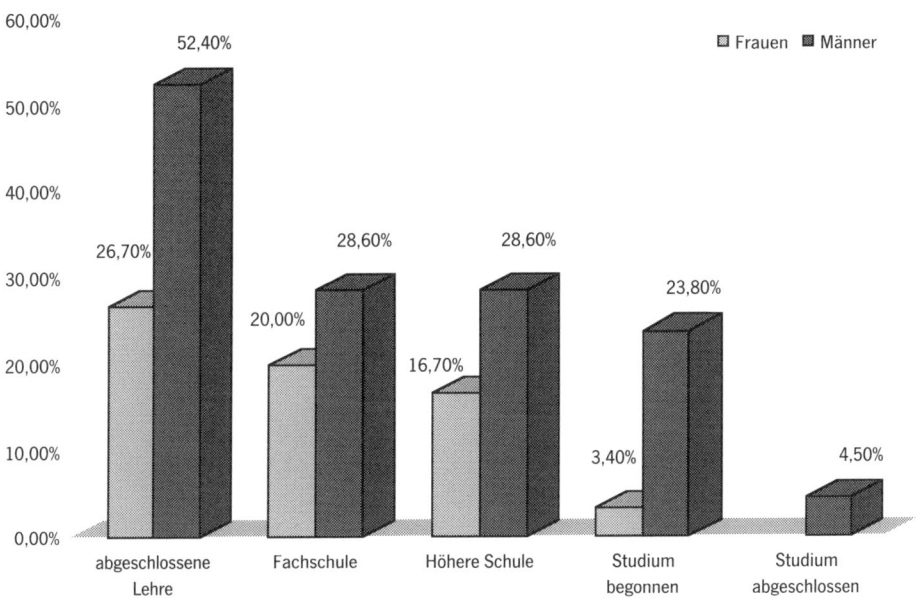

Graphik 19: Erwerbstätigkeit zum Zeitpunkt der Gewaltausübung

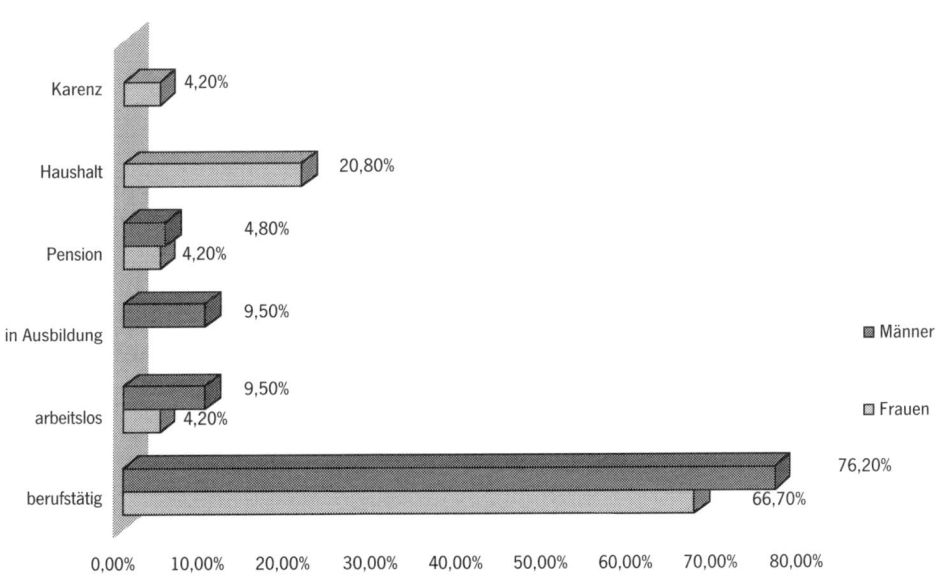

Graphik 20: Nettoeinkommen zum Zeitpunkt der Gewaltausübung

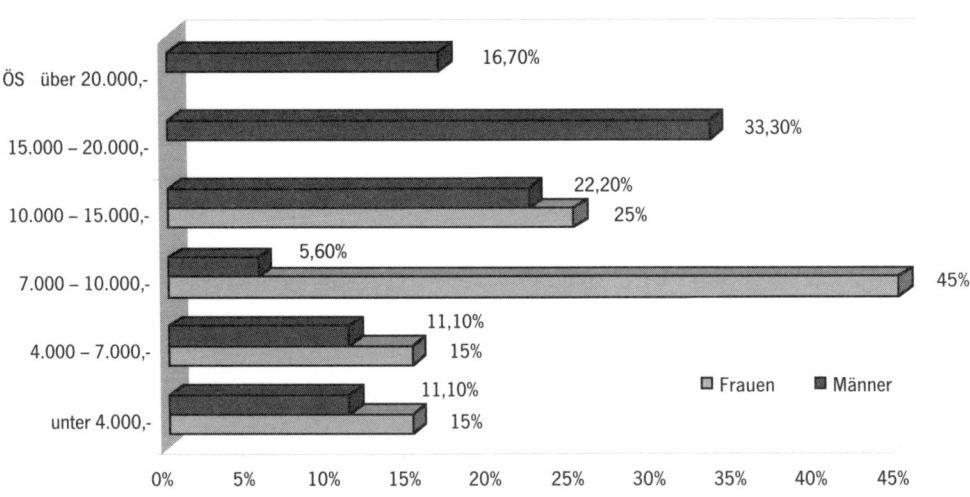

Graphik 21: Gesamteinkommen des Paares zum Zeitpunkt der Gewaltausübung

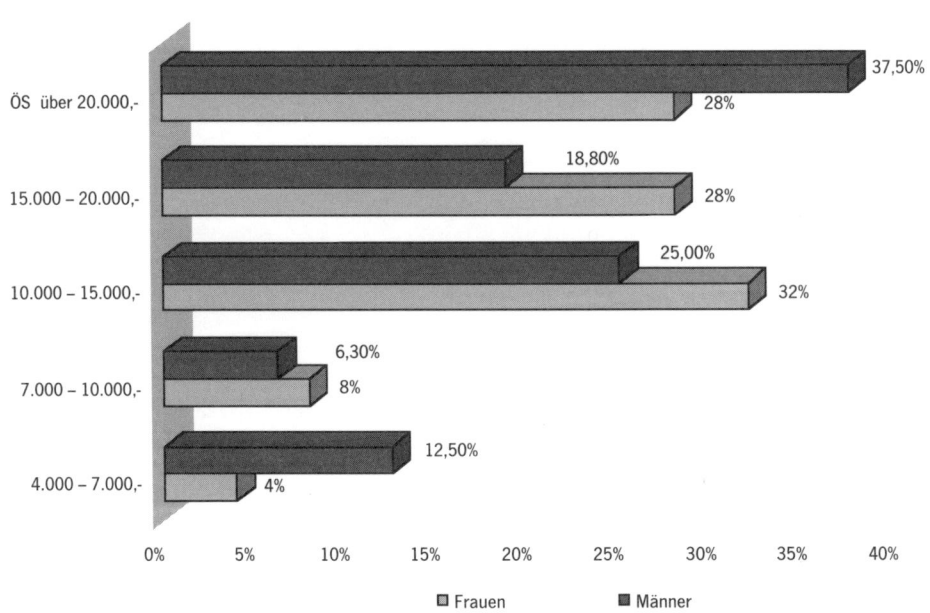

Graphik 22: Wohnort

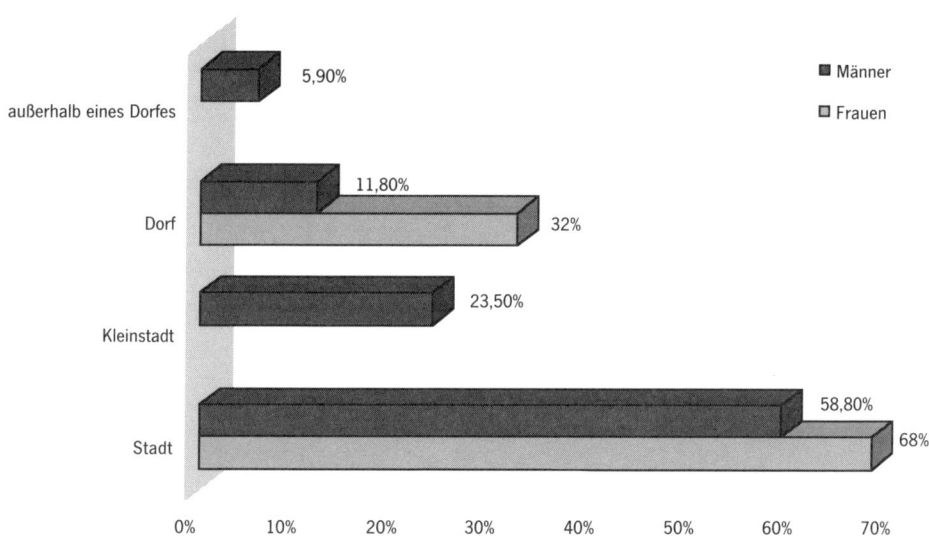

Die Sozialdaten der Männer, die Gewalt gegen ihre Partnerinnen ausübten, sind relativ breit gestreut. Sie sind weder alle Hilfsarbeiter noch arbeitslos. Sie gehören auch nicht alle zur untersten Einkommensklasse, wie so häufig angenommen wird. Bei der Einkommensverteilung ist zu berücksichtigen, daß das Einkommen zum Zeitpunkt der Gewaltausübung erfaßt wurde, der unterschiedlich lange zurückliegt. Obwohl diese Daten nicht repräsentativ sind, zeigen sie doch, daß Gewalttätigkeit nicht an eine bestimmte Schichtzugehörigkeit gekoppelt ist und keineswegs immer Folge mangelnder Ressourcen ist. Mit 9,5 % liegt der Arbeitslosenanteil zwar etwas höher als die damals durchschnittliche Arbeitslosenrate in Österreich (1990: 5,4% laut Sozialbericht), doch ist sie nicht so hoch, daß sich daraus ein Kausalzusammenhang ableiten ließe. Das mittlere Bruttoeinkommen der Männer in Österreich lag im Jahre 1990 bei 18.100,–. Wenn daraus ein mittleres Nettoeinkommen von 13.000,– abgeleitet wird, liegen 50% der Befragten über diesem österreichweiten Durchschnitt.

Das geringere Nettoeinkommen der befragten Frauen entspricht der allgemeinen Situation in Österreich (auch heute noch verdienen berufstätige Frauen durchschnittlich um ein Drittel weniger als Männer), ebensowenig überrascht das niedrigere Bildungsniveau. Trotzdem ist auch in dieser Stichprobe die Streuung noch so breit, daß Gewalttätigkeit nicht als typisch für eine bestimmte soziale Situation bezeichnet werden kann. Darüber hinaus muß man bedenken, daß das Tabu, über Gewalt im sozialen Nahraum zu sprechen, in höheren Einkommensklassen besonders hoch ist. Sicher ist jedoch ökonomische Abhängigkeit, die sich aus den niedrigen Fraueneinkommen ergibt, ein erschwerender Faktor für die Befreiung aus der Gewaltsituation.

LITERATUR

ADAMS D: Treatment models of Men Who Batter: A Profeminist Analysis, in: Yllö K./Bo-
gard M.(ed.) : Feminist perspectives on wife abuse, Beverly Hills u.a. Sage publications 1988

ANDERSEN S.M.: Sex-role typing as related to acceptance of self, acceptance
of others and discriminatory attitudes toward women 1978, zit. nach: Silbermayr 1988

BANAKA W.H.: Training in depth interviewing, New York et.al.1971 zit. nach Bock 1987

BANDURA A.: Social learning theory 1971, zit. nach Herkner W.: Einführung in die
Sozialpsychologie. Bern 1975

BANGE D.: Die dunkle Seite der Kindheit, Köln 1992

BARRY K. : Die sexuelle Versklavung von Frauen, Berlin 1983

BARTON A.H./LAZARSFELD P.F.: Einige Funktionen von qualitativer Analyse in der Sozialforschung, in: Hopf Chr./Weingarten E. 1979

BAUMGART H.: Eifersucht, Erfahrungen und Lösungsversuche im Beziehungsdreieck,
Reinbek bei Hamburg 1985

BAURMANN M.C.: Sexualität, Gewalt und psychische Folgen. Eine Längsschnittunter-
suchung bei Opfern sexueller Normverletzungen anhand von angezeigten
Sexualkontakten, BKA-Forschungsreihe, Bd.15, Wiesbaden 1983

BECK-GERNSHEIM E.: Vom Geburtenrückgang zur neuen Mütterlichkeit, Frankfurt/Main 1985

BECK U./BECK-GERNSHEIM E.: Das ganz normale Chaos der Liebe, Frankfurt/Main 1990

BELOTTI E.: Was geschieht mit kleinen Mädchen? München 1975

BENARD C./SCHLAFFER E.: Die ganz gewöhnliche Gewalt in der Ehe, Reinbek bei Hamburg 1978

BENARD C./SCHLAFFER E.: Im Ghetto der Gefühle, Reinbek bei Hamburg 1987

BENARD C./SCHLAFFER E. : Die Männer, Reinbek bei Hamburg 1988

BENARD C./SCHLAFFER E./WIMMER-PUCHINGER B.: Gewalt in der Familie, Wien 1991

BENNHOLDT-THOMSON V.: Die Zukunft der Frauenarbeit und Gewalt gegen Frauen, in:
Beiträge zur feministischen Theorie 9/10, Köln 1983.

BERICHT ÜBER DIE SOZIALE LAGE 1990: Tätigkeitsbericht des Bundesministeriums für Arbeit und Soziales, Wien 1991

BERNER W./KARLICK-BOLTEN E.: Verlaufsformen der Sexualkriminalität, Stuttgart 1986

BOCK M. : Macht in der Ehe, Gießen 1987

BOGARD M: How battered women and abusive men account for domestic violence:
Excuses, justifications or explanations? in: Hotaling et.al. 1988

BOHRN : Gewaltopfer Frauen, unveröffentlichte Studie, Wien 1991

BOWKER L./ARBITRELL M./MC.FERRON R.: On the Relationship between Wife Beating and Child Abuse, in: Yllö/Bogard (ed.) 1988

BOWKER L: Police services to battered women, Bad or not so bad. Criminal justice and behavior 9, New York 1983

BRANDAU H./HAEP M./HAGEMANN-WHITE C./DEL MESTRE A.: Wege aus Mißhandlungs beziehungen, Pfaffenweiler 1990

BRANDWEIN R. et.al.: Women and Children Last: The social Situation of Divorced Mothers and Their Families 1974 , zit. nach Heiliger 1991

BRISSON N.J: Battering husbands: A survey of abusive men, Victimology, Vol. 6, 1-4 1981

BRÜCKNER M: Die Liebe der Frauen. Über Weiblichkeit und Mißhandlung, Frankfurt 1983

BRÜCKNER M: Die janusköpfige Frau, Frankfurt 1987

BRÜCKNER M: Frauen: lebensstark, beziehungsschwach, Psychologie Heute, August 1988, S.42-47

BURDEN D.S./GOTTLIEB N.: The woman client, Tavistock Publications, London/New York 1987

BURGARD R.: Mißhandelte Frauen – Verstrickung und Befreiung, Weinheim/Basel 1985

BURGARD R.: Mut zur Wut, Berlin 1988

BURGARD R./Rommelspacher B. (Hg.): Leideunlust – Der Mythos vom weiblichen Masochismus, Berlin 1989

BURGESS R./Youngblade L.: Social Incompetence and the Intergenerational Transmission of Abusive Parental Practices, in: Finkelhor et.al. 1988a

CLAUSEN G.: Mißhandelte Frauen im Netz sozialer Hilfen in Hamburg, Hamburg 1981

CRAWFORD M./GARTNER R.: Woman Killing. Intimate femicide in Ontario 1974-1990, Bericht für das „Women we Honour Action Committee", Ontario 1992

DEVEREUX G.: Ethnopsychoanalyse, Frankfurt/Main 1984

DEVEREUX G.: Angst und Methode in den Verhaltenswissenschaften, München 1984

DINNERSTEIN D.: Das Arrangement der Geschlechter, Stuttgart 1979

DOBASH E./DOBASH R.: Violence against Wives, New York 1979

DUTTON D./BROWNING J.: Concern for Power, Fear of Intimacy and Aversive Stimuli for Wife Assault, in: Finkelhor et. al.1988a

EDWARDS S.S.M: Police attitudes and dispositions in domestic disputes, Police Journal London, July 1986, S. 230-241

EGGER R./LÖW S.: Strategies for the elimination of violence against women in society: The media and other means, 3rd European Ministerial Conference on equality between women and men, Strasbourg 1993

EGGER R./FRÖSCHL E./LERCHER L./LOGAR R./LÖW S./SIEDER H.: Österreichische und internationale Strategien zur Bekämpfung familiärer Gewalt, Wien 1993

EICHENBAUM L./ORBACH S.: Feministische Psychotherapie, München 1984

ELMER E.: Children in jeopardy: A study of abused minors and their families, Pittsburgh 1967

ENGELFRIED C.: Vergewaltigung. Was tun mit den Männern? Braunschweig 1990

ERDHEIM M.: Die gesellschaftliche Produktion von Unbewußtheit, Frankfurt/Main 1984

ERDHEIM M.: Die Psychoanalyse und das Unbewußte in der Kultur, Frankfurt/Main 1988

ERIKSON E.H.: Identität und Lebenszyklus, Frankfurt/Main 1966

ERNST A. et al.: Sozialstaat Österreich, Wien 1987

ERZIEHUNG UND UNTERRICHT, Österreichische Pädagogische Zeitschrift Nr. 7/8/91

EUROPARAT: Sitzungsbericht über das Seminar zum Thema: Der Beitrag der Medien zur Förderung der Gleichstellung von Frau und Mann, Straßburg 1985

FAULK M.: Men who assault their wives, zit. nach Lau/Boss/Stender 1979

FESTINGER L.: A theory of cognitive dissonance, zit. nach: Herkner 197

FERENCZI S: Sprachverwirrungen zwischen den Erwachsenen und dem Kind, in: ders.: Bausteine zur Psychoanalyse Bd. 3, Frankfurt 1985

FINKELHOR D. et al. (ed.): The dark side of families. Current family violence research, Beverly Hills u.a., Sage publications 1983

FINKELHOR D:.(ed.): A Sourcebook on child Sexual Abuse Beverly Hills u.a., Sage publications 1986

FINKELHOR D.: Stopping Family violence. Research priorities for the Coming Decade, Beverly Hills u.a., Sage publications 1988

FINKELHOR D. et.al: Family abuse and its consequences, Beverly Hills u.a., Sage publications 1988a

FISCHER W.: Struktur und Funktion erzählter Lebensgeschichten, in: Kohli M. (Hg.): Soziologie des Lebenslaufs, Darmstadt und Neuwied 1978

FRAUEN IN ÖSTERREICH. Bericht über die Lage der Frau, Wien 1990

FRÖSCHL E.: Frauen in gewalttätigen Beziehungen. Ursachen der Gewalt und Möglichkeiten der Befreiung, unveröff. Diplomarbeit, Wien 1988

FRÖSCHL E./LÖW S.: Ursachen und Folgen von Gewaltanwendung gegenüber **Frauen** und Kindern, Wien 1992

FUCHS W.: Biographische Forschung, Opladen 1984

GALTUNG J.: Strukturelle Gewalt. Beiträge zur Friedens- und Konfliktforschung, **Rein**bek bei Hamburg 1975

GARBARINO J.: The human ecology of child maltreatment: A conceptual model for research, J. Marr.Fam. 39, 1977

GARBARINO J.: An ecological approach to child maltreatment, in: Pelton 1981

GAYFORD J.: Battered Wives 1975, zit nach Haffner S., 1977

GELLES R.: The violent home. A Study of physical aggression between Husbands and Wives, London 1972

GEWALT GEGEN FRAUEN: Ursachen und Interventionsmöglichkeiten, Schriftenreihe des BM für Jugend, Familie, Frauen und Gesundheit, Band 212, Bonn 1987

GILLIGAN C.: Die andere Stimme. Lebenskonflikte und Moral der Frau, München, Zürich 1985

GIPSER H./HILBERS I.: Wenn Frauen aus der Rolle fallen, Weinheim/Basel 1980

GLASER B.G./STRAUS A. L.: Die Entdeckung gegenstandsbezogener Theorie, in : Hopf Chr./Weingarten E. 1979

GODENZI A.: Brüder sind wir allemal, in: „Test the West", Geschlechterdemokratie und Gewalt, Wien 1993, S. 149 - 163

GOFFMAN E.: Stigma. Über Techniken der Bewältigung beschädigter Identität, Frankfurt/Main 1975

GOLDHOR-LERNER H.: Wohin mit meiner Wut ? Neue Beziehungsmuster für Frauen. Frankfurt am Main 1990

GRAHAM D. /ROWLINGS E./RIMINI N.: Survivors of Terror: Battered Women, Hostages and the Stockholm Syndrome, in: Yllö/Bogard (ed.) 1988

GREENBLATT K.ST.: A hit is a hit is a hit... Or is it ? Approval and tolerance of the use of physical force by spouses, in: Finkelhor D. et. al. 1983

GÜNTHER M.: „Maskulin" gleich „psychisch gesund" – „feminin" gleich „neurotisch": Eine Analyse von FPIM 1982, zit. nach: Silbermayr 1988

HAFFNER S.: Gewalt in der Ehe, Berlin 1977

HAGEMANN-WHITE C. u.a.: Hilfen für mißhandelte Frauen. Wissenschaftliche Begleitforschung des Berliner Frauenhauses, Schriftenreihe des BM für Jugend, Familie und Gesundheit, Band 124, Berlin 1981 Hamburger Repräsentativumfrage aus dem Jahre 1980

HANMER/RADFORD/STANKO (ED.): Women, policing and male violence, London 1989

HARDING S : Feministische Wissenschaftstheorie. Zum Verhältnis von Wissenschaft und sozialem Geschlecht, Hamburg 1990

HAUG F./HAUSER K.: Der Widerspenstigen Lähmung, Berlin 1986

HEILIGER A.: Alleinerziehen als Befreiung, Pfaffenweiler 1991

HERKNER W: Einführung in die Sozialpsychologie, Bern 1975

HERMAN J.L.: Die Narben der Gewalt, München 1993

HERZBERGER S.D.: Social cognition and the transmission of abuse, in: Finkelhor et al. (ed.) 1983

HIRSCHFELD M.: Geschlechtskunde 1. Band: Die körperseelischen Grundlagen 1926 zit. nach: Silbermayr 1988

HOLZKAMP K.: Grundlegung der Psychologie, Frankfurt/Main 1983

HONIG M.-S.: Verhäuslichte Gewalt, Frankfurt/Main 1986

HOPF CHR./WEINGARTEN E.: Qualitative Sozialforschung, Stuttgart 1979

HOPF CHR. : Die Pseudo-Exploration, Zeitschrift f.Soziologie 7, 1978

HOTALING et.al. (ed.): Coping with family violence, Beverly Hills u.a. Sage publications 1988

HURRELMANN K.: Einführung in die Sozialisationstheorie, Weinheim 1986

HURRELMANN K.: Warum Eltern zu Tätern werden. Ursachen von Gewalt gegen Kinder 1989, zit. nach Beck U./ Beck-Gernsheim E. 1990

INNERHOFER F.: Schöne Tage, Frankfurt/Main 1978

INSTITUT FÜR DEMOGRAPHIE: Demographische Informationen, Wien 1985

INTERNATIONAL Congress of Child Abuse and Neglect, Amsterdam 1981 zit. nach Honig M.-S. 1986JOBST S.: Gewalt gegen Kinder in der Familie, Diss. Wien 1989

JOBST S.: Gewalt gegen Kinder in der Familie, Diss. Wien 1989

JOHNSON B./MORSE H.-A.: Injured children and their parents 1968, zit. nach: Burgess R./Youngblade L. 1988

KAPLAN A.G./BEAN J.P.: Beyond Sex-Role Stereotypes, Readings towards a Psychology of Androgyny 1976, zit. nach: Silbermayr 1988

KARLSSON I. (HG.) : Ein gebrochenes Tabu. Frauenhäuser in Österreich, Wien 1988

KAVEMANN B./LOHSTÄTTER I.: Väter als Täter, Reinbek bei Hamburg 1984

KELLY L.: How Women define their Experience of Violence, in : Yllö K./Bogard M. 1988

KEMPE R. S./KEMPE C.H: Kindesmißhandlung, Stuttgart 1980

KOLLETH S.: Gewalt in Ehe und Intimpartnerschaft, in: Ehalt/Heiß/Stekl: Glücklich ist, wer vergißt... Graz/Wien 1986

KOHLBERG L.: .Zur kognitiven Entwicklung des Kindes, Frankfurt/Main 1974

KOHLI M. (HG.): Soziologie des Lebenslaufs, Darmstadt und Neuwied 1978

KORTE H. (HG.): Gesellschaftliche Prozesse und individuelle Praxis, Frankfurt/Main 1990

KRETZ I./REICHEL R./ZÖCHLING M.: Sexueller Mißbrauch von Kindern in Österreich, Bundesministerium für Umwelt, Jugend und Familie Wien o.J.

KYTIR K./MÜNZ R.: Leben mit Kindern, Wunsch und Wirklichkeit, Wien 1985

LAGACHE D.: La jalousie amoureuse 1947, 1982 zit. nach Baumgart 1985

LAMB M.E.: et al.: Security of infantile attachment as assessed in the „strange" situation 1984, zit. nach: Burgess R./Youngblade L. 1988

LAMNECK S.: Qualitative Sozialforschung, Band 1 & 2 München 1989

LAU S./BOSS S./STENDER U.: Aggressionsopfer Frau, Reinbek 1979

LAUFER M./LAUFER M.E.: Adoleszenz und Entwicklungskrise, Stuttgart 1989

MAAS A./PABST R.: Androgynität und Lebensbewältigung. Eine Untersuchung zur psychologischen Geschlechtsrollenforschung anhand von Fremd- und Selbstbeurteilung 1986, zit. nach: Schneider-Düker/Kohler 1988

MAHLER M.: Symbiose und Individuation, Stuttgart 1972

MARGOLIN G.: Interpersonal and Intrapersonal Factors Associated with Marital violence 1988, in: Finkelhor et. al. 1988

MARTIN D.: Battered Wives, New York 1976

MCCOORD J.: Parental Aggressiveness and Physical Punishment in Long-Term Perspective, Beverly Hills u.a. Sage publications 1988

MCGRATH C.: The Crisis of Domestic Order, 1979 zit. nach Brückner 1983

MIES M.: Methodische Postulate der Frauenforschung, in: Beiträge 11, 1978

MILLER A : Das Drama des begabten Kindes, Frankfurt/Main 1979

MILLER A.: Du sollst nicht merken, Frankfurt/Main 1981

MITSCHERLICH A.: Auf dem Weg zur vaterlosen Gesellschaft, Ideen zur Sozialpsychologie, München 1963

MITSCHERLICH A. : Die Krise der Ehe, Frankfurt/Main 1966

MITSCHERLICH M.: Die friedfertige Frau, Frankfurt/Main 1985

MÜHLFELD C.:/u.a.: Auswertungsprobleme offener Interviews, Soziale Welt 3, 1981

NORWOOD R.: Wenn Frauen zu sehr lieben, Reinbek bei Hamburg 1987

O'BRIEN J. E.: Violence in Divorce Prone Families 1971, zit. nach Lau S./Boss S./ Stender U. 1979

OHL D./RÖSENER U.: Und bist du nicht willig... Ausmaß und Ursachen von Frauenmißhandlung in der Familie, Frankfurt/Berlin/Wien 1979

O'LEARY K./ ARIAS I.: Assessing Agreement of Reports of Spouse Abuse, in: Yllö K./Bogard M. (ed.) 1988

PARIN P.: Der Widerspruch im Subjekt, Frankfurt/Main 1983

PARKER B./SCHUMACHER D.: The Battered Wife Syndrome and Violence in the Nuclear Family of Origin 1977, zit. nach Brückner 1983

PELTON L.H.: The Social Context of Child Abuse, New York 1981

PERNHAUPT G./CZERMAK H.: Die gesunde Ohrfeige macht krank. Über die alltägliche Gewalt im Umgang mit Kindern, Wien 1980

PIZZEY E. : Schrei leise – Mißhandlungen in der Familie, Stuttgart 1976

PTACEK J.: Why Do Men Batter Their Wives? in: Yllö K./Bogard M.(ed.) 1988

RICHTER H.E.: Patient Familie, Reinbek bei Hamburg 1972

RINGEL E.: Selbstschädigung durch Neurose, Wien 1988

RINGEL E.: Die ersten Jahre entscheiden, Wien 1990

ROUSE L.: Conflict Tactics Used by Men in Marital Disputes, in: Finkelhor et. al.: 1988a

SAUNDERS D.G.: Issues in Conducting Treatment Research with Men Who Batter, in: Hotaling et.al. (ed.) 1988

SCHAEFFER-HEGEL/WATSON-FRANKE (HG.): Männer, Mythos, Wissenschaft, Pfaffenweiler 1988

SCHMIDBAUER W.: Du verstehst mich nicht. Die Semantik der Geschlechter, Reinbek bei Hamburg 1991

SCHMIDT G./ARENTEWICZ H.: Sexuell gestörte Beziehungen, Berlin u.a. 1985

SCHORSCH E. et al.: Perversion als Straftat, Berlin u.a. 1985

SCHNEIDER-DÜKER M.: Deutsche Neukonstruktion des BEM Sex-Role Inventory, Universität des Saarlandes, Saarbrücken 1978

SCHNEIDER-DÜKER M./KOHLER A.: Die Erfassung von Geschlechtsrollen – Ergebnisse zur deutschen Neukonstruktion des BEM Sex-Role Inventory, in: Diagnostica 1988, 34, 3, 256–270

SCHUH S.: Gewalt gegen Frauen. Eine Untersuchung an österreichischen Frauenhäusern, unveröff. Dissertation, Institut für Strafrecht und Kriminologie, Wien 1992

SCOTT M.B./LYMAN S.M.: Accounts, American sociological Review 1968, zit. nach Ptacek J. 1988

SEDLAK A.J.: The Use and Psychosocial Impact of a Battered Women's Shelter, in: Hotaling et.al. (ed.) Beverly Hills u.a., Sage publications 1988

SHAW J.: Psychological androgyny and stressful life events 1982, zit. nach: Silbermayr 1988

SHIELDS N./HANNEKE CH.: Multiple sexual Victimization: The case of Incest and Marital Rape, in: Finkelhor et.al. 1988a

SILBERMAYR E.: Untersuchungen über den Zusammenhang von Geschlechtsidentität und psychischer Stabilität bei erwachsenen Männern, unveröffentlichte Dissertation, Universität Wien 1988

SINGER J.: Nur Frau – nur Mann? Wir sind auf beides angelegt, München 1981

SPENCE J.L ET AL.: Ratings of self and peers on sex-role attributes and their relation to self esteem and conceptions of masculinity and femininity 1975, zit. nach: Schneider-Düker/Kohler 1988

SPITZ R.: Vom Säugling zum Kleinkind, Stuttgart 1967

SROUFE L.A./ WATERS E.: Attachment as an organizational construct Child, Development 48, 1977

STANLEY L.: Feminist research Process, London 1989

STAUB-BERNASCONI S.: Ermächtigung von Frauen als Prozess, unveröff. Manuskript, Boldern 1989

STEELE B.F./POLLOCK C.B.: Eine psychiatrische Untersuchung von Eltern, die Säuglinge und Kleinkinder mißhandelt haben, in: Helfer R./Kempe C.: Das geschlagene Kind. Frankfurt 1978

STEFAN V.: Häutungen, München 1975

STEINERT E./STRAUB U.: Interaktionsort Frauenhaus. Möglichkeiten und Grenzen eines feministischen Projektes, Heidelberg 1988

STEINHAGE R.: Sexueller Mißbrauch an Mädchen in der Familie – Die Situation der Mütter betroffener Mädchen, in: Dokumentation der Fachtagung: Sexueller Mißbrauch von Mädchen und Frauen, Verein zur Weiterbildung für Frauen e.V., Köln 1987

STEINHAGE R.: Sexueller Mißbrauch an Mädchen, Reinbek bei Hamburg 1989

STETTBACHER A.: UN-ge-HÖRT. Tägliche Kindesmißhandlungen, Bern 1987

STÖRFAKTOR 17: Weibsbilder. Zeitschrift kritischer Psychologinnen und Psychologen

STUDIENSCHWERPUNKT FRAUENFORSCHUNG am Institut f. Sozialpädagogik der TU Berlin (Hg.), Mittäterschaft und Entdeckungslust. Berlin 1989

STRAHM D.: Aufbruch zu neuen Räumen – Eine Einführung in feministische Theologie, Freiburg 1990

STRAUS M.A./ STEINMETZ S.K.: Violence in the Family, New York 1974

STRAUS,M.A./GELLES, R.J./STEINMETZ, S.: Behind closed doors: Violence in the american family, New York: Anchor/Doubleday 1980

STROTZKA H.: Psychotherapie und Tiefenpsychologie, Wien, New York 1982

STRUBE M.J.: The decision to Leave an Abusive Relationship, in: Hotaling et.al. (ed.): Coping with family violence, Beverly Hills u.a. Sage publications 1988

TANNEN D: Du kannst mich einfach nicht verstehen. Warum Männer und Frauen aneinander vorbeireden, Hamburg 1991

THEWELEIT K. : Männerphantasien 1, Reinbek bei Hamburg 1980

THORNE FINCH R.: Ending the Silence, University of Toronto Press 1992

THÜRMER-ROHR CHR.: Frauen in Gewaltverhältnissen. Zur Generalisierung des Opferbegriffs, in: Mittäterschaft und Entdeckungslust, Berlin 1989

TREPPER T.S./BARRETT M.J.: Inzest und Therapie, Dortmund 1991

TRUBE-BECKER E.: Gewalt gegen das Kind, Kriminalistik Verlag Heidelberg 1982

TOBY J.: Violence and the masculine ideal: Some qualitative data, in: Steinmetz S.K./Straus M.A.(ed.): Violence in the family, Toronto 1974

UNO: Violence against women in the Family, 1989

VAN STOLK/WOUTERS C.: Frauen im Zwiespalt. Beziehungsprobleme im Wohlfahrtsstaat, Frankfurt/Main 1987

WALKER L.: The battered Women, New York 1979

WAHL K.: Studien über Gewalt in Familien, Weinheim und München 1990

WAHLER R.G.: The insular mother: Her problems in parent-child treatment. 1980. zit. nach Burgess/Youngblade 1988

WASSERMANN S.: The abused parent of the abused child, Children 14 1967

WAX R.: Doing Fieldwork. Warnings and advice, Chicago und London 1975

WEININGER O.: Gedanken über Geschlechtsprobleme, Berlin 1907

WICKLUND R.A./GOLLWITZER P.M.: Symbolische Selbstergänzung 1985, zit. nach Eich H.: Sexuelle Gewalt gegen Kinder, Wien 1992

WIECK W.: Männer lassen lieben, Frankfurt/Main 1990

WIMMER-PUCHINGER B.: Gewalt gegen Kinder in: Benard C./Schlaffer E./Wimmer-Puchinger B.: Gewalt in der Familie, Wien 1991

WOLFE D.A.: Behavioral distinctions between abusive and non-abusive parents 1984, zit. nach Burgess R./Youngblade L. 1988

WOLFF R.: Kindesmißhandlungen und ihre Ursachen, in: Bast H. et al.: Gewalt gegen Kinder. Kindesmißhandlungen und ihre Ursachen, Reinbek 1975

WOLFE D.A.ET.AL.: A Multivariate Investigation of Children's Adjustment to Family Violence, in: Finkelhor et.al. 1988a

WYRE RAY: Die Täter, München 1992

YLLÖ K./BOGARD M. (ED.): Feminist perspectives on wife abuse, Beverly Hills u.a., Sage publications 1988

ZENZ G.: Kindesmißhandlung und Kindesrechte. Erfahrungswissen, Normstruktur und Entscheidungsrationalität, Frankfurt/Main 1979

ZILBOORG G.: Männlich und Weiblich 1944, zit. nach: Mitscherlich M. 1985

ZULEHNER P.M.: Unterwegs zum neuen Mann ? Unveröff. Studie, Wien 1993

Wo Betroffene Hilfe finden (Stand 1995)

Burgenland:

Sozialhaus Eisenstadt
Tel: 02682/ 623 63
Anmeldung über das Jugendamt

Frauenberatungsstelle Frauen für Frauen
Spitalgasse 5/1. Stock, 7400 Oberwart
Tel.: 03352/ 33 855

Frauenberatungsstelle
Augasse 23, 7350 Oberpullendorf
Tel.: 02612/ 2905

Frauenberatungsstelle Lichtblick
Saliterhof 12, 7100 Neusiedl am See
Tel.: 02626/ 62 670

Frauenberatungsstelle
Brunnenplatz 3/2/2, 7210 Mattersburg
Tel.: 02167/ 83 754

Kärnten:

Frauenhaus Klagenfurt
Tel.: 0463/ 44 966

Frauenberatungsstelle Belladonna
Villacher Ring 21/2, 9020 Klagenfurt
Tel.: 0463/ 51 12 48

Frauenberatungsstelle
Freihausplatz 2/1, 9500 Villach
Tel.: 04242/ 24 609

Frauenberatungsstelle
Herzog-Bernhard-Platz 11, 9100 Völkermarkt
Tel.: 04232/ 4750 und 4751

Ausländerinnenberatung Klagenfurt
Hans-Sachs-Straße 34, 9020 Klagenfurt
Tel.: 0463/ 51 61 70/17

NIEDERÖSTERREICH:
Frauenhaus Amstetten
Tel.: 07472/ 66 500

Frauenhaus Neunkirchen
Tel.: 02635/ 68 971

Haus der Frau, Mistelbach
Tel.: 02572/ 5088

Haus der Frau, St. Pölten
Tel.: 02742/ 366 514

Sozialzentrum für Frauen, Mödling
Tel.: 02236/ 46 549

Frauenservicestelle Mödling
Tel.: 02236/42 035

Frauenberatung Frauen für Frauen
Hoysgasse 2, 2020 Hollabrunn
Tel.: 02952/2182

Frauenberatung Zwettl
Am Galgenberg 2, 3910 Zwettl
Tel.: 02822/ 52 271

Frauenberatung Courage
Kugelgasse 6/9, 3100 St. Pölten
Tel.: 02742/ 57 517 und 57 542

Frauenberatung Freiraum
Dr. Stockhammer-Gasse 11, 2620 Neunkirchen
Tel.: 02635/ 61 125

Frauenservice
Babenbergerstraße 38, 3180 Lilienfeld
Tel.: 02762/ 52 424/ 7

Frauentreffpunkt Mostviertel
Wiener Straße 47/1, 3300 Amstetten
Tel.: 07472/ 63 297

Frauenberatung Verein Wendepunkt
Neunkirchner Straße 12, 2700 Wiener Neustadt
Tel.: 02622/ 82 596

OBERÖSTERREICH:

Frauenhaus Linz
Tel.: 0732/ 60 67 00

Frauenhaus Steyr
Tel.: 07252/ 87 700

Frauenhaus Vöcklabruck
Tel.: 07672/ 22 722

Frauenhaus Wels
Tel.: 07242/ 67 851

Notruf für vergewaltigte Frauen, Linz
Tel.: 0732/ 2129

Notruf für vergewaltigte Frauen, Steyr
Tel.: 07252/ 87 700

B.A.B.S.I. Frauenberatungsstelle Traun
Neubaustraße 11, 4050 Traun
Tel.: 07229/ 62 533

B.A.B.S.I. Frauenberatungsstelle Freistadt
Zemannstraße 14/ 1, 4240 Freistadt
Tel.: 07942/ 2140

Frauenberatungsstelle Vöcklabruck
Brucknerstraße 27, 4840 Vöcklabruck
Tel.: 07672/ 27 775

Ausländerberatung für Frauen
Weingarthofstraße 38, 4020 Linz
Tel.: 0732/ 66 73 63, 66 73 64 und 66 73 65

SALZBURG:
Frauenhaus Salzburg
Tel.: 0662/ 458 458

Notruf für vergewaltigte Frauen, Salzburg
Tel.: 0662/ 88 11 00

Frauentreffpunkt Salzburg
Paris-Lodron-Straße 32, 5020 Salzburg
Tel.: 0662/ 87 54 98

Frauenservicestelle Pinzgau
Kreuzgasse 16, 5700 Zell am See
Tel.: 06542/ 2487

Frauenservicestelle Pongau
Hauptschulstraße 14, 5500 Bischofshofen
Tel.: 06462/ 2397

STEIERMARK:

Frauenhaus Graz
Tel.: 0316/ 91 25 92

Notruf für vergewaltigte Frauen, Graz
Tel.: 0316/ 67 11 60

Frauenberatungsstelle Graz
Marienplatz 5/II, 8020 Graz
Tel.: 0316/ 91 60 22

Beratungszentrum
Grazerstr. 21, Mürzzuschlag
Tel.: 03852/ 4707

Lebensberatung Judenburg
Liechtensteingasse 1, 8750 Judenburg
Tel.: 03572/ 39 80/ 0

Familien- und Lebensberatungszentrum
Am Fuchshof 4/1, 8940 Liezen
Tel.: 03612/ 2801/ 351

Libit – Leobener Initiative für Beratung
Hauptplatz 6, 8700 Leoben
Tel.: 03842/ 470 12/ 0

TIROL:

Frauenhaus Tirol
Tel.: 0512/ 34 21 12

Notruf für vergewaltigte Frauen, Innsbruck
Tel.: 0512/ 57 44 16

Frauen helfen Frauen
Museumsstraße 10, 6020 Innsbruck
Tel.: 0512/ 58 09 77

Frauen helfen Frauen
Patriasdorfer Straße 7, 9900 Lienz
Tel.: 04852/ 67 193

VORARLBERG:

Frauennotwohnung Dornbirn
Tel.: 05572/ 29 304

Institut für Sozialdienste
Römerstraße 35/4, 6900 Bregenz
Tel.: 05574/ 42 890/ 0

Institut für Sozialdienste
Schießstätte 14, 6800 Feldkirch
Tel.: 05522/ 75 902/0

Institut für Sozialdienste
Gemeindezentrum, 6866 Andelsbuch
Tel.: 05512/ 2079

Institut für Sozialdienste
Hermann-Sander-Straße 1, 6700 Bludenz
Tel.: 05552/ 62 303/ 0

Institut für Souialdienste
Bahnhofstraße 28, 6845 Hohenems
Tel.: 05576/ 73 302

WIEN:

1. Frauenhaus Wien
Tel.: 0222/ 54 54 800

2. Frauenhaus Wien
Tel.: 0222/ 408 38 80

Notruf für vergewaltigte Frauen, Wien
Tel.: 0222/ 523 22 22

Beratungsstelle und Treffpunkt für Frauen
Leopoldsgasse 24/5, 1020 Wien
Tel.: 0222/ 214 03 73

Frauen beraten Frauen
0222/ 587 67 50

Tamar, Beratungsstelle für mißhandelte und
sexuell mißbrauchte Frauen und Mädchen
Breitenfeldergasse 6-8/II, 1080 Wien
Tel.: 0222/ 405 54 15

Beratungsstelle für ausländische Frauen
Währinger Straße 59/6.Stg./1.St., 1090 Wien
Tel.: 0222/ 408 61 19

Beratungsstelle für ausländische Frauen
Markgraf-Rüdiger-Straße 8/8, 1150 Wien
Tel.: 0222/ 982 33 08

Männerberatung
Erlachgasse 95/5, 1100 Wien
Tel.: 0222/ 603 28 28

ÜBERREGIONALE TELEFONNUMMERN:

Notruf der Polizei/Gendarmerie 133

Kummernummer 0222/ 587 3 587

Kummernummer International (fremdsprachige Auskünfte)
0222/ 545 70 46 und 545 70 47

Telefonseelsorge: Vorwahl der jeweiligen Landeshauptstadt
(Ausnahme Vorarlberg: 05572) und Rufnummer 1770

Informationsstelle gegen Gewalt 0222/ 544 08 20

Regionale Familienberatungsstellen können im Zentralservice unter der Telefonnummer 0660/ 5201 (aus ganz Österreich zum Ortstarif) erfragt werden.

Jugendämter (Jugendwohlfahrtsreferate, Jugendabteilungen usw.), die ebenfalls Unterstützung anbieten, sind in jeder Bezirkshauptmannschaft sowie in den Magistraten größerer Städte und der Wiener Gemeindebezirke zu finden.

Frauen in Aktion. Frauen in Gefahr.

Frauen sind die unsichtbaren Opfer politischer Unterdrückung: Sie werden gefoltert, vergewaltigt und ermordet. Aber keiner spricht darüber – als ob Frauenrechte Menschenrechte zweiter Klasse wären. Brechen Sie das Schweigen. Unterstützen Sie die ai-Kampagne für verfolgte Frauen in aller Welt.

ai amnesty international

**Frauen in Aktion.
Frauen in Gefahr.**

ai-Spendenkonto: PSK 7.443.000 • ai-Kontaktadresse: amnesty international, 1030 Wien, Apostelgasse 25–27